游说的故事

Lobbyists and the Making of US Tariff Policy, 1816-1861

［美］丹尼尔·皮尔特(Daniel Peart) 著

吴慈瑛 译

中国科学技术出版社
·北 京·

北京市版权局著作权合同登记 图字：01-2022-0160。

图书在版编目（CIP）数据

游说的故事 / （美）丹尼尔·皮尔特著；吴慈瑛译
. — 北京：中国科学技术出版社，2023.2
书名原文：Lobbyists and the Making of US
Tariff Policy, 1816–1861
ISBN 978-7-5046-9839-1

Ⅰ.①游… Ⅱ.①丹… ②吴… Ⅲ.①关税政策－经
济史－美国 Ⅳ.① F757.125.0

中国版本图书馆 CIP 数据核字（2022）第 223612 号

策划编辑	刘 畅 方 理	责任编辑	刘 畅
封面设计	今亮后声·小九	版式设计	蚂蚁设计
责任校对	邓雪梅	责任印制	李晓霖

出 版	中国科学技术出版社
发 行	中国科学技术出版社有限公司发行部
地 址	北京市海淀区中关村南大街 16 号
邮 编	100081
发行电话	010-62173865
传 真	010-62173081
网 址	http://www.cspbooks.com.cn

开 本	880mm×1230mm 1/32
字 数	212 千字
印 张	10.25
版 次	2023 年 2 月第 1 版
印 次	2023 年 2 月第 1 次印刷
印 刷	北京盛通印刷股份有限公司
书 号	ISBN 978-7-5046-9839-1/F·1082
定 价	79.00 元

编辑前言

本书属于美国早期经济与社会研究系列，这是约翰·霍普金斯大学出版社（Johns Hopkins University Press）与费城图书馆公司（Library Company of Philadelphia）协同开展的项目。作者回顾了美国内战前由关税问题引发的长期斗争，以及其背后有关制造业的利益牵扯与批评方的反抗行动。在这些年间，进口关税是争议热度仅次于奴隶制的问题。为何关税会让政策制定者、制造商、分销商、西进扩张主义者与各阶层消费者对国家经济的前景争论不休？本书将以扣人心弦的叙述手法带领读者廓清这段历史。

在美国内战前，关税政策是公众关注的一大问题。关税成了联邦政府的最大收入来源，也成了企业家的最大投资动力。到19世纪初，美国消费者已经深知，原材料进口关税上涨会导致制造业成本增加，他们在购买商品时就不得不支付更高的价格，去弥补制造业的开销。北部许多州的利益集团要求政府保护国内制造业，而南部州的利益集团则强调当地的谷物出口依赖于自由贸易，关税的提高因而加剧了地区之间的分歧。

皮尔特的研究姗姗来迟却不负众望，分析了美国在内战前颁布的11部重大税法，展现了令人钦佩的学术才能。在他的研究中有一项发现非常引人瞩目且深刻：关税问题并非严格意义上的地区矛盾或政党矛盾。地区之间与政党内部频频分裂，各方都在处心积虑地辩论与劝导，长此以往，主要行动者之中就演化出了一小群游说者，他们通过倡议某种观点来收取报酬。他们不仅作为宣扬政策的代理人，为支付报酬的利益集团传达观点，还熟知关税政策错综复杂的相关信息，能预测国会各项提案的影响，足以在很大程度上左右政策制定的结果。

皮尔特还将帮助读者认识到一个要点：在美国内战前，政治经济并非立足于单纯的理论组合，其成因也不限于重大的战役和党派驱使下的国会投票。政治经济学更讲究实际情况，而且十分棘手。在日复一日的关税争议上，个人如何代表制造商、消费者与出口商等经济利益集团行事，以及如何说服矛盾方转念或妥协，都是构成当时政治经济的因素。因此皮尔特认为，想要了解北美该时期的发展格局，应该把注意力投向关税，以及与之密切相关的游说者。随着这些游说者的影响力与日俱增，他们开始兜售口才与人脉，不仅敢接受巨额酬金，还敢向他人行贿，对政策制定的过程产生了巨大影响。皮尔特还将向读者揭示，游说者出现的时间早于以往研究的发现，其影响之深远也被严重低估。

凯西·马特森

特拉华大学美国历史系教授

费城图书馆公司早期美国经济与社会研究项目主管

致谢

　　以下所有人士或团体都为本书的研究、写作与制作做出了一份贡献，我很荣幸能借此机会对他们表示感谢。

　　首先，得益于费城图书馆公司早期美国经济与社会研究项目慷慨提供的资金，本书大部分研究得以在费城地区的档案库展开。我很庆幸，在费城度过的四个半月里，图书馆馆长吉姆·格林（Jim Green）以及图书馆公司所有员工对我的研究提供了帮助。我要感谢弗吉尼亚州历史学会安德鲁·威廉·梅隆基金会（Andrew W. Mellon Foundation）对我提供的项目资助，他们一直对我十分热心。我还要感谢政治历史研究所为我颁发了休·戴维斯·格雷厄姆旅行奖（Hugh Davis Graham Travel Award），我曾于2016年在纳什维尔（Nashville）首次参加了他们的政策历史会议；在不久的将来，我定会回访。此外，我还要感激为我提供过档案服务的各机构：亚拉巴马州档案和历史部、弗吉尼亚大学阿尔伯特与雪莉·斯莫尔特藏图书馆、美国哲学学会、水牛历史博物馆、康涅狄格州历史学会、杜克大学大卫·马克·鲁宾斯坦珍本与手稿图书馆、特拉华州历史学会、西彻斯特大学弗朗西斯·哈维·格林图书馆、哈格里博物馆与图书馆、宾夕法尼亚州历史学会、亨廷顿图书馆、阿勒格尼学院劳伦斯·李·佩莱蒂尔图书馆、玛丽埃塔学院遗产图书馆、国会图书馆、卢泽恩县历史学会、马里兰州历史学会、马萨诸塞州历史学会、新泽西州历史学会、纽约州历史学会、纽约公立图书馆、俄亥俄州历史学会、宾夕法尼亚州档案馆、宾夕法尼亚大学珍本与手稿图书馆、罗彻斯特大学鲁西·里斯图书馆、南卡罗来纳大学南卡罗来纳图书馆、弗吉尼亚州立图书馆以及西储历史学会。作为一名身居英国的美国历史学家，我尤其要感谢众多机构热心地为我提供了高效的远程研究服务。

我曾提交论文至以下年度会议，所收到的反馈让我受益良多，这些会议包括：英美19世纪历史学家协会年度会议（2015年剑桥），别人眼中的我们：英国人眼中的19世纪美国历史会议（2014年莱斯大学），爱尔兰、美国与马修·凯里的世界会议（2011年都柏林三一学院），政策历史会议（2016年纳什维尔），以及伦敦玛丽女王大学–伦敦国王学院关于（漫长的）19世纪美国政治经济学国际研讨会（2015年伦敦）。无论听众对我汇报的工作报以建议、批评还是简单的鼓励，我都感谢他们所有人的聆听。

凯西·马特森是约翰·霍普金斯大学出版社美国早期经济与社会研究系列的编辑，她在本书写作初期就为我提供了指导意见，而本书则因此得到了出版社整个团队的关注，并由妮可·韦兰（Nicole Wayland）排版团队提供专业印刷，才成为如今的作品。第五章的部分素材取自《内战前政策制定研究中的制度、过程、代理人与偶然 性：1846年〈关税法案〉》（"System, Process, Agency, and Contingency in the Study of Antebellum Policymaking: The Tariff of 1846", 见《内战时代杂志》第7期（

Journal of the Civil War Era 7，2017 年 6 月，第 181—205 页），我很感谢该期刊与北卡罗来纳大学出版社（University of North Carolina Press）允许我在本书中再次使用这些信息。

与伦敦玛丽女王大学历史学院的同伴们共事非常愉快，尽管我要把美国内战前的关税政策写成书的想法似乎逗乐了其中一些人，但他们还是爽快地支持我完成写作。我也很庆幸自己能进入历史研究所的北美历史研讨会，这是一个非常活跃的团体，我与其他成员度过了无数个愉快的夜晚。从更宽泛的角度来看，美国历史学家群体也包括约翰·摩尔（John Moore，虽然其身为经济学家，但这不重要）、唐·拉特克利夫（Don Ratcliffe）和安迪·尚克曼（Andy Shankman），而且我坚信"群体"一词没用错，他们都分享了自己对本书研究领域的专业见解，如果没有他们的引导，我可能会遗漏部分信息源。乔·科恩（Jo Cohen）、安德鲁·希斯（Andrew Heath）、埃里克·马蒂森（Erik Mathisen）、马克–威廉·帕伦（Marc–William Palen）、唐·拉特克利夫（再次）、罗伯·桑德斯（Rob Saunders）和大卫·西姆（David Sim）都拿出宝贵的时间来阅读了本书部分章节的原稿，提出了深刻见解，让本书在定稿前得到了不可估量的改善。有两位媒体人则更进一步，读完了全书原稿，并提供了令我受益匪浅的观点。亚当·史密斯（Adam Smith）虽然几乎没有参与本书研究，但为我的资金申请写过不计其数的推荐信，而当初我在伦敦大学学院（University College London）读研时，也正是他的启蒙栽培让我成为如今的历史学家，因此我会铭记这份恩情。我的母亲阿曼达（Amanda）、姐妹路易斯（Louise）和茱莉亚（Julia）始终是我的坚强后盾，我的直系亲属中年龄最小的艾弗里（Avery）外甥女则提醒我，美国早期的政治历史当然是耐人寻味的，但别忘了，你的生活更加有趣。

最终，我兑现了自己很久以前许下的承诺，将本书献给海伦（Helen），这是她应得的。在伦敦公寓写作之际，我望向窗外，看到洒满阳光的沃尔瑟姆斯托（Walthamstow）沼泽地时，便殷切构思着我们的未来，以及我们今后共赴的更多项目。

目　录

引言

  1831 年 10 月 31 日，美国前总统约翰·昆西·亚当斯（John Quincy Adams）意外地现身于纽约市国内工业之友（Friends of Domestic Industry）大会。与会代表相聚一堂，倡议政府竖起关税壁垒来扶持美国生产者，削减外国竞争对手的市场份额。亚当斯的父亲在 1812 年英美战争后举国奋进建设家园的氛围中很活跃，是美国鼓励国内制造业协会（American Society for the Encouragement of Domestic Manufactures）的杰出成员，该协会是最先提倡联邦干预市场的团体之一。在亚当斯唯一的总统任期（1825—1829）内，反政府方利用关税政策引发的矛盾，使公众舆论的矛头指向政府，国家则在党派斗争下日渐分裂。不过这次，亚当斯的出席还是"令与会代表们纷纷起身，掌声如雷，经久不息"。然而前总统肯定发现了，在这 500 名与会代表中，南部代表却不到 50 人，可见南部的反关税情绪正日益高涨，国家随时可能四分五裂。尽管如此，会议厅里还是座无虚席。亚当斯从人群里认出了几张面孔，但他不可能会去注意那位挤在旁听席里目击议程的年轻印刷商霍勒斯·格里利（Horace Greeley）。当然，这时的亚当斯与格里利都未曾预料到，在 30 年后的 1860 年，共和党将召开一场相似的提名大会，而格里利将做出值得加倍称道的贡献——协助起草共和党纲领，其中包括承诺"鼓励美国工业的发展"。这一承诺促成亚伯拉罕·林肯入主白宫，7 个蓄奴州宣布退出联邦。

关税问题自始至终贯穿着美国内战前的时期，将各界人士系于一船，以种种方式影响着美国的发展。从美国宪法的颁布到 19 世纪末，联邦政府的绝大部分收入来自进口商品的关税。更具争议的是，虽然关税能保护国内产业免受外国同行的冲击，但代价是拉高了物价，增加了国际贸易伙伴施以报复的风险。关税政策触及全美民众的命运，不仅给党派冲突火上浇油，还使得期望培养国内市场的北部州与依赖海外谷物需求的南部州之间矛盾相向。近年来某位历史学家说："内战前最严重的政治问题，除了奴隶制就是关税。"根据本书的理解与见解，关税最能体现美国内战前政策制定的过程，以及游说在此期间产生的关键影响。

1824 年，国会内部与公众之间再次就新的关税政策展开激辩，《伊利诺伊州公报》（*Illinois Gazette*）的编辑写道："我们究竟应该鼓励国内制造业的发展还是听之任之，这个议题正日渐重要。然而比起其他国家大事，我们在这个议题上的观念似乎不够明确。"奇怪的是，《伊利诺伊州公报》当年的评价仍然符合我们如今对于美国内战前关税政策的理解。在 2014 年《美国历史期刊》（*Journal of American History*）的资本主义历史交流栏目中，一位投稿人指出，关税是这段重要历史的关键组成部分，但探讨关税的两部代表作出版至今已逾百年，而关税仍然是"历史学中长盛不衰的存在"。这两部代表作，即爱德华·斯坦伍德（Edward Stanwood）的《19 世纪美国关税争议》

（*American Tariff Controversies in the Nineteenth Century*，1903）
以及 F.W. 陶西格（F. W. Taussig）的《美国关税史》（*The Tariff
History of the United States*，1888），均反映了他们所在时代的
特征：举国上下聚焦于国会发表的一场场轰动的演说、提出的
一条条宏大的理论，只为一劳永逸地证明保护主义或者自由贸
易才是发展美国经济的明智首选。近年来出现过少量此类研究，
但其中多数只专门探讨了个别法案，而非整个时期关税政策的
制定。也许，约翰·贝洛拉维克（John Belohlavek）教授在 20
年前就提出了正确观点：虽然"鲜有人会质疑关税研究的重要
性"，但"关税与税率组成的迷阵"已经"把数代美国历史学
家搞得晕头转向"。

　　由于缺少关税政策制定领域的专论，这一议题已被强行用
于其他目的。研究内战前美国政治的历史学家将关税问题解释
为典型的党派斗争：亨利·克莱（Henry Clay）及其辉格党同僚
提出国家应出台政策来帮助国内生产者，他们的拥护者是受益
于高关税的公民；安德鲁·杰克逊（Andrew Jackson）及其民主
党同僚主张"有限政府"并鼓励自由贸易，他们的拥护者是受
益于低关税的公民。较有兴趣研究内战成因的历史学家则以地
区为框架来解释关税问题：北部工厂主为了追求利润，变本加
厉地向华盛顿索取优惠政策；南部农户不愿背负不平等经济负
担，更担心联邦政权最终被利用于其他目的。以上两种解释在
一定程度上都正确，在极端情况下又相互矛盾：北部的民主党
或南部的辉格党何去何从？两种解释都忽略了各党派和各地区

在关税政策上的大量分歧，而这些细节恰巧能够帮助我们理解，为何关税立法会引发汹涌如潮的争议。其实还有一点值得注意：1816—1861 年间，国会审议的 11 部重大关税法案中，有 4 部是以一票之差通过的。

又或许，这一点也没那么值得注意。亚当斯卸任总统后担任了众议员，参与了这 11 部法案中 4 部法案的辩论，他称："我常说，政治上存在一种引力法则，其规律与支配着宇宙体系的引力法则无异，而关税争议的势态就是一个显要例证——在由各敌对政党支撑的所有国家政体中，各方基于审议决定，把相互冲突的措施朝着相互接近的方向修改，直到它们以一票之差通过，从而在双方之间达到平衡。"近年来的几部作品与亚当斯一样注意到了美国内战前政策制定的复杂性，并且都指向了相似的结论。迈克尔·霍尔特（Michael Holt）在其研究辉格党的巨著中证明了国会的决策在何种程度上取决于各州当地的种种情况；蕾切尔·谢尔登（Rachel Shelden）在对美国内战前数十年华盛顿社交生活的描述中，揭示了人际关系为何能超越作为该时期鲜明特征的党派从属关系与地区拥护关系；科里·布鲁克斯（Corey Brooks）则阐述了当时成员屈指可数的第三党派——废奴主义党，如何以政治资本来平衡民主党和辉格党的势力。这些人的作品均以独到的方式吸引读者去注意一个事实：国会并未沿着一次又一次的党派矛盾和地区矛盾而分裂。为了赢得多数派的支持，各方反而不得不进行长期的谈判和周旋。

也许正是因为少数立法者的转念决定着法案的成败，游说才如此重要。美国宪法第一条第一款规定："本法授予的所有立法权均属于参众两院组成的美国国会。"但同时，该宪法保护公民自由发言、写作、集会以及向政府请愿的权利，这实际上也确保了公民能够尝试共享立法权。因此，从某种意义而言，非国会人员的所有立法干预行为均构成游说。如今"游说"一词有了更严谨的定义：利益相关者或其代理人对政策制定者进行的当面劝说。但这对19世纪的美国人来说应该不陌生。早在1819年，一位纽约人就形容说："有一类人，他们的职责是在国会会议期间赴奥尔巴尼（Albany）与会，目的是争取或反对法案颁布、银行业务、保险公司业务等事宜的通过。"他还解释说："这类人通常被视为游说团体成员。"5年后，在华盛顿观看了国会议程的某人评论："特使、代理人和钻营者一直在众议院门口徘徊，仿佛班柯（Banquo）^①的怨灵，决意侵扰众议员的安宁，直到自己的要求得到满足。"1832年，参议院在会议上就"立法是否受到某些游说者的影响"和"国会内部是否存在游说者的代理人"而爆发了一场争论。到美国内战前夕，一位报刊编辑再也无法掩饰自己对"挤满国会大厅"的"卖票老手"的极度厌恶，便警告读者："这类恶行的肆虐对共和政体构成了莫大的威胁。"

　　游说是广受探讨与抨击的行为，也是美国近现代民主政治的特征，尽管具有重要历史意义，但美国早期的游说与关税政

---

① 班柯，莎士比亚悲剧《麦克白》中的人物。——译者注

策的制定一样极度缺乏学界重视。多数学者把游说的出现视为
20世纪的一种现象，然而这种观点与目前可查阅到的大量的当
时文献相悖。少数学者则认为游说起源的时间更早，其中最常
见的结论是起源于内战期间与之后的美国扩张期。尽管有研究
表明内战前游说在某些州已经十分普遍，但关于联邦层级游说
的书面记录很少。而相比美国当前的政体，内战前的政体在某
些方面为游说对立法的干预提供了更大的发挥余地，原因是内
战前国会会议时间通常较短，议员流动率较高、人数较少，对
于那些需要他们关注的问题，他们不太有机会去提升自己的相
关专业知识素养。关税是一个复杂的议题，党派从属关系、地
区拥护关系或政治经济学理论专著能为适中或通俗的研究路线
指出大致的方向，但远不足以详述实情。例如，某位国会议员
可能以国内生产者的护盾自居，但拿进口羊毛税率来说，当纺
织品制造商要求20%的税率，而牧场主要求30%的税率时，
自我认知并不能帮助他定夺。正是由于此类不确定因素的存在，
加之在1853年第一部禁止贿赂国会议员的法律颁布前，国会几
乎未对游说进行任何规范，游说者才会如浪潮一般涌向华盛顿，
干预关税政策的制定。

这些游说者可以分为两派，一派是寻求提高关税壁垒的保
护主义者，另一派是寻求降低关税壁垒的自由贸易者。但两派
内部的意见都并非如表面的立场那样统一。保护主义者的分歧
在于：多高的关税能达到他们的目的，国家应该援以临时扶持
还是长期扶持，原材料的关税是否应该与制成品相同。而在自

由贸易者中，也只有一点得到了几乎所有人的认同：如果关税没了，联邦政府就必须另寻收入来源，因此完全取消关税是不切实际的。多数自由贸易者反而谋求实行"收入性"关税，但税率将只能满足联邦政府所需的最低收入。这一点又使自由贸易者与保护主义者一样陷入各种分歧：联邦的最低收入是多少？所有进口商品的税率应该相同，还是应该为了照顾国内工业而存在偏差？在本书接下来的叙述中，保护主义者出现较早、发起游说较频繁，这很可能是因为比起自由贸易者，他们能从自己倡议和鼓吹的政策中获利更多。而双方的相互作用及其在政界中势力的兴衰，便是 1816—1861 年间关税立法的背景。

在研究关税立法的游说时，我们还会发现政策制定过程中被人们所忽视的信息。在美国内战前的时代，"克莱（Clay）、韦伯斯特（Webster）或斯蒂文斯（Stevens）能够通过发表演讲来影响投票结果"，因此有人认为那是美国协商民主的"黄金时代"。然而当时的记者奉命报道了冗长乏味的关税辩论，其中一位记者写道："事实上，关税已经是个老议题了，每位有思考调查能力的众议员都已经决意支持或反对保护国内劳动力的大道理，也读过了往届会议对这个议题的辩论记录。"在一如往常的一天，他报道："众议院为制定关税法案而成立了全体委员会，换言之，全体委员会在他处展开了立法工作，留委员会主席和众议院其他成员去聆听发言。（几位议员）分别发表了非常优秀、睿智的演讲，这些内容很可能会被他们的选民阅读或出版，毕竟这本就是议员们的打算。现场也有些人在认真听，但也就十几或二十人，也可能更多。"我们会发现，由于在美国内战前的整个时期报纸上频繁刊登的都是这种内容，因此要理解关税政策的制定，国会的辩论可能不是最有利的参考。当时一位编辑的形容很贴切："发表演讲是一回事，办好事情又是另一回事。某位绅士的演说得到了最热烈的反响，但他除了投票表决外，根本没有参与立法工作。"

在国会开会审议任何措施前，这些"立法工作"早就展开了。会议开始前，华盛顿内外的相关团体就开始部署行动，将各自的目标推上议程，并调动公众情绪来获得支持。要掌控众议院影响力巨大的委员会体系，就必须让一位立场与己方一致的议员拿下议长之位。然后，当权者根据自己的意愿来起草法案，再将法案提交给全体众议员审议或搁置弃用。众议院就某部法案展开辩论的同时，在国会密室里与议员住所中的协商也在进行着，因为法案倡议者希望规避潜在障碍，争取到足够的支持来确保赢得决定性的投票。法案成功提交至参议院后，还须经过与先前相似的流程才能继续迈进。即便参众两院都批准了各自手中的法案，他们可能还需要成立会议委员会来解决两版法案之间的分歧，而总统还可能在最后一刻否决法案。在立法各阶段，游说者都能够产生重要影响，也的确产生了重要影响，并且立法关乎国会内外人士的利益，还可能同时穿插着党派分歧与地区分歧，因此关税政策才是剖析游说影响的最佳切入点。

将游说纳入叙述，能够帮助我们了解关税政策的制定，以及美国内战前所有政策的制定情况。尤其是，通过这种探究方式，我们会发现不少历史学家在解释政策制定的结果时，过于关注立法者的党派从属关系与地区拥护关系，以及他们在会议上宣称遵循的理论性原则。我们在探究政策制定时，不应该只看结果，也要重视过程，从而更好地理解法规本身及其制定时机的重要性，理解各负使命的获选代表与游说者所产生的影响，以及持续构成美国内战前政治不确定性的诸多偶然事件。这种叙述方式能够传达当时人们因关税问题而发生冲突时心中所涌现的情绪有多么强烈，以及他们将单纯的政治经济理论落实到法律制定时局面有多么混乱。该叙述方式远不会像贝洛拉维克教授所担心的那样，令历史学家与读者晕头转向。

对于1816—1861年间国会审议的每部关税法案的成败，本书并不断定游说行动是关键的决定因素。由于信息的匮乏，本书无法囊括美国内战前华盛顿发生过的全部游说行动，而且这段历史的某些方面已在他处另有详述，因此本书不算一部标准的关税政策制定通史。斯坦伍德与陶西格在一百多年前经历的思想交锋堪称典范，不过本书认为，这些思想交锋并非如许多后人所认为的那样具有决定性。正如保罗·康金（Paul Conkin）在研究美国最早期政治经济学家时所得结论，虽然"志同道合的政治家与经济学家不谋而合并且肆意地相互利用"，但"他们对某一政治经济体系提出的论点是否与政治家的基本政策偏好密切相关"这个问题仍然存疑。而美国经济的转型和美国对外关系的波动又都与华盛顿的关税斗争交集甚广，仅凭一书难以完全涵盖。因此，本书转而解释，对美国内战前关税政策的研究如何有助于理解往往被忽视的游说行动，并论证为何游说行动有助于我们理解美国发展路线形成期的政策制定。历史学家都正确认识到，这一时期党派斗争激烈，地方主义抬头；而近年的研究还强调，国会议员往往没有按照其所在党派或地区的预测投票。本人认为，游说以及相伴进行的必要谈判能够廓清关税政策制定的迷阵，而众多美国人眼中非常关键的关税法案，不过是走出这个无形迷阵后的结果。

　　本书的叙述始于美国首次严肃试行保护主义的 1816 年。联邦政府自成立以来一直将进口关税作为收入来源，但劳伦斯·佩斯金（Lawrence Peskin）教授提出，在 1812 年英美战争前，关税政策都算不上发展国内制造业的重要手段。本书从佩斯金教授总结的时间节点出发，第一章通过 1816 年《关税法案》来叙述地方制造商群体起初的作为对华盛顿立法事务有何影响。第二章从 1820 年"鲍德温法案"（*Baldwin Bill*）的失败讲到 1824 年《关税法案》的颁布，追溯呼吁提高关税的运动逐渐引起了全民关注的过程。第三章的主要内容是，约翰·昆西·亚当斯总统的拥护者及其对手安德鲁·杰克逊的拥护者之间形成冲突，导致党政介入关税纷争，在很大程度上影响了 1827 年"毛织品法案"和被贬为"恶性关税"的 1828 年《关税法案》。第四章主要介绍的是，南卡罗来纳州威胁废除联邦法律，地区冲突上升为新的焦点，于是才有了 1832 年《关税法案》与 1833 年《关税法案》，后者是众所周知的"折中法案"，号称能把美国从内战恐慌中拯救出来。第五章通过叙述 1842 年辉格党提出的《关税法案》与 1846 年民主党提出的《关税法案》，论证了为何美国内战前的政策制定往往由微小的票数差决定。第六章通过叙述致使国会彻查关税立法的 1857 年《关税法案》，论证了游说活动演化至美国内战前夕有何改变；最后，北部各州抓住南部数州退出联邦的机会掌控了国会，颁布了 1861 年《关税法案》，重申国家承诺维持高关税，这一承诺直到 20 世纪都未曾遭遇严峻的挑战。就关税问题展开的游说只在 1812 年英美战争后有所激化，而在美国内战之后党派和地区完成重组，本书的论述自然就告一段落。

自 2008 年全球金融危机爆发以来，历史学家认可了杰弗里·斯克兰斯基（Jeffrey Sklansk）所述的挑战："把无形变为有形，把个人变为非个人，把市场社会中挥舞权杖的'看不见的手'变得可见。"对"政治经济学中的政治学"重燃兴趣有助于我们时刻谨记，一如美国在建国初期所面对的情况，如今自由贸易与保护主义之间的冲突饱受争议，而频频缺乏重视的游说行动在过去对践行林肯政府提出的"民有、民治、民享"原则发挥着重要作用，如今仍然不容小觑。

第一章

"有才之士"：
1816 年《关税法案》

1816 年 1 月，当时受众最广的杂志《奈尔斯周刊》（*Niles'
Weekly Register*）预计，本届美国国会议程将围绕一个重大问题
展开，即国内工厂是否应该继续发展，是依国家总体期望而扩
张，还是逐渐被淘汰出局？七周前，特拉华州的一群纺织品制
造商就预料争论在即，慎重选派了他们之中的艾萨克·布里格
斯（Isaac Briggs）负责"就本地区制造商公正合理的期望与国
会成员进行沟通"。来自新泽西州、纽约州和罗得岛州的制造商
也加入了这趟行动，布里格斯称他们为"有才之士"。此次行
动的参与者还包括马萨诸塞州的工厂主弗朗西斯·卡博特·洛
厄尔（Francis Cabot Lowell），一位手握大量人脉的竞争对手。
本章将叙述这些游说代表走过的漫长立法之路，以及他们在该
过程中所做的努力，将其作为本书关税游说的首例。

此次集体游说行动发生于 1812 年英美战争的背景下，国
内民众普遍赞同关税税率上调，因而关税法案的最终敲定并未
遭遇过多阻碍。各地制造商对于增加关税的联合呼声此起彼伏，
不过他们忽视了两点：协调组织全国各地有序行动，并持之以
恒地调动公众情绪来获得支持。在当时，派遣代表前往首都华
盛顿进行游说这一行动实属革新，然而相较于其后的种种举措，
游说在执行中仍然稍欠雄心。但正是因为制造商代表集体现身
国会大厦的游说之举，开创了国会内外"有才之士"合作完成

立法事务的先例，才有了此后多次游说行动。1816 年美国国会通过的《关税法案》标志着保护主义试行的开始，由此引发的争议则预示了此后半个世纪里发生的多场贸易冲突。

1

1776 年，美国在政治上宣布独立，然而国家贸易仍然受制于根深蒂固的大西洋经济网络。法国大革命席卷欧洲的 20 年间，美法两国之间的贸易往来受到干扰，从而使雄心勃勃的美国人认识到推进自身工业化的必要性。《奈尔斯周刊》对这段历史的回顾是充满自豪的："面对英法两国的复杂冲突，我国选择了中立政策。最终，一场迟来的战争为我国指明了工业强国的新方向，越来越多的工厂奇迹般地涌现出来。"但 1815 年战争结束后，各国市场重新开放，急于脱手囤积货物的外商便有了倾销之机。英国政界期望恢复与前殖民地美国之间的贸易关系，因而支持继续将美国作为倾销地；对于此举，一位英国议员的解释是："战争在美国催生了一批与以往情况格格不入的制造业，我国不惜承担战后首次出口亏损，为的就是令这些美国的新兴制造业供应过剩，把它们扼杀在摇篮中。"这番话激怒了美国媒体，其中包括《奈尔斯周刊》。该周刊编辑宣称："美国制造商精益求精，已取得出色进步；但他们还无法比肩那些更富有、更强健的欧洲企业。在一段时间内，他们还需要政府的保护与扶持。"

谁是《奈尔斯周刊》眼中值得保护的制造商？劳伦斯·佩斯金（Lawrence Peskin）指出，法国大革命结束数十年后，"制造业"一词被赋予了新的定义。曾经，"制造业"一词涵盖广泛的生产活动，包括手工艺和家庭制造；而如今，越来越多人将之定义为大规模生产活动，如工厂、铸造厂和磨坊的业务。其他类型的生产者仍然存在，保护主义运动将需要他们的支持，同时，也需要生产谷物、大麻和羊毛的农民的支持。但进行大规模生产活动的工厂主才拥有保护主义运动所需的财富、余暇和人脉，所以才能赢得媒体编辑、政治家及其公民同胞的关注。此类企业家阶层包括马萨诸塞州波士顿制造公司（Boston Manufacturing Company）的弗朗西斯·卡博特·洛厄尔等经营者。洛厄尔利用其亲自从英国偷学来的经营方案，在美国开创了工厂制来生产棉布；还有杜邦家族（Du Pont clan）的皮埃尔·塞缪尔·杜邦·德·内缪尔（Pierre Samuel du Pont de Nemours）及其儿子维克托·玛丽·杜邦（Victor Marie du Pont）与埃勒瑟尔·伊雷尼·杜邦（Éleuthère Irénée du Pont），他们从法国大革命的战乱中逃离出来，来到特拉华州，从事火药和纺织品制造，较早就提倡政府扶持美国工业；此外便是纽约、新泽西、宾夕法尼亚和罗得岛的工厂主，他们都算是工业资本主义的早期核心推动者。在往后的时间线上，我们还会读到更多这类企业家。

这些制造商希望通过提高进口关税使境外产品的价格高于国内产品，从而削弱境外企业的竞争力。1789年，联邦政府颁布了美国第一部关税法令，将"鼓励和保护国内制造业"列为目标之一，但所征关税税率实际上远低于其取代的曾通过国家立法制定的关税税率。随后对关税法令的修订主要出于联邦政府的收入目的，对贸易保护产生的影响不大，直至 1812 年美国与英国开战，国会才将关税提高了一倍。当时，詹姆斯·罗纳德森（James Ronaldson）在费城经营着美国最大的铸字厂，战争结束后，他致信财政部部长提醒道："大量进口商品塞满了国内市场，打压物价，延长企业信贷，因此我敢肯定，不出两年，80% 的现存国内制造厂就会倒闭。但如果它们在战争结束之际就得到保护，那么在相同时间内，其规模将扩增至如今的两倍。"对于国内产业竞争力，宾夕法尼亚州几家烟草厂的工厂主托马斯·莱珀（Thomas Leiper）也持悲观态度，他敦促自己拥护的议员："你得维持双倍关税，我们国家的制造商需要双倍关税。你更应该考虑到，如果我们被迫向英国购买大衣、向爱尔兰购买衬衫，那么我们就称不上独立国家。"

正如莱珀在信中所称，修订关税首先是为了确保政府利益，其次是摆脱对外国竞争对手的依赖。1812 年英美战争结束后，一位著名政客宣称："实现绝对独立，从而使人民温饱并增强国防，是每个国家的迫切使命"，美国在实现这一抱负前，"只是英国的独立殖民地，是政治自由的贸易奴隶"。最值得注意的是，前总统托马斯·杰斐逊也认同这个观点。向来大力推进农业发展的杰斐逊如今敦促拥护者们"让制造业与农业携手并进"。1816 年 1 月，他写下了一封被后世广泛流传的信，解释：

"我们必须通过自主生产才能实现独立，过上理想的生活。因此，当下反对发展国内制造业的人，定然是想阻止我们摆脱对外邦的依赖——而我绝非其中一员。"

再者，修订关税也是国库所需。尽管战时关税税率上升，但与英国对峙也使美国债台高筑，而政党各级均已承诺偿还这些债务。那么要填补国库亏空，就必须使关税至少高于战前水平。综合以上考虑，在参议院于 1815 年 2 月 15 日批准《根特条约》（Treaty of Ghent）后，众议院便迅速采取行动，为废除双倍税率展开部署。短短八天后，随着第十三届国会会议即将结束，赋税委员会主席约翰·W. 艾普斯（John W. Eppes）提出动议："在下届会议上，由财政部部长汇报对进口货物、货品与商品全面征税的税则。"在该动议执行过程中，国会遵循了第一届国会会议将财务领导权交到第一任财政部部长亚历山大·汉密尔顿手中的先例。该动议未遭到任何反对，说明全体议员都认同，关税需要视国情而修订。

负责编写修订报告的人是时任财政部部长亚历山大·达拉斯（Alexander Dallas）。他命令大西洋沿岸的海关征税员向自己所在社区的企业领导分发通函，征求商业情报以及适当税率建议，有条不紊地执行了任务。许多收到通函的人的确抓住机会提出了己见，但正如其中一人告诉朋友："信息提供者有各自的利益或偏见，因此他（财政部部长）收到的建议肯定是五花八门的。"达拉斯在何种程度上受到这些建议的影响，我们尚不清楚，但他在报告中承认："在就关税问题获取的民众意见中，既详尽又准确的信息不算多；而且，提交给国会的报告结果必定是一种概要和估计，不是完整的结论陈述。"不过，达拉斯的努力表明，政策制定者愿意去了解国会以外的公众意见，这也为今后关税立法的信息收集工作开创了先例。

报告指出，美国制造业分为三个等级：

一级，久经考验的制造业，供应国内全部或几乎全部的相应使用和消耗需求。

二级，近期成立或部分成立的制造业，目前还不能满足国内相应的使用和消耗需求，但经过适当发展，能够成为稳健的供应商。

三级，发展程度较落后的制造业，使得国家全部或几乎全部的相应需求被迫依赖境外供应。

向一级和三级制造业商品征收的关税主要作为联邦收入；前者在低税率的情况下也能蓬勃发展，而后者尚不足以依托高关税来发展壮大。二级制造业"最有意思"，达拉斯认为，"立法机构有能力通过适时的精心引导与资助，在非常有限的时间内，为它们创造一级制造业享受的有利环境"。这一目的可通过征收从价税（按商品价值百分比计算）和从量税（按商品重量或数量来计算）来实现。例如，达拉斯建议对铁条征收每英担①75美分的从量税，对铁条制造品征收其价值22%的从价税。

达拉斯的报告还阐述了自己所理解的保护主义基本原则，

---

① 1 英担 ≈ 50.802 千克。——编者注

这些内容都非常重要，因为在往后几十年里，众多争议将围绕它们展开。在达拉斯看来，提供贸易保护毫无疑问是联邦政府的合法职能。他以 1789 年《关税法案》的序言作为依据，指出："绝大部分国家都会把发展国内制造业作为公共政策的主要目标，美国则向来如此。"不过，政府应该或能够尽到的事宜也有所限制。达拉斯称，第一，"关税数额要同时平衡制造商与进口商的利润和亏损"。征收关税不是为了冲击境外对手，而是为了给国内生产者创造公平竞争的条件。第二，"现行政策旨在保护制造业，而非创造制造业"。有些人认为政府监管经济是为了人为干预劳动者的生产自由，因此第二条必然是为了安抚民众。第三，正如财政部部长笔下的二级制造业所示，保护措施将只作为临时政策，其效用很快就会无处发挥。之后，国会将认可这些原则，拟定出 1816 年《关税法案》。

1815 年 12 月 4 日，第十四届国会会议召开。会议的第一项流程是詹姆斯·麦迪逊总统（James Madison）年度致辞，他在讲话中强调了"关税对制造业的影响"，并建议"在适当范围内为目前利益受到威胁的上进公民提供保护"。然而三个月后达拉斯才做好准备提交报告，这一延缓使得一些民众感到不满。《曙光报》（Aurora）的编辑威廉·杜安（William Duane）也大力提倡保护政策，他暗讽道："如果某人是被外国政府收买来破坏我国制造业的，那么对方的目的算是完美达成了。"为了平息民众担忧，国会于 1816 年 2 月 5 日通过了一项法案，将战时征收的双倍关税政策沿用至 6 月底。一周后的 2 月 13 日，财政部部长终于把关税计划提交至立法部门。该计划随即被全美报刊转载，广受赞扬。甚至连杜安都承认，财政部部长的"工作成果非常出色，令人意外"。

由于关税与联邦收入直接挂钩，因此美国宪法规定关税法案必须由众议院拟定。达拉斯的报告则提交给众议院的赋税委员会。从第一届国会会议开始，参众两院为了减轻负担，已将部分事务交由赋税委员会处理，由赋税委员会研究详细问题并起草合适的法案供议会审定。部分委员会专为特定目的而设，工作完成便解散；其他则是常设委员会，持续存在到下一届国会会议。赋税委员会是众议院中最重要的常委会，负责监督联邦所有税收与支出。新上任的委员会主席是南卡罗来纳州代表威廉·劳德斯（William Lowndes），根据他的传记记载，他"被广誉为国会中最杰出的政治经济学家之一"。劳德斯与其他六名成员是根据议会惯例选出的各党派与各地区代表，他们随即着手将财政部部长的建议以适当形式提交众议院。之后不久，他们就会在立法工作中邂逅美国最早期的游说者。

2

会议开始一个月后，费城《曙光报》提出疑问："国会中有没有人能权衡与理解错综复杂的贸易关税？"也许有吧，但从国会构成性质来看，这样的人很少。那么要如何获取准确的关税信息呢？杜安希望国会考虑外部信息源。开国元勋们可能一度希望美国宪法"完全禁止人民以集体行动"参与政务，但正如《曙光报》编辑所言，鲜有当选代表算得上政治经济领域或其他任何问题的专家；的确，每届国会都更换大约三分之一的议员，其中相当一部分人缺乏任何国家级立法的经验。那么，鉴于立法者只有在全面判断公众情绪与公众建议之后，才能为国家矛盾提供适宜的解决方案，因此他们收集的民意，无论是来自通信、谈话还是请愿书等沟通渠道，都不失为宝贵的参考。

第十四届国会会议受理了几个群体呼吁提高关税的请愿书，这些群体包括罗得岛州普罗维登斯（Providence）的棉花制造商，以及路易斯安那州的甘蔗农户。请愿者以这种方式追求目的，算是遵循了早前开创的先例——众议院收到的首份请愿书上就有"巴尔的摩（Baltimore）城镇商人、工厂主等人士的签名"，他们请求"对美国境外制造的所有商品征收税费"。请愿权被纳入美国宪法第一修正案，切实体现了共和政府的意义。根据历史学家理查德·约翰（Richard John）和克里斯托弗·杨（Christopher Young）的说法，早在白人男性获得普选权和大众政党出现前，"许多美国人都认为请愿是参与国务的有效途径"。

不过，制造商的请愿内容也说明了他们在这一时期并无多大野心。理查德·纽曼（Richard Newman）曾描述，当时宾夕法尼亚州贵格会废奴主义者的特点是以"毕恭毕敬"的措辞呼吁政界支持，强调请愿书签署者值得尊敬，而这一描述同样适用于早期的保护请愿，每条请愿都针对某一产业。即便如此，国会也未能始终正确判断这些不算频繁的请愿。宾夕法尼亚州议员约翰·塞格特（John Sergeant）认同制造商的期望，但他汇报称："制造商，尤其是棉花制造商，非常诚挚地要求政府保护，但他们的提议也许有些不切实际。"在加强关税壁垒的呼吁方面，这些请愿者并未做出实质性的努力来推进一场更大范围的公众运动。相反，他们依靠杜安以及《奈尔斯周刊》的编辑希西嘉·奈尔斯（Hezekiah Niles）等与其观念一致的报刊编辑来说服读者相信，关税改革将惠及全国。佩斯金总结道，"1812年英美战争后的贸易保护战对 18 世纪的英国人来说再熟悉不过了"，也是依靠"一种古老的程序，即成立特设委员会来撰写和签署请愿书，请求国家元首提供援助"。

不过在 1816 年，制造商们确实背离了这种"古老的程序"，转而派遣代理人亲自游说联邦政府。早在第一届国会会议，就有这类代理人现身国家首都的书面记录，而 1816 年则是书面记载中关税立法游说的最早出现时间。在这些游说者中，最突出的要数特拉华州的艾萨克·布里格斯。他是威尔明顿（Wilmington）一家纺织厂主管，多才多艺。布里格斯 1763 年出生于宾夕法尼亚州的哈弗福德（Haverford），曾在宾夕法尼亚学院（现宾夕法尼亚大学）攻读数学、工程、天文学和测量学。他于 1786 年毕业，从事过多种工作，包括佐治亚州宪法批准会议的秘书、华盛顿特区边界测量员、教师、印刷商以及发明家。布里格斯于 1796 年当选美国哲学学会成员，并于 1803 年与詹姆斯·麦迪逊等人成立了美国农业部。同年，与他交情甚好的托马斯·杰斐逊在路易斯安那购地案 ① 后，任命他为密西西比领地总测量员。卸任后，布里格斯转而从事棉纺织品制造，于1809 年在马里兰州特里德尔菲亚（Triadelphia）建立了工业城。1814 年风投失败后，他迁至特拉华州，负责管理托马斯·利特公司（Thomas Little and Company）的威尔明顿工厂。

当地制造商埃勒瑟尔·伊雷尼·杜邦、路易斯·麦克莱恩（Louis McLane）和威廉·杨（William Young）开会决定委派布里格斯向国会递交呼吁保护的请愿书。这份请愿书的起草过程遵循当时的典型程序——召开会议，"自由讨论本地区关于制造业利益的种种问题，然后决定成立一个五人委员会，起草要提交给国会的请愿书，陈述制造商的要求并请求政府提供合理保护"；该委员会的成员之中就包括布里格斯。两周后，第二次会议召开，宣读、审议并采纳了请愿书，然后委托布里格斯携请愿书前往华盛顿，"就本地区制造商公正合理的期望与国会成员进行沟通"。这份委托就不算典型了，因为当时多数请愿书只是委托给一位立场与自己一致的议员向国会陈述。不过倒也不算没有过先例。而且这种做法会产生额外费用，为了厘清费用问题，会议成立了另一个委员会，"向威尔明顿20 英里 ② 范围内的每户制造商（包括每位直接利益相关者）征税"，筹集 200

---

① 1775 年美国独立时，其领土为东部十三州。其后美国不断向西扩张。1803 年，美国以低廉价格从法国手中购得路易斯安那领土，领土面积大大扩张。——编者注

② 1 英里 ≈ 1.609 千米。——编者注

美元。经过一阵耽搁后，这笔钱款总算筹齐，每户制造商缴纳了 5 美元至 25 美元不等。哪怕是 5 美元也已远超当时工人所能承受的负担，这足以体现这一小群工厂主的决心。

1815 年 12 月 19 日，布里格斯抵达华盛顿，并将停留三个月，定期给特拉华的制造商们写信，提出自己对代理行动的宝贵见解。抵达华盛顿的次日，他就会见了财政部部长；其后的一日，他便与总统共进晚餐。布里格斯抓紧时间走访了国会大厦，他写道，在那里"我看到了几位熟人、朋友和议员，他们都非常礼貌和友好"。实际上，特拉华的参议员威廉·威尔斯（William H. Wells）曾是布里格斯的学生，所以布里格斯才会受邀"进入参议院会堂，与议员们同席旁听。大厅门上还写着：非特邀人士禁止入内"。对所有游说者来说，与政策制定者的接触经历向来是一笔至关重要的资产，而身为特拉华使节的布里格斯之所以能拥有这份荣幸，部分原因无疑是他的人脉。

布里格斯还找到了其他保护主义代理人中的熟人，他的形容是"我的共事伙伴，维护制造业利益的进言代表"。这些人包括代表罗得岛州的小詹姆斯·伯里尔（James Burrill Jr.）、代表纽约州的马修·L. 戴维斯（Matthew L. Davis）和代表新泽西州的查尔斯·金赛（Charles Kinsey）。伯里尔是小有名气的律师，不久前出任了罗得岛最高法院审判长，由普罗维登斯及其附近地区的纺织厂主派到华盛顿来游说。戴维斯是记者兼印刷商，金赛是造纸商。伯里尔和金赛都具备一些州级立法工作的经验，戴维斯虽然从未担任过公职，但拥有丰富的政治活动经验，接受过亚伦·伯尔（Aaron Burr）的指导。布里格斯在一次会议后评价道："他们都是有才之士。选派他们前来，证明制造商们慧眼识人。"

布里格斯决心协调好这个小型保护主义游说团体的行动。1816 年 1 月 13 日，在另外两位纽约人托马斯·莫里斯（Thomas Morris）和赛斯·詹金斯（Seth Jenkins）抵达后，六人在国会大厦的一个会议室开会讨论游说策略。布里格斯记录道："我发表了简短的演讲，强调我们要口径一致，因为我们的目标是一致的。如果国会认为我们各执一词，思路相冲，无法调和，那么我们就注定失败。"他还提议，"建立协会，规范化组织，定期召开例会，所有人先在协会内部沟通想法，再到他处宣讲。"他高兴地写道："这项动议被一致通过，由詹姆斯·伯里尔出任协会主席，马修·戴维斯出任书记。"至此，华盛顿首个游说代理行就成立了。

他们当然忙得不可开交。布里格斯向妻子抱怨，参加国会辩论、与议员交谈、为保护行动而撰稿，全都"耗时费力、令人无暇休息"，他还说："我很少有机会在午夜前上床睡觉。"他们几次受邀向接收请愿书的众议院商业和制造业委员会发言，这些场合全都"座无虚席，其中大部分是国会议员"，"认真、尊敬地在台下倾听"游说者关于增加关税的论点。布里格斯很高兴听到自己的演讲得到立法者的赞同："他们曾经反对我们的看法，但现在他们坦率承认自己已经改变观点，承认我对关税问题的论证令他们耳目一新。"布里格斯为游说事业做的努力流传开来，一位参议员告诉维克托·玛丽·杜邦："我经常有幸见到你们的代表布里格斯朋友。他与议员们非常热情积极地沟通，我确信选派他前来是正确的。据我所知，维护制造业利益的主张已经在国会深入人心。"

布里格斯给其中一位国会成员留下了特别印象，即众议院商业和制造业委员会主席托马斯·牛顿（Thomas Newton），一个弗吉尼亚人。布里格斯与他及另外几名立法者住在同一幢寄宿公寓。几个星期后，布里格斯与国会议员之间已经十分熟悉，甚至同桌共餐。他兴致勃勃地记录道，一位新住客"把我误当成国会议员，向我提了关于众议院会务的几个问题"。布里格斯写道，托马斯·牛顿"对我越来越尊敬，这非同寻常……我们经常抛下其他同伴，单独聊上一个小时"。后者将会议室提供给布里格斯充分使用，里面备有"大量书、笔、墨水、纸、干胶片和蜡"，以及"一个好用的火炉"。托马斯·牛顿还给他提了一些游说议员的建议："切勿摆出说教的姿态，而是要适时适量地展现问题，让他们以为是自己想出了主意，从而沾沾自喜。"

托马斯·牛顿的建议很及时，因为布里格斯正好在担心，"我们总是态度强势，难保结果不会适得其反"。其中最令布里格斯担忧的，是 1816 年 1 月下旬抵达华盛顿与他会合的威尔明顿制造商威廉·杨。布里格斯向妻子抱怨："我敢说，他以为（某些特拉华同胞肯定也这么想）我有很多错误等着他来纠正、很多不足等着他来弥补呢。"当托马斯·牛顿公开指责威廉·杨操之过急，告诉他"布里格斯先生尽了自己的义务，过程中分寸拿捏得当"时，布里格斯总算松了一口气。威廉·杨的参与也没有得到游说团体最初成员的好评，金赛抱怨："在我看来，他对这项事业的殷勤与热切弊大于利。他不停地施压，与其说是在劝导，不如说是在离间。如果没有他，我们的行动会始终协调一致，发挥得加倍出彩。"还有人表示："他不适合外交工作。要引导高高在上的政府，只能通过潜移默化的方式，我们必须竭尽所能配合他们，才能有所收获。"此后，保护主义者还在追求共同目标的策略部署上发生争执。

布里格斯凭借与托马斯·牛顿的交情，打造了一份符合工厂主利益的委员会报告。布里格斯告诉妻子："每天晚上他都邀请我去他房间，读他写的东西给我听，要求我给出完全坦诚的评价，并按照我的建议修改。他说在经过我的修改前，不会让任何人看到这份报告，哪怕是委员会成员也不行。"报告在收尾之处断言"制造业情况危急"，并预测"大力的扶持将使制造业回归正常运作，拥有更强大的竞争力；若袖手旁观，将出现无可挽回的局面"。2月13日，众议院收到了托马斯·牛顿的报告，同日，财政部部长达拉斯也向众议院提交了自己的关税报告。如果布里格斯所言属实，那么达拉斯的报告也有他一份功劳。布里格斯记录称，一周前，"我收到了财政部部长的申请，要求我协助他完成关税报告。我到他的房间，刚一坐下，他就说：'很高兴见到你，布里格斯先生，我一直在着手关税制定，还没完成，但我希望你能对我目前的成果发表看法，帮助我弥补其中的不足。'随后,达拉斯'开始读报告,不时停下来问我是否赞同'"。达拉斯回忆,自己与布里格斯对关税的看法高度一致,"甚至超出我最乐观的预期"。

然而对高关税拥护者来说遗憾的是,制订法案给众议院审议的是赋税委员会,不是托马斯·牛顿,也不是达拉斯。委员会主席劳德斯与其他成员都接受了财政部部长报告中的指导原则,但对其中建议的某些税率心存疑虑。他们认为在多数情况下,哪怕关税较低,国内生产者也能与外国对手公平竞争。例如,达拉斯建议对进口棉花纺织品和羊毛纺织品分别征收33.33%和28%的关税,但委员会把这两个税率都改成了25%,相当于沿用了战时的双倍税率,这令布里格斯非常气恼。财政部部长的报告总共列举了139项需要征税的商品,而批评意见称委员会降低了将近三分之一商品的税率。

但其中一位制造商很满意赋税委员会拟定的法案,他就是同样大老远来到华盛顿发表意见的弗朗西斯·卡博特·洛厄尔。他的波士顿制造公司于1814年建造了第一家工厂,起初业绩丰厚,看似前途无量,但随着和平回归,境外对手重新与国内竞争,盛产棉布的新英格兰地区产量下降了三分之二。虽然他的生产伙伴向国会反映了情况,要求禁止进口某些类型的纺织品,并对其余进口纺织品征收高额关税,但洛厄尔相信自己的工厂享有技术优势,只需要适度保护,就能在除最廉价织物或粗糙织物外的所有商品上胜过境外对手。考虑到这些因素,洛厄尔主张用一种创新方法取代禁令,那就是"最低估值"。

　　正如达拉斯报告所述，最低估值规定，棉纺织品"在进口地的原始成本低于每平方码 [1]25 美分的，其成本应视为每平方码 25 美分，并据此征收关税"。这意味着，价值 9 美分 1 平方码的进口布料将被估算为实际价值 25 美分，那么根据达拉斯建议的 33.33% 税率，需要征收 8.33 美分的关税，而非 3 美分。在这种情况下，有效税率接近 100%（远高于 33% 的名义税率），国内生产者在保护措施下的收益也会相应增加，进口商也就无法为了避免支付准确数额的关税而故意低估进口商品的价值。

　　洛厄尔对国会采纳最低估值有何确切贡献，尚不得而知。爱德华·斯坦伍德表示，这项方案"是洛厄尔先生设计并敦促国会实施的"，后来这一说法得到广泛认可。但最低估值出现在了财政部部长达拉斯的报告中，所以如果洛厄尔真是方案设计者，那么他肯定事先向达拉斯极力推荐过。关于洛厄尔的描述来自他朋友内森·阿普尔顿（Nathan Appleton）的回忆录，其中写道："罗得岛的制造商们为了一项高额关税争吵不休。国会会议期间，洛厄尔先生在华盛顿待了很长时间。他对关税的看法比其他人温和得多，还说服劳德斯先生和约翰·C. 卡尔霍恩（John C. Calhoun）先生双双支持每平方码 6.25 美分的最低估值税费，这个税费最终被采纳。"这份资料并无证据指出洛厄尔是否是最低估值方案的设计者，但确实表明他在国会立法方面有所影响。赋税委员会主席劳德斯的认可尤其关键。虽然

----

[1]　1 平方码 ≈ 0.836 平方米。——编者注

对于财政部部长的报告中的许多其他建议，委员会选择修改或弃用，但他们保留了最低估值方案的内容。1816 年 3 月 12 日，洛厄尔代表赋税委员会上报了关税法案。

从布里格斯和洛厄尔的历程可看出，早在 19 世纪初，游说就能影响美国关税政策的制定。当然，与后来的情况相比，他们所做的努力就显得经验不足了。当时全美各地制造商群体之间的意见几乎没有协调，因此布里格斯在到达华盛顿后，不得不展开行动，与共事代表协调工作。与此同时，洛厄尔推行着自己的议程；他并未接受任何人委派，以适度方案取代了伯里尔与戴维斯公司（Burrill, Davis & Co.）提出的夸张要求，成功推行了最低估值。当托马斯·牛顿向新朋友保证"这件事，布里格斯先生，我们俩单独行事会比跟其他所有人联手做得更好"时，他不仅表达出了自己对新朋友某些同伴的做法有所不满，也暗示了立法者与游说者之间关系密切，而这种现象在接下来半个世纪将非常普遍。

3

1816 年 3 月 20 日，众议院开始审议关税法案，而会议讨论期间，外界压力从未间断。甚至在赋税委员会上报有关关税的措施之前，威尔明顿的制造商就收到了可能是代理人发出的通知，说是劳德斯等委员会成员打算缩减达拉斯提出的税率。维克托·玛丽·杜邦向众议院议长亨利·克莱抱怨："我们得知，赋税委员会已经把布料关税降低到 20%，棉花关税降低到 25%。就现在看来，如果法案通过，这两个产业就会彻底完蛋，至少在 50 年无法翻身。"克莱于 1811 年进入下议院（即众议院）后立即被任命为议长，说明同僚们对他的杰出政治才能充满信心。克莱是狂热的民族主义者，坚信政府有能力把事情办好，并且与肯塔基州的许多选民一样，他的部分经济利益来自大麻产业。在接下来数十年里，他将成为国会中一马当先的保护主义倡导者，作为主力推行联邦发起的"美国制度"发展计划——承诺要团结所有地区与所有产业，让人们共同享受国家繁荣。杜邦得知克莱在关税问题上的态度后，试图与他进行斡旋，用尽一切方法推翻赋税委员会对税率的修改。杜邦写道："我以布兰迪万（Brandywine）所有制造商的名义，抗议沿用任何旧有关税税率，那些税率明显太低。"

法案辩论开始后，克莱立即提出恢复达拉斯的建议，即向棉纺织品征收 33% 的关税。他解释，提出这个动议是因为他假定"众议院全体赞同施行保护，只是在鼓励力度上存在分歧，想看看大家在保护国内制造业方面愿意做到什么程度"。先前，布里格斯已经请求劳德斯主席批准较高税率，向主席及其同僚约翰·泰勒（John Taylor）提出了支持论点，助推克莱的提议。尽管如此，赋税委员会主席仍然发言反对这项动议，为"委员会报告中的关税制度进行了充分具体的辩护"，于是动议遭到否决，但只是勉强否决。克莱发现众议院态度对己方较为有利，便改为提议征收 30% 的关税，尽管劳德斯执意反对，但这个税率还是通过了。

克莱的胜利对布里格斯及其雇主来说是个好消息，而对波士顿制造公司来说就另当别论了。洛厄尔等企业主相信自己能够在赋税委员会所提出的适度税率下发展壮大，担心较高税率只会鼓励其他美国公司抢占市场。为了防止这种情况发生，这位马萨诸塞州企业家作为新英格兰代表团一分子，表现得相当积极。他结识了国会议员丹尼尔·韦伯斯特（Daniel Webster），在往后数十年里，双方关系将结出累累硕果。韦伯斯特与克莱一样，是一名年轻气盛、活力充沛的联邦主义者，因此他不会出于党派动机去支持联邦政府发起的措施，并且考虑到自己选区的商业利益，他时刻警惕着关税增加对贸易量的削减程度。韦伯斯特在自传中回忆道："1815年与1816年会议上，我认识了洛厄尔先生。他留在华盛顿的几周里，我们经常待在一起，而且我发现他熟悉许多议题的确切实践知识。"

克莱的提案通过三天后，韦伯斯特提出动议：两年后将税率从30%下调至25%，再过两年下调至20%。提出支撑论据时，韦伯斯特向同僚们确保他"已经与精通关税政策的人士沟通过，了解到制造商们会满意"这项递减方案。给韦伯斯特吹耳边风的人是谁、有何动机已算不上秘密；一位反对者向众议院解释："这位先生（韦伯斯特）所咨询的人睿智可敬，却也是一名坐拥大量资本的制造商。比起许多财力有限、尚未站稳脚跟的其他制造商，他更容易适应修正案的税率。"但递减方案还是得到了劳德斯的支持，他称："从前景来看，这项提案将能使关税回到合适的原则上。"这一说法参考了达拉斯报告中的观点，也是赋税委员会所认可的，即只有当国内制造商在公平条件下具备抗衡境外对手的竞争力时，才需要保护措施。经过进一步辩论，税率递减方案改为三年后下调至25%，即委员会最初确定的税率，再过3年下调至20%，推翻了先前威尔明顿一伙人在克莱议长帮助下取得的成果。

克莱声称众议院对关税保护的合理性没有异议，这种表述不完全准确：生性古怪的弗吉尼亚议员约翰·伦道夫（John Randolph）就带头反对了关税法案。伦道夫曾是众议院的民主共和党领袖，他认为前总统杰斐逊及其继任者麦迪逊违背了"有限政府"这个宪法原则，因而与两人决裂。伦道夫还认为，新法案的思路是用关税而非收入来奖励工厂主，无异于"公开抢劫"。看到美国第一任财政部部长兼开国元勋汉密尔顿也支持政府扶持制造商后，伦道夫告诉一位朋友："新制度比亚历山大·汉密尔顿还汉密尔顿，我的反对显得不堪一击。"这位弗吉尼亚人以一贯古怪的作风行事，公开宣称自己"决不穿美国制造的物品，也决不允许他的人（即奴隶）穿"，还在与韦伯斯特就糖的关税问题产生争执后要求决斗，但被韦伯斯特拒绝。布里格斯写信告诉妻子："约翰·伦道夫在众议院发言时，给在座的制造商代理人起遍了令人反感、充满鄙夷的绰号，恶言相向，咄咄逼人。"伦道夫集中抵制了棉花最低估值，认为这是在"对社区征收巨额税费"，剥削了购买粗布给奴隶做衣物的农场主和粗布运输商，"把钱投到了另一群人（即纺织品制造商）口袋里"。

伦道夫对最低估值的抨击，引出了约翰·C.卡尔霍恩的辩护。南卡罗来纳人卡尔霍恩与肯塔基人克莱同时当选了众议员，并且像后者一样，在当选时是民主共和党的新星。不过在往后40年里，卡尔霍恩将经历一场深刻转变，成为保护主义反对者中最引人注目的发言人。卡尔霍恩的反对者们，尤其是克莱，将令他永远铭记自己对1816年《关税法案》通过所做的贡献，而阿普尔顿则把这一切归功于洛厄尔的说服力。20年后，卡尔霍恩因关税问题受到谴责时，否认自己曾"带头支持"法案通过；他说："这件事由我的同僚、我的朋友劳德斯先生负责，我只是应朋友要求临时发表了一次讲话，没有参与任何其他事宜。"这场演讲的起因是伦道夫提议从法案中删除最低估值，卡尔霍恩宣称自己期望为棉花制造商提供"充分鼓励"，并表示被提议删除的条款对实现这一目的"至关重要"。不过，随着时间的推移，他改变了观点。16年后，他写道："经验证明，1816年《关税法案》包含一项绝对有害的规定，那就是最低估值。"然而16年前，卡尔霍恩决定性的干预使伦道夫确信自己的动议无法通过，便提出撤销动议。

尽管伦道夫直言不讳地反对征收保护性关税，但多数国会议员都赞同克莱的观点，认为存在争议的是保护程度，而非保护措施本身。参议员鲁弗斯·金（Rufus King）在写给自己儿子的信中概括了这一现象："制造业已赢得许多人的关切"，"保护性关税太高可能会损害海关的利益（即收入减少），削减贸易量，使消费者承担过高的物价"，但实施"适度的鼓励措施是明智、谨慎的做法"。法案的细则引起了相当详尽的讨论；认为拟议税率过高的群体由宾夕法尼亚人约翰·罗斯（John Ross）代表发言，他"希望棉花厂的'使节'们立即与赋税委员会签订一个众议院能够接受的条约，让其他工厂自行解决遗留问题，而不是以保护为由在各方面增加人民负担"。但劳德斯主席带头争取保留最初方案，因此修改特定税率的多数动议都遭到否决。一位议员提议禁止"身为棉花厂所有者 / 股东或棉纱厂所有者 / 股东"的任何国会成员对事关棉花关税的议案投票，也遭到了嘲弄。一位议员批评道："这一可笑的规定会使商人无法参与商业立法，农民无法参与农业立法。"辩论结束后，众议院于 1816 年 4 月 8 日以 88 票对 54 票通过了《关税法案》。参议院只进行了不到一周的审议，便于 4 月 20 日一致表决通过。在法案三读（即法案通过前的最后阶段）的前一天，投票结果为 25 票赞成和 7 票反对。正如一位代表所言，参议院"无足轻重的"修正案于 4 月 25 日得到了众议院同意，而后整部法案于 4 月 27 日由麦迪逊总统签字生效。

从 1816 年《关税法案》在参众两院通过的票数差可见，国会内外的人士都普遍支持奉行适度的保护主义。在当时，关税还没有卷入党派纷争。汉密尔顿可能是政府扶持制造业的早期倡导者，但联邦党人撤退至新英格兰这个据点后，承袭了当地对自由贸易的认同，而许多民主共和党人则开始支持鼓励国内工业发展的政策，与杰斐逊和麦迪逊公开表明的态度一致。参议员金则认同从前的联邦主义观点："在税收、陆军和海军等问题上，如今的民主共和党人似乎与从前的联邦党人的做法一样。我不倾向于反对民主共和党如今提出或采取的措施，也就是联邦党人从前提出和采取的措施。"对关税法案的投票分析反映了这一点。参众两院合计来看，民主共和党投了 81 张赞成票和 35 张反对票，而联邦党票数相对平均，分别为 32 票赞成和 26 票反对。韦伯斯特告诉一位朋友："至于党派之间的分歧，我们几乎没看出来。对于《关税法案》，联邦党人和民主共和党人各自内部倒是存在很大的分歧。"韦伯斯特还说，有趣的是，"制造业利益集团已化身为一个强大的、不容忽视的政党"，这表明即便在当时，有组织的保护运动已经自成一派左右了国家立法。

在 1816 年，尽管某些地区对关税的偏向显而易见，但关税问题还不算一项具有明确地区分歧的议题。几乎所有美国新生制造业都集中在自由州，这些州以 77 票对 17 票支持了《关税法案》的通过。其中 12 张反对票来自新英格兰的联邦党人，他们担心法案会影响其选民赖以生存且与贸易相关的航海和造船业。然而，虽然在法案审议期间，韦伯斯特等新英格兰人试图降低赋税委员会提议征收的若干关税，但他们多数人赞同保留棉花的最低估值税率，以将近 2 : 1 的赞成率支持法案通过，这表明棉花生产对该地区日渐重要。关税问题甚至在南部州的分歧更大。南部经济的主力军是谷物种植者，从关税保护措施中受益很少，不仅可能面临境外市场施加报复性关税的风险，还要为自己购买的进口商品支付更高价格。然而，南部的主要政治家，特别是劳德斯和卡尔霍恩都赞同：提高关税只是暂时之需，目的是偿还国债，并通过巩固新兴产业的根基来强化国防。韦伯斯特在洛厄尔的协助下，根据他们眼中符合制造商期望、随着时间推移而降低的保护力度，提出对棉花商品征收递减关税。奴隶州的议员与新英格兰的同僚一样，总体上支持降低个别商品关税的动议，但在决定整部法案的命运时，他们投了 36 张赞成票和 44 张反对票。

4

　　1816 年《关税法案》提供的保护未达到许多制造商的期望，但税率已经高于战前水平。地方团体尝到这一甜头后，便期待从政府手中捞到更多好处，开始有序组织游说行动，成立各种协会，用书面章程和定期会议加以规范。在某些情况下，甚至关税法案还未提交审议，他们就制订好了游说计划。例如，那些选派布里格斯去游说国会的特拉华制造商还任命了一个委员会，"负责出谋划策，将威尔明顿 20 英里范围内的制造商联合成为一个互惠互利的团体"。但新通过的法规存在一个显著的刺激因素。法规通过一年后，一位赞许者评论，"联邦中同时出现了许多协会，并且更替很快"，包括康涅狄格州、特拉华州、纽约州、马里兰州和宾夕法尼亚州的团体，预计俄亥俄州、肯塔基州、新泽西州和密西西比州"将很快增加自己在这项共同事业中的力量与分量"。通过这些行动，制造商们顺应了法国政治学家托克维尔庆贺的趋势："美国人不断组成协会，不论年龄、环境或癖性"，旨在追求他们凭借民主社会普罗大众的身份无法实现的目标。更多近代历史学家补充了托克维尔的分析，提出了有助于解释 1812 年英美战争后数十年间协会活动激增的其他因素：与启蒙运动相关的人类进步愿景、第二次大觉醒中的福音奋兴运动、国家基础设施的改善，以及蓬勃发展的新闻业。

事实上正如劳伦斯·佩斯金所述，有意推进制造业发展的人士组成协会这一现象屡见不鲜。英美战争后出现的第一批协会与此前存在的协会一样，大多由富裕的绅士创立，其中最具影响力的要数美国鼓励国内制造业协会。这个名称看似涵盖广泛地区，但除了前总统杰斐逊、麦迪逊和约翰·亚当斯之外，其领导层几乎全部来自协会基地纽约。早期团体的多数努力，只限于确保政府提供补助金和贷款等法定特权来支持他们进行某些风投；而新团体则寻求全面关税保护。美国鼓励国内制造业协会与其他地方的较小协会一同向国会请愿，要求沿用棉花和羊毛纺织品的较高税率，因为根据韦伯斯特提出的递减方案，该税率不久后将降低。费城美国制造业促进协会则为"华盛顿游说之行"筹资，并促进保护主义文献的传播。同在费城的"铁匠大会"也任命了一个委员会，向"那些与钢铁厂……等所有制造组织关系友好的团体成员"征集签名，呼吁产业保护。一位支持者表示："我们正在考虑选派适任人员去华盛顿督促执行我们的诉求。"目前关于这些努力的详细资料不多，但他们确实在 1818 年初促成第十五届国会颁布单独法案，将当时的纺织品关税税率沿用至 1826 年，同时提高若干铁制品原料和成品税率。

1816 年《关税法案》标志着联邦政府首次严肃地通过对大量进口商品征收关税来鼓励国内工业发展，也标志着国会之外的保护主义者首次严肃地为立法贡献己力。与往后的事件相比，国会之外的保护主义者做出的努力显得极为有限，这反映了当时公众已普遍接受关税适当提高的必要性，认为无须在这个问题上采取任何推进行动，更反映了全美各地的工厂主及其盟友之间缺乏有序的组织。1816 年《关税法案》的制定主要归功于设计了关税制定指导原则的财政部部长亚历山大·达拉斯，以及在威廉·劳德斯主席领导下起草法案并为其辩护的赋税委员会。此外，艾萨克·布里格斯和弗朗西斯·卡博特·洛厄尔等远赴华盛顿游说的制造业代表也发挥了不可小觑的作用，他们的出现标志着游说者和立法者达成合作的新时代。这些立法者包括议会三雄——亨利·克莱、丹尼尔·韦伯斯特和约翰·卡尔霍恩，他们还将以各自的方式对战前关税政策施以重大影响。在 1812 年英美战争的爱国主义余晖下，党派身份和地区差异对关税问题的影响甚微。但随着时间推移，达拉斯倡议的适度的、临时的保护主义和洛厄尔精心设计的最低估值，都将助燃党派矛盾和地区矛盾。法案颁布后爆发了一阵呼吁增进保护的运动，但两年后补充法规颁布，将躁动平息了下来，而各协会运作也逐渐搁置。经济呈现出一片欣欣向荣，商人们回归了精打细算的日常状态，丝毫没发现灾难已在头顶盘旋。

第二章

"不仅仅是制造业的问题"：

1820 年"鲍德温法案"与 1824 年
《关税法案》

1819 年，经济危机重创了年轻的美国共和政体。对此，费城杂文作家马修·凯里（Mathew Carey）记载道："在资产方面，军队入侵造成的破坏都不及全美各地发生的危机严重。"这一时期物价暴跌，破产企业成倍增加，数以万计的人民失去工作。众议院议长亨利·克莱宣告："这场灾难就像笼罩着我们的大气层，触及联邦上下、社会各阶层，我们时时刻刻都在呼吸它，没人能幸免。"面对美国人口的持续增长，南方人克莱和北方人马修·凯里都认为，全面竖起保护性关税壁垒是经济复苏的唯一途径。从 1816 年到 1818 年，公众都在催促政府修改关税政策、增加税率，而关税几乎只是制造业的问题。马修·凯里坦言："受灾人士的境遇令人痛心，不过全美情况总体而言不算严重。"但金融风暴后，他认为即使"全美制造业都兴旺发展，关税制度的改变也已刻不容缓，因为这个问题当下已呈现出新的面貌：它已经彻底上升到了国家层面"。

接下来，马修·凯里和克莱将成为同辈人之中最能干、最积极的保护主义者，深受友人以及敌对政党的赏识。1819 年恐慌爆发后，关税政策的制定实则进入一个新阶段，各地民众纷纷开始向立法者施压，并持续在首都进行游说行动。在华盛顿之外，马修·凯里鼓励全国各地支持提高关税的人士加强合作，部署一项比几年前更宏大的游说议程。在国会内部，克莱有效地利用委员会体系，将己方认为合适的法案提交审议，拉取足够票数来确保法案通过。在此期间，自由州议员都在奋力阻止密苏里作为蓄奴州加入联邦，而4名总统候选人为了能入主白宫互相攻讦，可见保护主义者迈向成功的道路上阻碍重重。1820年，参议院以较小票数差成功反对关税上调，保护主义事业遭遇挫折；1824年，新的《关税法案》通过，保护主义者总算扳回一局。然而，这一时期遗留的党派分歧和地区分歧，还将波及未来数十年关税政策的制定。

1

1819年11月29日，也就是第十六届国会召开一周前，全美工业之友大会在纽约市举行，至此，保护主义运动的性质出现了恐慌爆发以来最明显的变化——先前，为了使1816年《关税法案》通过，地方制造商团体独立发起了保护主义行动；这次，来自9个州的37名代表汇聚一堂，为了共同的保护主义事业进行谋划。蓄奴州中只有特拉华州和马里兰州派出代表参会，这也预示了未来的事态发展；当时交通不便，远道而来绝非易事。10年后，各地代表才聚齐召开全国大会。本次全美工业之友大会中，曾出席1787年制宪会议的威廉·菲尤（William Few）被选举担任主席，马修·凯里担任书记。还有几名参会者因4年前的表现而为人熟知，其中包括特拉华州的埃勒瑟尔·伊雷尼·杜邦、纽约州的马修·戴维斯和托马斯·莫里斯，以及宾夕法尼亚州的威廉·杨。与会者采纳了一项决议：推荐各自地区的公民成立"鼓励国内工业协会"，并建议国会颁布 3 项法规：废除用以支付进口关税的信贷，向竞价销售征税，以及全面提高关税税率。第一条和第二条针对向美国市场廉价倾销商品的外贸行为，第三条旨在确保国内生产者获得更大范围的保护。12 月 20 日，众议院收到了全美工业之友的请愿书，本届国会的剩余时间便将围绕其内容对关税政策展开辩论。

全美工业之友大会的举行是保护主义推动组织的一次高潮，可以追溯至 1819 年春天，也就是恐慌产生的初期。费城作家马修·凯里是这一推动力的核心，他在爱尔兰出生，后来移民到美国，是一位功成名就的书商兼出版商，犹如一股能量旋风。1816 年，马修·凯里就对身陷困境的制造商深感同情，但直到 1819 年金融风暴席卷而来，他才投身于保护主义事业。马修·凯里后来回忆道："国家的危情给我敲了一记警钟。根据我一直以来的所见所闻，导致这番局面的罪魁祸首是不健全的国家政策。制造业把粗劣品转化为符合人类生活需求与舒适需求的精致品，是人类生产力的重要组成部分，但现行国家政策不足以支持和保护制造业，所以我才要围绕政治经济来撰文。"马修·凯里一旦动笔就滔滔不绝；据他自己估计，在往后 14 年里，他出版了 57 本小册子，还发表了不计其数的报刊文章、请愿书和通函。

在马修·凯里所倡导的美国发展愿景中，国内市场以国内生产者为中心，包容地区差异，能够在一体化经济中发展所有利益集团。后来他在自传中写道，自己坚信的首要原则是"美国能否在工农商贸等包括制造业在内的各个领域实现繁荣，取决于制造业得到多少保护。因此经济不仅仅是制造业或某一群体的问题，它关乎整个国家的利益"。在这一点上，克莱与马修·凯里想法一致。克莱提出"真正的美国制度"将"循序渐进地为美国工业提供适度保护，确保我们自己的丰富资源能提供一定的生产力，并且产品终有一日价格会更亲民、质量会更优秀，从而减少对外国的依赖"。这一雄辩无疑是在某种程度上掩盖自利动机：马修·凯里是反英分子，渴望看到祖国在全球竞争中战胜处于经济优势的英国；克莱则坚信"美国制度"将成为他入主白宫的敲门砖；同样地，许多制造商是因为能从更高的关税中获利，才会强烈主张修改税率。他们共同打造了所有爱国同胞都认可的政治经济形态，从而为保护主义事业正名。

不过写作只是马修·凯里贡献的一部分；1819年行动期间，他还带头在家乡费城成立了两个保护主义协会，第一个就是堪比现代智囊团的费城美国制造业促进协会（以下简称"费城协会"），由马修·凯里与9名当地商人组成，每人均承诺为推进目标捐助100美元。协会发表了一篇又一篇呼吁增加关税的文章，几乎都由马修·凯里撰写，在整个协会内免费分发。第二个协会拥有相似名称，叫宾夕法尼亚鼓励国内制造商协会（以下简称"宾夕法尼亚协会"），运作方式明显有别于费城协会，会费只有50美分，雇用了100多名代理人在全州范围内征集章程签名，自我定位是群众施压团体。会员均承诺在私人消费中"优先选择美国产品",并且"不为任何众所周知不利于支持和保护国内制造业的人投票"。马修·凯里等 10 名费城协会成员中有 8 名兼任宾夕法尼亚协会成员,正是这 8 名成员率先呼吁召开全国大会,并得到迅速响应。由此可见,除了一小群利益攸关的制造商,还有更多人殷切期盼政府加强保护力度。在整个新英格兰和大西洋中部地区,新组织纷纷成立,旧组织逐渐恢复活力。到第十六届国会召开时,宾夕法尼亚协会等州级组织以及许多地方小团体已经在 9 个州展开工作。

在 1819 年恐慌的催化下,各地利益相关者纷纷加入保护主义运动,马修·凯里等先锋人士则作为协调组织各地行动的代理人。这一过程在重要方面映射出协会小册子与福音派《圣经》传播于同一时期——一方面,牧师不断劝诫教友从而对公共事务产生影响;另一方面,参加史上首次全美工业之友大会的马修·凯里与盟友在宣传、出版协会章程和议程时,不断叮嘱读者、支持者在自己所在地区复述其奉行的理念,为保护主义事业贡献力量。他们的努力有助于重塑关税修正案——这"不仅仅是制造业的问题",比起 1816 年,关税改革更迫切,关乎着更多人的利益。

2

1819 年 12 月 6 日,全美工业之友大会首次召开时,第十六届国会议员们还没意识到关税政策已经被推到立法议程最前沿。

不过这次，待议事项将首先在闭门会议中决定，再到公开会议上决定。出于这个原因，马里兰州的众议员彼得·利特（Peter Little）在次日提议"任命一个单独的制造业委员会作为常委会"之举，就有了重大意义。托马斯·牛顿仍然担任众议院商业和制造业委员会主席，他发言反对这一提议，称商业与制造业的利益"密切相关"，"将两者合二为一推动效果才最佳"。利特反驳称两者利益"经常冲突"，而且制造业的利益"足以引起全体委员会重视"，这一论点以 88 票赞成对 60 票反对的压倒性优势胜出。新泽西州的众议员威廉·达林顿（William Darlington）是奉行保护主义的编辑希西嘉·奈尔斯的朋友，奈尔斯告诉他："我很高兴利特朋友的提议顺利通过，将商业和制造业委员会分开设立。这是一个充满希望的开始。"

制造业委员会单独成立后，支持提高关税的群体就有了稳当的议事总部，方便展开立法战略部署，着实打开了光明前景。某些议员认为缩减开支是摆脱恐慌、实现繁荣的唯一可靠途径，他们在背后操控赋税委员会，建议本届会议期间维持当前税率。众议院议长克莱事先就预料到这一情况，发挥职能任命了委员会所有成员，确保全员支持保护政策。对此，一位态度不满的议员察觉到了"一丝端倪"——"尽管众议院在这个重大问题上各执一词"，但没有任何成员提出"反对保护主义"，指责委员会里"全是亲制造业的人"。他表示，"众所周知，一项措施成功与否很大程度上取决于提出措施的委员会"，所以这个问题不容小觑。财政部则被牢牢控制在支持低关税的群体手中，因此众议院的保护主义者拒绝遵循 1816 年的先例，没向财政部寻求立法建议。那么新委员会的主席是谁就非常关键了，克莱选择让亨利·鲍德温（Henry Baldwin）出任这一职位。鲍德温是被誉为"美国伯明翰"的匹兹堡工业城代表，由联邦党与民主共和党联合选出，其主要目的是修订关税，并且维护与鲍德温自己利益相关的一些工厂。与马修·凯里在首都熟识的财政部官员威廉·李（William Lee）称："鲍德温会在制造业问题上压制所有反对派。他钻研过这个议题，精通相关知识，自然会为利益攸关方带来大量利益。"

不过，国会外的保护主义者不会仅仅寄希望于制造业委员会。宾夕法尼亚美国制造业促进协会成员之一的化学家约翰·哈里森（John Harrison），在国会召开的三个月前写信给马修·凯里，提议各地盟友"尽可能在同一时间派适任代表前往华盛顿，以便在众议院抛出相关问题时能够游刃有余地进行解答"。哈里森与四年前的艾萨克·布里格斯一样，认为"各地观点要统一，（尤其是）传达到国会的观点要统一"，但他也建议这种统一"不能表现得像一场熟练的演出"。纽约的彼得·H.申克（Peter H. Schenck）也提出了类似计划，他是纺织品制造商，也是刚恢复运作的美国鼓励国内制造协会（以下简称"美国协会"）成员之一；他在方案中写道："我们希望筹到足够的费用（捐款）派代表前往华盛顿。我认为弗吉尼亚以北的所有主要城镇都应该派出一位适任代表。"这些宏大计划没有实现，至少没有依照上述计划实现，但宾夕法尼亚协会和美国鼓励国内制造商协会都派出代表参加了第十六届国会，其中一位代表将在关税政策的斗争中发挥核心作用。

　　率先踏上旅程的是律师、商人兼宾夕法尼亚州立法者康迪·拉盖特（Condy Raguet），他同意于1819年12月下旬前往华盛顿并待上一周。拉盖特是宾夕法尼亚协会的成员，接受委托不仅仅是出于好意；他表示，"目前我的经济状况无法负担这趟行程，因此我得算算能给我报销多少路费（无论多么不情愿）"，但还是坚持接下委托。拉盖特似乎还把这项任务视为一次实情调查，他告诉马修·凯里："在支持协会论点方面，我比其他人更有用。作为州议员，我熟知以往事件，比起为实现某一目的而受托参会的其他人，我与国会议员沟通起来会更顺畅，特别是宾夕法尼亚州的国会议员。"于是才有了拉盖特这番汇报："我花了很多时间在制造业委员会主席鲍德温先生身上，尽可能让他了解居住在宾夕法尼亚州的制造业伙伴们有何看法。"在这趟短暂之行即将结束之际，拉盖特建议："派一位熟悉相关问题的人来这里继续待几周，方便委员会主席向他获取更多详情，也方便他随时精准地提供各制造业的特定信息，以备法案起草之需。"

　　宾夕法尼亚协会听从了这一建议，派遣哈里森前往华盛顿，他在拉盖特离开一周后抵达。博学的哈里森之所以被选中接手这项任务，可能是因为他与拉盖特一样，跟宾夕法尼亚州代表团的几位议员关系较好，其中包括制造业委员会成员托马斯·弗雷斯特（Thomas Forrest）。哈里森抵达华盛顿后写信告诉妻子："我们的老朋友弗雷斯特上校……似乎非常欣喜。我和他在办公室坐了一会儿，然后他邀请我到会客厅，正是在那里，我认识了来自家乡和纽约的议员……度过了一个愉快的夜晚，毕竟这与我的任务目的息息相关。"哈里森感到非常遗憾的是，弗雷斯特"强烈邀请我"与他们合住，但"受制于当时的经济条件"，他无法答应。哈里森认为另一套由宾夕法尼亚国会议员占用的住所也不适合下榻，原因是"住在那里我就没有阅读或写作的私人空间了"。最终，他选择了一家寄宿公寓，有了安心睡觉的地方，并且"除了吃饭时间，我可以独占饭厅，包括火炉和壁橱这些设施，在体面、私密的环境下会见需要沟通的人士"。

哈里森与拉盖特一样，花了大量时间与立法者打交道。他在寄往家中的信里说明："我已经私下与那些偏向我方观点的成员开了几次会，并且我发现，在正式向那些心存疑虑或态度明显与我方相左的国会议员发出呼吁前，最稳妥的做法是摸清情况。"凭借这些便利，他得以监视保护主义反对方的一举一动。在华盛顿待了两周后，哈里森向马修·凯里汇报："今早（两个费城拍卖师）出现在我的住处，我非常惊讶，我想他们看到我也同样惊讶。"哈里森认为他们"受命前来是为了结识"与自己打交道的宾夕法尼亚议员，并意识到"我的出现可能引起尴尬"，于是"感到很无措，我没有及时获知他们此行的目的"。他随后得知，两位意外访客是为了反对悬而未决的拍卖法案而来，打算走遍华盛顿"找宾夕法尼亚和纽约代表团算账"。尽管如此，哈里斯仍然有信心取得成功，他写道："我们的前景很好，好于我的期望。"哈里森最担忧的问题是费城没有给出指示，这一空当突显了早期游说之行的特征：临时起意。他在抵达不久后抱怨："我没有收到制造商团体的任何消息，甚至没有接到行动指示，没有得到特定问题的解答，没有介绍信为我引荐前来追求共同事业的纽约绅士，无法与其进行相关沟通；我感到孤立无援，好像除了我就没人对这件事上心了。"

所谓的"纽约绅士"是美国协会的代理人，以利亚撒·洛德（Eleazar Lord）。哈里森因孩子去世而提早结束任务，由洛德在华盛顿继续推进保护主义事业。洛德于1788年出生在康涅狄格富兰克林（Franklin），最初打算为教会奉献一生，于1812年取得了长老教会传教士证书。但由于眼疾反复发作，他只能放弃这个使命而回归世俗，搬到了纽约市，开启了成功的金融业生涯。不过洛德仍然积极参与宗教活动，其中最值得注意的一点在于，他是纽约主日学校联合协会创始成员，向来远离华盛顿的社交场合。在华盛顿待了两个月后，他告诉马修·凯里："关于欢迎会，我只能提供一些粗略描述，因为我一场都没参加过，也没有出席过舞会、晚宴等闲散、挥霍、愚蠢、不义或胡闹的社交活动。就算我要参与这类活动，也不会是在华盛顿。据我所见所闻，这段时间以来各议员背负了尤其沉重的责任，连续操劳了四个月；会见他们时，我应该深怀谦卑与羞愧。"尽管洛德经常抱怨说自己"对这里感到厌烦"，"耐心耗尽，沮丧至极"，无法想象"还有什么事能把我置于如此难耐的境地"，但他还是恪守信用，在华盛顿待到国会会议结束，总共四个月。

拉盖特、哈里森和洛德的信件内容说明，在年轻的共和政体中，游说者的地位飘忽不定。人们期望立法者以大局为重，但他们之中的一些人在面对某些利益的鼓动时选择了以公谋私。不过，几乎所有美国人都认同布里格斯在1816年说过的话："无论是否身为国会议员，做出礼貌得体的口头发言和书面陈述"是一个人"作为共和国公民"的权利。拉盖特坚信，宾夕法尼亚协会派出的特使应该"私下任命，而非公开任命"，因为"在有机会进行私下游说的场合，游说方要以普通人的形象进行游说才会奏效"。职业游说者是以游说谋生的说客，这一概念在当时并非无迹可寻。1819 年，一位纽约政治家写道："有一类人，他们的职责是在立法会议期间赴奥尔巴尼与会，目的是争取或反对法案颁布、银行业务、保险公司业务等事宜的通过。"但在华盛顿这类行为还无法被容忍。拉盖特向马修·凯里担保："我担心（而且这种担心有理有据）通过公开组成委员会来实现（保护）目的，效果适得其反。除了鲍德温先生，没人知道我任务在身；我很满意这个现状——反对方不知道我其实为达成特定目的而来，就不会处处提防，那么辩论时，我的进攻主动权就可以无限扩大。"

哈里森同样注意保持"普通人"的形象，这点也体现在他的住宿安排中。与当年的几位历史学家一样，他也很清楚政策制定过程不只发生在国会中。社交场合能完美地为政治勾兑打掩护，即可以为拉盖特所说的"私下游说"提供机会。没有正规身份也没有效忠对象的哈里斯用不着在国会大厅与立法者搭话，可以利用寄宿公寓的饭厅"体面"地会见他们。在这一时期，游说行动并不光彩，也不受法律保护，许多人眼里的公私范畴界限模糊，甚于当今。正如另一位制造业"密使"后来所述："其实各成员应该相聚共餐，这种形式既落落大方，又令人愉悦。"洛德称"很高兴自己代理人的身份无人知晓"，但从牧师转型成商人的他不愿意出席华盛顿的社交场合，也就失去了这部分的游说机会。不过，洛德能为人所知还有另一个原因，那就是他在执行任务期间与鲍德温建立了密切关系，于是才有莫大机会影响联邦关税政策。

3

对于第十六届国会中通过辩论商定下来的关税措施，洛德做出了不小的贡献，但法案命名用了鲍德温的名字。来自匹兹堡的议员鲍德温当选了制造业委员会主席，起草了三项独立法案来落实全美工业之友大会的建议：废除用以支付进口关税的信贷，向竞价销售征税，以及全面提高关税税率。然而这位新任主席很快就发现，关税政策尤其"难以制定"，并表示"仅凭一人之力不可能全面透析问题"。为了减轻负担，他经常与国会外的盟友通信，给马修·凯里寄去自己正在制定的早期提案，要求他"提出能打动你或你朋友的修正或改动方案"。纽约人洛德的出现恰逢其时。1820年1月11日，洛德汇报："我算是刚好赶上，直接被安排去起草新的关税表。现在我需要更多信息来进行重要的修改和补充，请你们帮帮我，给我一些提示和意见。"2月6日，鲍德温提醒马修·凯里，"制定关税法案……不是一时半会儿能够完成的"，重申"洛德先生也在，并且帮助很大"。来自纽约的代理人洛德与1816年的布里格斯及其伙伴不同，比起公开向制造业委员会发表自己的意见，他更倾向于私下跟主席合作。一直到2月底，洛德与鲍德温就连在周日都没有停下过工作，还一起在会议室吃饭，争分夺秒完成这项艰巨任务。

洛德的影响贯穿法案的设计以及保护主义者为使法案通过而部署的战略，这两者其实密切相关。他后来向马修·凯里解释："从我到达华盛顿的那一刻起，我就坚持以全面为原则制定关税……不考虑地域或当前的影响。"这种做法赢得了鲍德温的认同，他们共同努力的成果也反映出这一点。纽约全美工业之友大会的请愿书详述了各成员希望国会提高的关税税率，涵盖棉花和羊毛纺织品以及各类铁等重要商品，还建议国会考虑对另外30项商品征收关税。鲍德温的法案没有完全依照全美工业之友大会的请求来提高关税，但其涵盖的商品种类远远超出1816年《关税法案》的保护范畴。他也没有寻求现任财政部部长的指导，而是在很大程度上参考了前任财政部部长亚历山大·达拉斯的报告，并采用了许多未经赋税委员会修改的最初税率。

这项法案以洛德口中的"全面原则"为基础，大胆施行保

护措施。四年前，赋税委员会主席威廉·劳德斯及其同僚们认
为，所有进口关税主要作为联邦收入，或者说它们就是联邦收
入；而四年后的1820年，情况大不相同。正如鲍德温提醒马
修·凯里时所言，赋税委员会已经抛下制定关税政策的责任，
而且"之所以赋予委员会制定关税的权力，仅仅是出于保护我
国制造业的目的"。先前法案的支持者称制定关税只是为了确
保美国新生工业能与境外对手平等竞争，而鲍德温的法案则是
根据马修·凯里和克莱主张的政治经济国有化而制定的，作为
确保国内生产者占有国内市场的重要手段。

　　然而要成功国有化，他们还需要克服地区矛盾——"密苏
里争议"。从1819年冬天到1820年春天，自由州议员都在奋
力阻止密苏里作为蓄奴州加入联邦，但始终未果。鲍德温越来
越焦躁，在2月写信对马修·凯里说："我们必须摆脱密苏里问
题这个魔鬼。没有南部的帮助，我们就无法成功，所以现在还
不能惹毛他们。"由于急于打破僵局，来自匹兹堡的鲍德温最终
抛弃了自己所代表的地区，与其他几位支持提高关税的北方代
表联手，为密苏里加入联邦投出了决定性的赞同票。如此一来，
他不仅失去了自由州众多民心，也没从南部赢得多少支持，徒
留伦道夫给他起的不雅绰号"面团脸"。洛德向马修·凯里汇
报称，鲍德温对"支持南部利益"产生了"严重误解"，"他现
在心态非常不稳定，我担心无法使他平静，无法安抚他"。尽
管作为国会首席发言人的鲍德温坚称"都是因为请愿保护制造
业的人如此强烈地反对奴隶制，才导致这场失败"，纽约的代

理人洛德仍然相信"我们这样做，其实几乎没有损失；对我们来说，只要票数胜出，其他什么都不重要（就像以往那样）"。国会外的关税支持者之中也存在分歧，申克抱怨"该死的密苏里问题给我们使了绊子。北部和东部的议员最应该被赏耳刮子"。但另一位人士也来信同意洛德的观点，即主张征收高额关税不会得到南方支持；他愤怒地写道："不能饲养（两腿）黑牛销售的北部州和中部州，可以去饲养四腿黑牛、马、羊这些牲畜，但别妄想肆意削减弗吉尼亚畜牧业的销售额，或以任何方式增加南部种植者的开销，从而壮大他们的畜牧业或是瓜分更多市场。"

　　保护主义者可能会认同的是，一再拖延会最终拖垮他们的事业。《密苏里妥协案》（*Missouri Compromise*）直到 1820 年 3 月 5 日才通过。两周半之后的 3 月 22 日，作为制造业委员会主席的鲍德温才向众议院上报法案，直到 4 月中旬才说服立法者加紧审议。对于他的不积极，洛德感到很遗憾，在法案首次上报后感叹："我向鲍德温提议过召开制造业和全美工业之友大会，以便统一他们的支持计划。至于他会不会执行，我已经不抱希望了。"三周后，洛德的来信就更直白了："又是不成事的一天！"马修·凯里和洛德一样感到不满，还因表现出急切而遭到鲍德温斥责。鲍德温对于自己拒绝尽早上报法案的行为，写信回复的理由是："你得记住，只有当你同国会议员随意来往、混在其中时，才能更好地判断什么模式最适合推进法案。进行密谋和反密谋的难度比你想象的高得多。"马修·凯里称自己脾气"暴躁"，向来不乐意接受这类告诫，于是在法案的投票开始前，他写了一本小册子，称本届国会"浪费时间的作态厚颜无耻，难辞其咎"，是"美国历史上一大污点"。这本小册子已经被批量印刷，但随着事态的变化，马修·凯里还是明智地决定阻止小册子的传播。

1820年4月15日，鲍德温口中的"密谋和反密谋"就体现出来了，而且来源令人意外。在众议院会议上，1816年《关税法案》的拥护者劳德斯要求制造业委员会"在他们的权限范围内给出相关的估计或证据"，证明未决法案的税率合理。4月17日，制造业委员会就这一决议展开辩论，只做了简短总结，但法案支持者似乎都认为，既然"我国制造商需要增加关税这项鼓励措施的出发点是他们受到压迫和破坏，那么我们有必要掌握相关事实，搞清楚哪些情况属实"。鲍德温等人则反驳称"制造业委员会在关税修订上不应拘泥于微小的细节，而应放眼于宏大的国情"，并且劳德斯的动机不过是拖延法案审议，于是劳德斯的决议以90票对72票遭到否决。法案审议之初的这场小冲突，预示了双方即将在4月21日的法案辩论中采取的策略。

4

辩论当天，鲍德温为保护主义者发表了一番冗长的讲话，以此开启议程，敦促大家别像四年前那样逐个地区讨论法案对特定产业的影响，而是要依据国家的政治经济状况，并结合制造业委员会制定的另外两项措施来判断。他提醒国会同僚们，本次关税的保护水平"只是略微超过 1816 年财政部的建议"，并硬气地指责当年身为赋税委员会主席的劳德斯放弃了对于美国制造业的支持："达拉斯先生的报告强烈支持国内制造业；然而值得注意的是，赋税委员会的报告中根本没有提及'制造业'这个词。"在谈到劳德斯 1820 年 4 月 15 日提出的决议时，鲍德温宣称："赋税委员会没有（像批评所述的那样）因公谋私，没有因为个别民众私下请求政府予以支持与鼓励，就以损害国家利益为代价来照顾他们。"鲍德温坚称，劳德斯及其同僚"没有根据利益相关者的陈述甚至誓证来采取行动，也不打算这么做"。这一说法在某种程度上回避了洛德参与起草立法的事。鲍德温总结道："如果这部法案的基则或细则都无法立足于国家原则，那么我们愿意放弃。"洛德表示自己很满意主席所做的努力，说主席在法案中遵照了自己的建议，还说几名赋税委员会成员后来表示，尽管他们不满意法案的部分内容，但现在已被说服，会投票支持法案通过，将保护理论落到实处。

反对方则偏要集中攻击法案细则，试图通过减少赞同票数导致法案最终无法通过。为此目的，他们提出降低一项又一项商品的税率，并控诉议员与制造商相互勾结。劳德斯提醒同僚，"1816 年报告中的税率，是基于'确保制造商能够满足进口商需求'的保护力度而定的"。他认为待决法案远远超出达拉斯和第十四届国会的目标。鲍德温为了维护自己与选区工厂主的关系，不得不表示："有人说这部法案只是维护匹兹堡的雕花玻璃制造商的法案，说它有失偏颇；也有人指责我出于利益动机来制定法案。如果你们不认为地区利益与国家利益挂钩，不认为维护雕花玻璃制造商的利益符合国家利益，那么我接受，匹兹堡、身为代表的我、当地最重要的制造商以及这部关税法案，都应被抛弃。"克莱议长也从座位上走下来，提醒："如果支持方想要全面的关税法案，却又东改西改个别税率，那么最后就会输掉整部法案。"这一论点得到了国会内外保护主义者的认可。奈尔斯向达林顿议员致信："我认为法案需要一些修正，但我也要考虑到，以当前的会议进度来看，众议院强行掺和只会破坏整个法案体系。如果法案通过，而且基本原则得以保留，那么你就立了大功。"

洛德在首次观察国会的立法辩论后，问马修·凯里："这群人用何种手段掌握了信息，我不清楚；但要是拟议法案被否决，他们脱不了干系。该如何避免这个情况？"事实上在会议开始前，华盛顿之外的保护主义者就已经开始努力拉票，而他们的主要"武器"之一就是出版业。马修·凯里是杰出作家，在富裕制造商的持续资助下，他与其他作家的作品得以在最能发挥其价值的地方传播。为此，有人在众议院会议上批评道："费城有一个团体，自诩国家工业促进协会，其成员遍布全美，通过小册子和报纸文章等手段来与联邦国会议员通气，指使、煽动和拉拢联邦国会议员。他们煽动性的不实言论已经充斥整个联邦，本届国会的每位议员都收到了一堆文书，多得至少能做成两本书呢。"洛德还咨询了制造业委员会的弗雷斯特，确认哪些立法者态度摇摆，好向他们投送宣传保护主义的文书；威廉·李则凭借财政部官员一职的便利，向马修·凯里提供了在自己看来最容易说服的 12 位议员名单，其中 10 人后来投票赞成"鲍德温法案"通过。

法案辩论中频繁引用了马修·凯里所写的内容，证明这些言论已渗透进国会。1820 年 4 月 26 日，洛德在评论克莱的演讲时写道："从他的表现来看，他拥有丰富的实践知识，熟悉（费城协会的）论点和《又一根橄榄枝》（*N. O. Branch*）——马修·凯里撰写的另一本小册子——的内容，他口中的许多论点和事实显然都来自其中。"多年后洛德表示，实际上是自己"（为克莱）润色了演讲稿，因此无论法案是否通过，克莱的政治前途都是一片光明"，从而帮助克莱赢得了"美国制度之父"的称号。其他立法者则明确表示，国会外的合作者功不可没。特拉华州工厂主路易斯·麦克莱恩曾在 1816 年资助过布里格斯的游说之行，此时已成为众议院的特拉华州代表，他称赞："这本费城之作名副其实，作者凭借满腔热情与卓越才能，把最有用、最重要的信息传达得淋漓尽致。"即便是反方，偶尔也会让马修·凯里的文字派上用场：弗吉尼亚州的众议员菲利普·巴尔博（Philip P. Barbour）"在费城协会的讲话中"，引用了他"对制造业（产生的）巨大生产力的一则估计"作为论据，表示没必要加强保护。

提倡增加关税的民众通过反复投递请愿书，持续向各州代表施压。会议还没结束，克莱就记录道："国家危机当前，众多制造商和大型制造企业存亡一线，国会收到的关税修改请愿书

比以往任何时候都多。"支持保护主义的各个协会和会议通过
传播文书副本和委派代理人拉票的方式推进议程，这些方式后
来被废奴主义者采纳，发挥了更大效果。新的关税法案与1816
年少数制造商的请愿相去甚远，频频获得公众支持，可见各方
的努力没有白费。据计算，保护主义者征集到的签名数量超过
3万；16年后，美国反奴隶制协会在哥伦比亚废奴行动中也收
集到相近数量的签名，导致《禁言令》（*Gag Rule*）颁布。尽
管反对关税修订的抗议书出自某些杰出人士之笔，但数量还是
略逊一筹。其中一份抗议书由最高法院助理法官约瑟夫·斯托
里（Joseph Story）撰写；而弗吉尼亚联合农业协会坚信农民将
首当其冲，因税率提高而承担更大开销，便借由埃德蒙·拉芬
（Edmund Ruffin）之笔明确传达了自己的不满（拉芬将因打响美
国内战第一枪而名声大噪）。

4月下旬，众议院终于就关税问题展开辩论，洛德写信告
诉马修·凯里："每份新提交的请愿书效果比会议初期提交的
请愿书好上10倍。"请愿书和小册子都能提供重要信息，作为
支持保护措施的论点。宾夕法尼亚协会尤其关注反对方抗议书
的论点，以便逐条反驳。国会只需计算各请愿书上的签名数
量，便能大致了解公众意见分布。马里兰州代表塞缪尔·史密
斯（Samuel Smith）时任赋税委员会主席，曾经公开反对所有关
税修订，后来却在众议院投票中支持了鲍德温的法案，表明国
会议员确实关注请愿书签名，把签名数量作为衡量法案的指标。
另一位议员称，史密斯"告诉我，尽管法案很糟糕，但他还是

会投赞成票"，原因是"他的大部分选民已就制造业问题向国会请愿；法案内容已经发表到巴尔的摩的报纸上；他和他的同僚都没收到过抗议书……他自己也没收到过任何一封反对信。因此他只能得出结论，这部法案符合他的选民的期望"。这也就难怪关税提高的反对者会担心保护主义运动因组织有序而产生影响，担心远赴华盛顿的代理人能够代表雇主联动更大范围的选民需求而产生影响。亚拉巴马州参议员约翰·威廉姆斯·沃克（John Williams Walker）表示："我敢肯定，根据参议院多数成员的判断与良知，这部关税措施不明智，也不可取。但国会外一片喧嚣，某些心智脆弱的人可能难抵这股冲击。"

这片"喧嚣"的冲击目标可不止参议院。全美各地的公民都在密切关注华盛顿的事态，因而北卡罗来纳州的一位代表公然宣称，自己演讲的受众并非在座议员，而是邦科姆县（Buncombe County）的广大选民；为此，这届国会还发明了一个新短语——"speaking bunkum"（说空话）。提倡增加关税的群体将一份份小册子和请愿书充斥在国会记录甚至辩论记录中，确保自己的论点很快就会一次次出现在《奈尔斯周刊》等与自己立场一致的报刊上，以及立法者写给家乡邻里的信件中。得益于国会议员与选民之间的双向交流，保护主义活跃分子得以一边影响立法过程，一边确定公众就关税展开的辩论中有哪些关键词。情况正如当时阅读了保护主义文献的某人后来所述："马修·凯里先生写了很多文章来支持自己的理论，一度引起轰动。我承认，我当时算是对他的思维模式深信不疑。"

5

　　从国会召开到对"鲍德温法案"进行投票表决，有将近5个月时间。其间，纽约绅士洛德孜孜不倦地工作，几乎每天都向马修·凯里汇报会堂内外的议程。但随着法案决议一再拖延，他与立法者的友好关系变得紧绷起来。有一次，洛德抱怨："每当我向国会朋友求助，他们都多多少少表现出犹豫、勉强、急促或无礼，无一例外，这让我很难受；我看得出来，他们都不想费神。"早在4月中旬，财政部官员威廉·李就告诉马修·凯里："我很担心关税议程无法推进。议员们开始坐不住了，想快点回家。"然而，几乎所有立法者都不敢承担惹怒选民的风险，不敢在法案命运未决之际离岗。马萨诸塞州参议员哈里森·格雷·奥蒂斯（Harrison Gray Otis）就在妻子请求他回家时选择了拒绝，他的解释是："我真的认为这部法案会损害波士顿乃至整个商贸业的利益，所以我的投票可能非常重要。"任何议员如果真敢在这个节骨眼离岗，还需要得到同僚的正式批准，而议员退出会议将改变其中一方的票数，但投票结果无法预测，因一票之差影响最终结果的情况也很可能发生，因此批准议员离岗这一决定会产生很复杂的影响。4月19日，威廉·李向马修·凯里汇报："昨天佛蒙特议员米奇（Meech）先生申请了休假，南部绅士们都认为他会支持法案通过，就轻易批准了。结果他们后来发现米奇先生的态度与他们一致，很后悔批准他离开。"

　　在长达8天的辩论中，法案支持者始终一致反对修改法案，于是 4 月 29 日，众议院最终以 91 票对 78 票通过了关税法案。5 天后，参议院进行了一番简短的探讨，以 22 票赞成对 21 票反对搁置了法案。洛德写信告诉马修·凯里："这下好了，关税法案没了！参议院以一票之差将法案审议推迟到下届国会，主要托词是时间不足。有几名虚伪的支持者表示还没准备好突然做出决定。法案因为拖延而夭折了。"奈尔斯也同样失望，他对达林顿哀叹："增加关税已是大势所趋，可惜法案还是遭人毒手了。"这一结果预示了鲍德温提出的另外两项措施也将落空。众议院没有通过废除用以支付进口关税的信贷的法案，但在参议院推迟审议关税法案的同一天，众议院以较小票数差通过了向竞价销售征税的法案。如果联邦对竞价销售征税，那么已经在对竞价销售征税的各州就会损失部分利益，如纽约州和宾夕法尼亚州；但这项措施也能鼓励国内工业的发展，故州代表还是愿意接受这一损失。然而他们得知关税法案在参议院失利后，立即提议重新考虑众议院对竞价销售法案的投票，结果三项措施就落到了相同境地。达林顿在日记中悻悻写道："这样的立法模式令我们无可奈何。"

支持与反对关税法案的票数差很小，个中原因解释起来很复杂。从关键的投票点名可见，地区分歧大于党派分歧。参众两院合计来看，占多数席位的民主共和党人在两院的人数几乎相等，一共投了 91 张赞成票和 88 张反对票，其余占少数的联邦党人则一共投了 21 张赞成票和 12 张反对票。情况一如 4 年前，立法者的投票结果几乎不对应党派从属关系。不同之处在于，1816年各地区内部分歧加剧，而1820年各地区之间分歧加剧。这一点最先表现在全美工业之友大会的投票登记册上：自由州投了96张赞成票和24张反对票，比例与4年前大致相同；而蓄奴州投了16张赞成票和76张反对票，支持票占比不足4年前的一半。也许正如威廉·李对马修·凯里所述，"南部绅士们"在1820年首次成了反关税群体。

一些历史学家赞同鲍德温的分析，即"如果制造商没有因执意反对奴隶制而失去南部州的支持，那么情况会大不相同"。肯定有部分南部州的人把政府对制造业的鼓励视为"保护政策的必然产物，而这种政策是牺牲部分人的利益来达成整体的利益"，因此关税辩论扯上"密苏里争议"，无疑是保护主义者的不幸。不过我们有理由得出与洛德相同的结论：即便不扯上奴隶制，蓄奴州也有充分动机反对上调任何进口关税。1816年，许多南部州的人都愿意接受关税修订，承担关税给他们增加的开销，是因为联邦急需增加收入，国内工业需要先得到暂时保护才有可能在日后增强国防。但四年后，联邦提高收入的需求不再那么迫切，美国与他国之间的关系趋于稳定，而鲍德温的法案似乎在确保对几乎完全集中在北部的制造业提供更大力度的长期保护。1820年，南部州人民的主要不满在于，这部法案将保护措施改头换面，从单纯的临时政策变为优惠政策，已经不适用于当前的经济状况。因此7月4日，有消息称作为南部少数关税支持者之一的托马斯·牛顿，在其家乡弗吉尼亚州得到了一番尖刻的祝词："尊敬的牛顿先生和鲍德温先生，商业与制造业委员会的两位主席……拥有了比马修·凯里更理智的老师，祝愿他们能从政治经济的新课程中学到东西。"

不过，南部议员还是占了众议院的 78 张法案反对票中的 60 张，参议院 22 张推迟赞成票中的 16 张；北部当然也提出了反对意见。与 1816 年相同的是，北部州的反对意见主要来自商贸人士。罗得岛州的参议员小詹姆斯·伯里尔与路易斯·麦克莱恩一样从游说者成为立法者，他指出："部分支持者口中的法案原则危及航运业利益，而且我们失去了本可以从新英格兰地区得到的部分支持。"纽约参议员鲁弗斯·金赞同这一评估，他认为"与同行发展脱节的棉花与羊毛制造商会得到他们想要的保护，但造船业与航海业难以承受法案带来的影响"；其中，他强调"铁、大麻、鸭子和铜这几样商品的生产者"将受害最深。商贸业受到的损害是参议员奥蒂斯反对法案、投出关键反对票的原因，而在自由州投出的 24 张反对票中，新英格兰就占了 21 票。威廉·李早就预见了这一结果，他在 1820 年 1 月写道："商贸业与我们相冲突，几乎所有蓄奴州也与我们相冲突。两者联合会击败我们，最终毁掉整个国家。"南部日益团结，新英格兰内部分化严重，而这两个地区的议员占众议院席位的三分之二，占参议院席位近四分之三，这对保护主义者而言始终是一项巨大挑战。

不过当时还有第三大选民群体——大型棉织品制造商。令人有些意外的是，他们对"鲍德温法案"的支持态度顶多算是不冷不热。例如，从 1816 年《关税法案》中获利最多的波士顿制造公司，员工人数虽少，却有着可观的政治影响力，尤其是在马萨诸塞州。威廉·李甚至在国会开始前就提醒马修·凯里："实际上，北方资本家的纺织品业务非常出色，所以他们会联手防止其他非重工业来干预。"马萨诸塞州企业主们的密友克里斯托弗·戈尔（Christopher Gore）写给鲁弗斯·金的信证实了这一点："比起增加当前关税，从事制造业的人民（我是指沃尔瑟姆的人民）更希望长期维持当前关税。他们非常担心关税增加后公众会改变消费习惯，这会让他们失去目前享有的优势。"保护主义者公开力劝政府为美国的制造业保留美国市场，而某些工厂主却在私下盘算：比起与可能无限壮大的国内对手竞争，还是与数量较少的境外对手竞争更有优势。在整个美国内战前的时代，关税支持方始终需要应对生产商内部分歧这一棘手问题。

鉴于法案差点就通过了，因此哪怕是法案最坚定的支持者也必须为自己的失败提供解释，包括马修·凯里。他认为，"支持者的失误与反对者的无情阻挠一起对法案造成了致命打击"；并表示，"立法事务由众议院代表中的领头倡议者（也就是鲍德温）管理，策略部署欠佳，精力投入不足"，制造业委员会直到"会议进行了四个月，各位议员已经对接二连三的辩论感到倦怠，渴望回家时"才与国会跟进立法，"丧失了所有的成功机会，导致法案最终夭折"。这一说法算是重申了洛德在5月3日写信告诉他的话："很显然，鲍德温的计划行不通，但他执迷不悟。"次日，关税议程被参议院推迟，洛德又写道："我希望明年法案不会落入同一批人手中。"当鲍德温出任制造业委员会主席时，他在制造业中享有的个人利益看似一个有利因素；但当法案提交到会议上时，这份利益可能反而对他所做的努力构成了一道障碍。一位观察者后来记录道："国会上下都知道他与斯托本维尔工厂关系匪浅；因此，即便他真诚地倡导一项伟大的国家举措，许多议员也可能认为他不过是在为个别制造商谋点私利。"

但国会议员拒绝通过法案的最大原因，是法案的设计以及设计立足的策略有问题，因此洛德甚至马修·凯里都必须承担部分责任。在委员会将法案提交会议审议时，支持方的立法者就已经表达过担忧。麦克莱恩表示："法案是要彻底改革关税制度，我非常担心整项计划都无法通过。一次性尝试改革的项目太多，而且还是在会议结束之际。"其他人就更直言不讳了。乔纳森·罗伯茨（Jonathan Roberts）是马修·凯里家乡费城的参议员，保护主义者一直对他寄予厚望；他宣称，拟议法案"最狂妄、最不现实的地方在于，它没有公认目标，没有确定效果……我也乐意看到某些商品的税率提高，但是改革整个税收制度这件事，只有疯子才干得出"。奥蒂斯在晚年加入保护主义阵营后，将自己反对鲍德温法案的理由解释为："这部法案与其说是修改某些商品的税额，不如说是颠覆整个税收制度及其支持者宣扬的原则。它不仅是以帮助弱势制造商适应环境为目标，还以胁迫所有制造商为前提。"据此就难免得出鲁弗斯·金的结论："如果支持者没有去追求一个内容过多、过繁的制度，他们本可以取胜。"

6

在"鲍德温法案"被搁置的当天，洛德鼓励马修·凯里："别灰心。虽然这部法案没能成为法律，但收获并不少。"特别是，尽管遭遇一时的挫折，但游说者与立法者之间确立了密切合作关系，国会内外的许多保护主义者都欣然看到这一成果。正如身为铁材制造商的纽约州众议员耶利米·皮尔森（Jeremiah H. Pierson）向马修·凯里担保："我认为到目前为止，保护国家制造业的伟大事业整体上算是有所进展。你得意识到，能直接引起议员关注的场合不是会堂，而是他们的住所。"洛德的努力也得到了回报：他当上了纽约一家保护主义报社的编辑，获得了"费城国家工业之友"协会赠送的一只银罐，以表彰"他在第十六届国会第一次会议期间为支持美国制造商而贡献的热忱、才干与智慧"。保护主义者已开始计划在1820年6月召开一场全国大会，成立一个常设协调团体，名叫全美工业促进协会。这一行动效仿了美国圣经协会的做法，该协会于1816年成立，总部位于纽约，监督着州级和地级的各个附属机构。这种联邦组织模式与美国政体结构相同，都是统筹协调基层参与和中央决策，这也将是美国内战前重大改革运动的首选参照。《里士满询问报》（Richmond Enquirer）总结："制造商是受挫了，但没有彻底失败。今年夏天，他们会忙着招贤纳士，备战下一个冬天。"

即便如此，接下来几年还是令制造商们失望了。第十六届国会第二次会议时间较短，其间"密苏里争议"上升为热议话题,"鲍德温法案"没有再次赢得国会关注。全美工业促进协会的马修·凯里与其他主要成员在策略部署上发生争执,以至于他们甚至拒绝将马修·凯里的名字写到工作报告中,最终这个协会也不过是昙花一现。在接下来20年里,脾气暴躁的马修·凯里还将反复重蹈覆辙。克莱因个人财务问题分身乏术,拒绝连任第十七届国会议长,这一职位则由坚决反对保护主义的弗吉尼亚人菲利普·巴尔博(Philip P. Barbour)接任。他通过重组制造业委员会来反映了自己的信念,因而他的任期就凸显了议长的重要性。在第十七届国会第一次会议期间,仍然担任委员会主席的鲍德温只能向众议院汇报,自己的多数同僚都认为修改当前税率是不明智的做法。一位法案反对者幸灾乐祸道:"看来,鲍德温先生已经放弃通过关税手段来实现'国家繁荣富强'这种空想了;他对自己所在委员会的多数派无可奈何……"第二次会议后期,又一部关税法案进入议程,但经过断断续续的辩论后,它就被静置一旁,无人问津。

不过,1823年12月1日召开的第十八届国会呈现出一片向好态势——来自肯塔基的克莱重回议长职位,凭借任命权确保了制造业委员会的一致立场。南部种植者原本期望通过农业委员会传达自己对自由贸易的观点,但克莱凭借任命权,让保护主义者占据委员会多数席位,报复了巴尔博的干预。鉴于1820年众议院通过了"鲍德温法案",北卡罗来纳州众议员刘易斯·威廉姆斯(Lewis Williams)在会议召开当天就极力主张成立农业委员会。他认为,农业不像商业和制造业,"农业是美国的支柱产业,众议院却没有为农业设立委员会、一个正规的审裁处,来听取相关群众的不满,来做出相关决策"。结果克莱这么一干预,就引起了波托马克河(Potomac)以南地区的抵触。委员会一位少数派成员抱怨,"不管设立委员会有什么好处,反正农民都没有享受到",但克莱议长不为所动。克莱向马修·凯里保证:"我发自内心地认为,国家繁荣主要靠(制造业的)发展来实现,我会用最好的方式、给予最大的热情,坚定不移地追求这一伟大目标。"众议院席位每10年重新分配一次,提倡上调关税的群体似乎很可能因此得利。在新一轮席次分配中,增加了26个席位,其中18个席位给了纽约州、俄亥俄州和宾夕法尼亚州的代表,他们几乎都对"鲍德温法案"投了赞成票。奈尔斯在调查国会选举结果时,自信满满地预言:"赞成保护国内制造业的人民代表至少会达到45人,占据多数,所以关税审议不会像之前那样不了了之。"

鲍德温由于健康状况不佳,只能在第十七届国会会议中途退休,而接任制造委员会主席一职的是宾夕法尼亚州的保护主义者约翰·托德(John Tod)。他与前任主席鲍德温一样,选择跳过财政部,直接与制造商沟通,尤其关照他家乡的钢铁制造商,不过没有迹象表明他与任何制造商的合作关系有鲍德温与洛德那么密切。托德反而从上届会议辩论的法案入手,将法案副本分发给制造商,征求改进建议。制造商们则非常乐意,一如既往。例如,1817年费城铁器会议的主要推动者马克·理查兹(Mark Richards)就主张提高若干商品的税率,并对原法案未列出的各类商品征收关税。委员会没有逐字照搬，但也将其中许多内容纳入了法案。托德还收到了马修·凯里提供的各种保护主义文献副本，数量庞大。这些事情都有人看在眼里。几年后，反对法案的南卡罗来纳议员托马斯·库珀（Thomas Cooper）称，托德是"贝德福德县（Bedford）、萨默塞特县（Somerset）和阿利盖尼县（Alleghany）派来（国会）的，他所倡议的内容由委派者提供，他本人对（关税）议题没有任何想法"。库珀还称："1823年和1824年的国会成员都知道，托德先生之所以当上委员会主席，是因为他符合委派者的期望，主席手里的所有信息、所遵照的指示，都来自众议院里的制造商和外面的游说伙伴。"

1824年1月9日，托德向众议院上报了关税法案，从内容可看出保护主义战略在过去八年有所演变。托德主席的法案与之前鲍德温的法案一样，都剔除了达拉斯在1816年提出的有限保护主义理论。他宣称，进口商品只需要分为两类，一类是"不太妨害国内生产的进口商品"，可以"主要出于增加联邦收入的目的"对其进行征税；另一类是妨害国内生产的进口商品，要"出于保护目的"对其进行征税，这些内容包括在"本法案提出征收的重要关税"内。主席解释称，拟议法案的目的是"根据经验总结出最有利的关税制度，对其加以拓展并达到均衡"。但有人批评称："对企业提供保护是1812年英美战争后所需，不是当前立法目的。这部法案的征税理由明目张胆，它倡导的理论，已经与1816年关税拥护者的观念大相径庭。"先前第十四届国会颁布的关税,是达拉斯精心挑选的一套临时税率;而新的法案既没有选择性,也没有临时性,至少看起来没有。

不过,与鲍德温有所区别的是,托德会为了确保实际的利益而在抽象的保护原则上让步。国会外的盟友提醒过托德,不要重蹈"鲍德温狮子大开口"的覆辙,因此托德提出的税率实际上也有所选择。经济学家乔纳森·平卡斯(Jonathan Pincus)研究发现,通过请愿和游说来呼吁人们对其进行关注的产业,其同类进口商品的本次拟定税率采纳了1820年提出但未通过的数字,相对较高;保持沉默的产业,其同类进口商品的本次拟定税率采纳了1816年《关税法案》的数字,相对较低。将两部法案税率相结合,是为了在面对与"鲍德温法案"受到的相同批评时,能够从具备影响力的选民手中赢得支持;同时,对于那些未发挥才能来动员各方力量维护法案的选民,则选择放弃。这一策略狡猾之处在于,法案首次向关乎北部和西部州农民利益的相关进口农产品征税,包括牛肉、猪肉、土豆、谷物和原毛;同时,该法案提高了进口原棉税率,专门照顾了南部州农民的利益。平卡斯将这些关税形容为"卑劣的贿赂手段",因为多数情况下,美国总体而言都处于贸易顺差状态,但这些手段加上克莱议长的精准任命,足以确保农业委员会也赞成法案通过。对此,采访丹尼尔·韦伯斯特的某位记者嗤之以鼻地写道:"我早就知道这些关税贩子干不出什么好事。在我看来,这部法案就是利益团体之间讨价还价的结果,养了点美利奴羊的牧场主还能分一杯羹。"

托德及时上报法案，表明保护主义者已经认识到拖延的危害。法案经手人全都步步紧逼，要求众议院将法案提上议程，并成功在 1824 年 2 月 10 日对法案展开辩论，比 1820 年的情况提早了整整 10 周。法案反对方决心抓住一切机会拖延审议，因此想要取得进展，施压很关键。南卡罗来纳州的众议员乔尔·R. 波因塞特（Joel R. Poinsett）表示："如果我们能拖下去，我们就有机会全力打败克莱议长先生和他的'超级阿波罗'马修·凯里。大家应该没那么多时间去厘清这部法案，因为我们……会充分讨论每条内容。"

对于这个计谋，众议院的关税拥护者都很警觉，却难以应对。路易斯·麦克莱恩提醒道，托德的法案"要取得成功，支持方就必须给予最大限度的容忍。如果他们坚持辩驳，法案就会因时间有限而无法通过"。这一判断得到了制造业委员会成员、俄亥俄州众议员约翰·莱特（John C. Wright）的认同，他写道："支持方人数较多，应该放弃辩驳，看反对方能靠嘴巴争取到多少时间。"然而，如果反对方的攻击没有受到质疑或反驳，拟议税率就会被一条条删除，那么法案的支持者就会越来越少。正如奈尔斯在他的《奈尔斯周刊》中所述："绝大多数人赞成法案的基本原则，但对详细内容意见不一；而反对方总体上始终在反驳法案，因此反而在许多问题上成了多数派。"一位远方的观察者向托德抱怨："你们的敌人使诈，他们本应先打响法案原则这场大仗，再对细节问题让步。但放任敌人'狙击'每条细节，只会不断削弱你们的力量，因此你们要时不时亮出锋芒。"关税法案总算摆到了众议院的会议上，但即便席位重新分配的结果有利于保护主义者，也远不足以保证法案通过。

7

　　爱德华·斯坦伍德评判："这部（1824年关税）法案的辩论，是国会有史以来最有力、最透彻、最深刻的辩论之一。"此后这条评价还被反复引用。言下之意是，会场上提出的论点切实关乎立法的成败。正如理查德·爱德华兹（Richard Edwards）对比1824年和1894年关税辩论时的发言："早期召开国会的目的是展开真诚的辩论，通过交流思想来发现知识。后来召开国会只是把辩论作为一种形式、一个必须经受的过程，直到终于能完全预测出投票结果。"但当时许多人不以为然。宾夕法尼亚议员塞缪尔·布雷克（Samuel Breck）的日记表明，他是一位愿意接受劝说的立法者。他在日记中写道："我们每天都对政治经济议题展开激烈辩论，引用古训，重复那些老生常谈的话，一次次冗长不堪的发言中全是老旧的思想、反复的猜测。"麦克莱恩认同，这"实际上不算一场有力的辩论，而且多数发言内容都乏味至极。众议院彻底被这个议题累垮了，听众人数甚至没有发言人数多"。这番评论让人很难想象，单凭演说才能如何扭转乾坤。即便是有理由进行拖延的波因塞特都抱怨："辩论的激情开始衰减，大家开始重复枯燥乏味的话，我却不得不听下去，世界上最无聊的事莫过于此。"在往后几十年里，这种情况都是国会关税辩论的常态，让那些想通过大量引用会议交流来解释美国内战前政策制定的学者望而却步。

法案支持者所能做的就是向众议院施压，加快法案议程。在这一点上，1824 年的做法并未带来任何重大创新，而是标志着 1819 年恐慌爆发以来保护主义运动的一次完善。支持关税法案的报刊呼吁人民代表采取行动。1824 年 4 月初，奈尔斯写道："法案大部分内容已经过逐条讨论，说明法案原则方面不会再出现问题。国会无论如何都应该给法案一个交代，这点对国家来说很重要。如果众议院通过了法案，参议院可能还有时间审议。"请愿书也源源不断涌入国会。有人批评"法案中存在某种全面打击农业利益集群的阴谋"。克莱则反驳："如果说所有为关税请愿的人都算阴谋者，那么这个阴谋涉及范围可相当大呢。"然后他将联邦 24 个州中为支持托德法案递交了请愿书的 17 个州列举了出来。马修·凯里也继续着撰写工作，并骄傲地认为是自己说服了洛林·C. 马拉里（Rollin C. Mallary）。佛蒙特州众议员马拉里曾在 1820 年反对"鲍德温法案"，但这次他为保护措施投出赞成票，并在今后的关税斗争中表现更突出。连法案抨击者都承认自己不得不对保护主义者在国会外发起的运动感到敬佩；弗吉尼亚州众议员罗伯特·塞尔登·加内特（Robert Selden Garnett）坦言："他们为实现目标而付出的热情与活力无可匹敌，几乎达到了不可思议的地步。"

但这并不意味着国会内外关税拥护者的合作时时顺利。在辩论初期，埃勒瑟尔·伊雷尼·杜邦就向克莱提交了"对羊毛商利益相关关税的一些建议",很可能集中探讨了如何平衡原毛和纺织成品的税率,还附上了马萨诸塞州工厂主小詹姆斯·沃尔科特(James Wolcott Jr.)写的一封信。克莱的回信毫不含糊,承诺对杜邦的建议给予"充分考虑,毕竟我一直很欣赏他们表现出的才智",还提到他和同僚们面对的挑战,那就是"如何调和冲突的利益,特别是当需要保护的国内制造业与作为支柱产业的农业相冲突时,该如何取舍"。他最后说道:"无论最终结果如何,我都相信各位会对我们所尽的努力做出开明、周全的评断。"但其实,克莱在没寄出的信件中,表露了自己与远方盟友交流时的力不从心:"我真希望你也是国会议员,那样你就能切身体会我们的处境实际上有多困难。"他指点杜邦:"记住,在众议院中,我们要令 213 个人感到满意,要去调和 1000 个人的利益。而你,却在对鹅毛笔、来复枪、毛瑟枪这种鸡毛蒜皮的事发牢骚!"克莱还解释:"我们必须追求全面成效。就算细节上能够做到完美,那也是以后的事。"这句话反映了托德设计法案的策略。然后他还不忘尖锐地批评杜邦的朋友:"至于你的通信人沃尔科特先生,他就是个脾气酸臭、满嘴怨言的家伙。另外,如果你能转告他,国会立法的服务对象不是沃尔科特羊毛公司(Wolcott Woolen Manufacturing Company),而是全美国、全民族的利益,那么我会很感激你。"

尽管立法者与游说者之间存在不可避免的摩擦,但从法案反对方的抱怨可以看出,双方仍然在密切合作。在众议院会议上,纽约众议员丘吉尔·C.坎布雷恩(Churchill C. Cambreleng)

斥责"制造业委员会采纳的每项税率都是制造商提出来的"。南卡罗来纳州的众议员小詹姆斯·汉密尔顿（James Hamilton Jr.）表示赞同，他认为"在关税立法上，民众的参与度比国会议员还高……如果我的理解无误，那么各方民众，从健硕的铁匠到贫穷的磨刀石商贩，就像形形色色的'朝圣者'，跋山涉水来到制造业委员会的会议室，嚷嚷着要求国会制定'一项体恤人民的美国政策'来保护他们"。托德站起身反驳这些批评，宣称："出席制造业委员会会议的人，无论是否收到过委员会的邀请，他们都与我们一样，是美国公民，是内外兼备的绅士。另外，他们之中只有少数人为个体利益和自家产业提出了要求，但几乎全都失望而归。"但批评者仍然不以为然。一名记者给费城《曙光报》写道："每次会议，各种请愿书、申请、演说、抗议书都涌入委员会；特使、代理人和钻营者一直在众议院门口徘徊，仿佛班柯的怨灵，决意侵扰众议员的安宁，直到自己的要求得到满足。"

　　然而，现身华盛顿的可不止法案支持者——反对者也发起了游说行动。韦伯斯特当时在众议院代表马萨诸塞州，期望通过自己的斡旋，平衡从事制造业与商贸业的朋友之间的利益，因此积极征求朋友们的指导。在从政生涯中，韦伯斯特经常收到企业家给予的好处，他称这些好处为"捐赠""礼物"和"甜头"，历史学家则将这些企业家称为波士顿伙伴；作为回报，韦伯斯特会在国会促进这些伙伴的利益。在1824年，给予他好处的企业家主要集中在商贸业，而托德的法案会对他们不利。最初，韦伯斯特置身辩论之外，宁愿关税措施"因为拖延等自然发展的威胁因素而不了了之"，但他也向波士顿的"施主们"传递了法案副本，并坦言："我知道人们期待我有所作为。"其中一名波士顿伙伴答复韦伯斯特说，他们正在安排"实干人才组成代理团并派往华盛顿"。内森·阿普尔顿记录了弗朗西斯·卡博特·洛厄尔对1816年《关税法案》的贡献；关于他自己，他写道："美国棉花生产公司的最大股东获选参加这次任务，将于3月底到达首都，阿普尔顿在首都待了8天或10天……而且非常愉快。"他旁听了国会辩论，与韦伯斯特共进了晚餐，并表示韦伯斯特对待关税问题的看法"与我一致"。正是在阿普尔顿在华盛顿停留期间，韦伯斯特首次重拳出击，发表了为期两天的演讲，反驳克莱为保护制造商而提出的"美国政策"。不过阿普尔顿承认，"法案的某些条款有充分理由获得支持"。

韦伯斯特的表现得到了反对方的好评，其中一人后来将这场演讲评为自由贸易史上"一座耀眼长存的丰碑"。他能获得如此赞誉，要归功于国会外的合作者。正如他的密友，新罕布什尔州众议员小威廉普勒姆（William Plumer Jr.）后来回忆："有些人不清楚他一直以来对征税措施有何贡献、有何信服力，但见识到他在演讲中展现出的博学后，他们感到很惊讶。他告诉我，法案上报到众议院后，他立即找印刷商印了50份法案副本，寄给最熟悉相关信息的批发商、制造商、农户以及投资者，征求他们对法案的详细意见，然后及时从各方手中收到了大量的实据、计算和推论。这些都为辩论提供了丰富的素材。"经常给能力突出的民众写信，请求他们为待决立法提供建议，是这一时期国会议员普遍采取的做法。不过，也并非人人都会被韦伯斯特的演讲打动。某人写信告诉克莱："他的演讲就是在为波士顿选民发出呼吁。他为了一部分选民反对法案，又为了另一部分选民的当前利益支持某些条款。"

韦伯斯特为选民发出的呼吁反映了 1812 年英美战争后十年间政策制定的一大事实：代表选举中，当地意见比国家大局的影响更甚。由联邦党和民主共和党构成的美国政治体系瓦解后，立法者可以不必迎合所在政党的观点，自由地遵循所在选区的态度行事。但 1824 年的情况更复杂了，原因是四位总统候选人既高举共和主义大旗，又试图相互区别，从而针对当时的政治问题划分出了各方（候选人自身及其在国会中的支持者）立场。克莱围绕自己提出的"美国制度"竞逐白宫；其他三位有志之士，即国务卿约翰·昆西·亚当斯、财务部部长威廉·克劳福德（William Crawford）以及被誉为"新奥尔良英雄"的安德鲁·杰克逊将军（Andrew Jackson），为了避免在竞选中失去民心，全都在保护主义话题上闪烁其词。纽约州参议员马丁·范布伦（Martin Van Buren）后来回忆，当杰克逊宣称自己支持"明智的"关税措施时，"克莱先生指出他总喜欢耸肩、扭头并反驳说'既然——，我支持不明智的关税措施！'，指出杰克逊的话总是模棱两可，并试图激怒他"。宾夕法尼亚州没有人竞选总统，许多人观察预计该州会根据关税法案在国会的最终命运来选择总统。因此有人评论猜测："不难想象，尊贵的宾夕法尼亚州派出贤人，公然伪装成荷兰制造商或贵格会制造商，面对几位总统候选人，一手举起鲍德温先生的法案，一手举起尚未填写的选票。"

8

    众议院对关税法案讨论了两个多月，其间进行了大量修改。在 1820 年，法案经手人曾试图保留委员会上报的全部税率；而这次，托德为了说服态度摇摆的立法者，提出在原法案水平上削减几项税率。对于最终通过的法案版本，奈尔斯表示："当前关税远远没有达到支持者的期望，但这一点也许令反对方更好接受，算是两大政党之间的折中方案。"不过，赞同票与反对票的数量仍然相差不大。一位参议员后来回忆，1824 年 4 月 16 日，也就是关键的投票点名当天，"7 名众议员带病坐在长榻上参会"，只有 2 名众议员缺席，华盛顿报刊《国家情报员》（*National Intelligencer*）称为众议院有史以来最高出席率。投票结果中，有 107 票赞成和 102 票反对。尽管康涅狄格州众议员塞缪尔·A. 福特（Samuel A. Foot）和纽约众议员查尔斯·A. 福特（Charles A. Foote）等数人在最后关头倒戈，但克莱仍然斗志高昂。面对一位议员的祝贺，克莱议长开玩笑说："我们算是站得很稳了，毕竟失去了两只脚（foot，音同'福特'）呢。"

    4 月 19 日，参议院拿到法案，然后仔细审议了三周。南方农户和北方商人在参议院席位中占比较高，因此保护主义者不得不为了防止法案夭折而再次让步。代表费城商贸群体反对法案的参议员塞缪尔·布雷克写信告诉一位持反对态度的朋友："我特地来信告知，参议院正在对那部令你不满的宝贝法案开刀。铁和大麻的关税已经被剔除，现在大麻种植业还能得到的唯一激励措施，就是那些关税支持者买根绞绳来上吊自尽了，他们会这么做的。"与 1820 年情况一样，法案的命运悬而未决。当马萨诸塞州参议员以利亚·米尔斯（Elijah Mills）透露自己打算提前离开华盛顿时，他发现"整个代表团都看了过来，一致表示我这时候离开情理难容，无异于玩忽职守"。米尔斯向妻子解释："参议院精打细算，不会放弃任何一票。如果我在这个关头离开，而法案因为缺少我这一票反对而通过，我将永远无法原谅自己，也永远得不到大家的宽恕。"虽然法案的几项修正案都以一票之差通过，但最后的点名结果与米尔斯的预测相差甚远——5 月 13 日，法案以 25 票对 21 票在参议院获得通过。不过，参众两院分别通过的法案版本之间存在差异，于是两院成立了一个会议委员会来解决这个问题，而该委员会轻而易举就达成了一项折中方案，并获得两院一致批准。奈尔斯写道："反对方将修改后的版本视为一项收入性法案。"不过他也没有冒着失去整部法案的风险去力争恢复众议院提出的税率，而是劝大家接受参议院的修改。

  1824 年《关税法案》的颁布还得归因于安德鲁·杰克逊将军。杰克逊将入主白宫的希望寄托在强烈提倡关税保护的宾夕法尼亚州和若干反关税的蓄奴州上，而托德的法案使他陷于两难境地，只好对所谓"明智的"措施持模棱两可的态度。杰克逊作为田纳西州参议员，是唯一必须对关税法案投票的总统候选人，而他一旦投票表决，无论做何选择，都有可能失去很大一部分拥护者。制造业委员会的约翰·莱特认为，当时杰克逊在众议院的拥护者为了帮他减轻负担，曾试图扼杀法案，但没有成功。田纳西参议员约翰·H. 伊顿（John H. Eaton）是杰克逊的同僚，实际上也是他的竞选经纪人；迫于形势，两人选择暂且支持降低个别商品税率的几项修正案，等最后一刻再投出赞成票确保法案通过。某人向莱特致信推测，这个决定直接关乎即将到来的总统大选："如果不是宾夕法尼亚州装傻，提名他做总统，他就不会投票支持关税法案，他的同僚伊顿也不会。因此我们要感谢宾夕法尼亚州和杰克逊双双装傻。"

杰克逊既没有令保护主义者失望，也没有激怒自由贸易者，凸显了自己应对关税问题的权衡能力，正是这一能力为他的从政生涯铺平了道路。参众两院合计来看，杰克逊将军的拥护者为托德的法案投出了 47 张赞成票和 30 张反对票。6 个月后的总统选举中，杰克逊将军赢得了 12 个州的支持，其中 5 个州支持关税法案，7 个州反对。而克莱只得到了 4 个保护主义州的支持，痛失总统之位。他哀叹："我赞成关税法案，所以南部州反对我当选，以至于哪怕宾夕法尼亚州等强烈拥护关税的地区都支持我，也不足以扳回局势。"然而在总统选举人团的投票中，所有候选人获得的赞成票都没达到多数，于是决定权被抛到众议院手中，而亚当斯得到了克莱的支持，稳操胜券。亚当斯获选总统后，随即任命克莱担任国务卿，杰克逊则立誓要在下次总统大选中以牙还牙。老旧的党派路线正越走越模糊，这次大选中形成的新阵营又将影响未来数十年的关税政策制定。

尽管如此，从国会对托德法案的投票点名可看出，影响结果的主要因素仍非政治立场，而是地区差异。国会外南部州的人开始认为，联邦对制造业的鼓励并不适当，而且有违宪法。美国宪法第一条第八款授予国会"征收关税、印花税和消费税等税费"以及"监管对外商贸"的权力，也就是提倡保护的必要权力。批评者称，征收关税应该只是为了增加收入，而不是为了鼓励工业发展，而且监管商贸的权力没有大到可以为了其他产业的利益而禁止商贸。在提出这些论点的人之中，肯定有人担心今后国会将拥有更多权力。约翰·伦道夫以其惯用的特色口吻写信告诉一位朋友："我看透了，我们只不过名义上是蓄奴州的同盟，一旦'关税伯爵'的大计落实，我们又跟当年罗马的同盟有何区别？还不如做回英国的殖民地。"某些蓄奴州似乎愿意为了利益而抛弃原则，对此，像伦道夫这样严谨解读宪法的人理所当然会特别担忧。在参众两院的投票结果中，南部州为关税法案投了87张反对票，但还有25张赞成票由特拉华州、肯塔基州、马里兰州、密苏里州、田纳西州和弗吉尼亚州投出，说明这些州的部分地区拥有大麻、谷物、羊毛和纺织品等托德法案所保护的产业。

北部州一贯普遍赞同该法案，投出了107张赞成票，反对票主要来自依赖商贸的地区。当该法案首次在众议院通过时，投票结果显示，自由州投了32张反对票，其中23张来自新英格兰，几乎包括整个马萨诸塞州代表团、8名纽约州的众议员，以及1名宾夕法尼亚州的众议员塞缪尔·布雷克。布雷克后来回忆："我们认为自己有义务维护选区的航运业利益，而这部保护性法律一旦通过，航运业就有可能痛失贸易业务。"与1820年不同的是，托德的法案经过了参议院的充分修改，所以没有在参议员手中落败。只有4名北部州的参议员反对法案，其中3名来自新英格兰，还有1名是纽约州的鲁弗斯·金。阿普尔顿汇报称："我认为经过修改的法案一定会通过，因为里面已经没什么可以反对的内容了。"果然，法案返回众议院审议时，韦伯斯特等几位马萨诸塞州代表转而投了赞成票。

9

保护主义运动在1812年英美战争结束后开始，被1819年的经济恐慌所激发，然后在1824年《关税法案》的制定过程中达到高潮。这是一次意外的成功。关税拥护者可能因第十八届国会10年一次的席位重组而受益，但比起4年前的"鲍德温法案"，托德的法案在众议院得到的赞成票占比降低了。部分人直接将这一结果归功于国会外关税支持者的游说行动。一位俄亥俄州纺织品制造商致信杜邦家族成员说："我认为，国会从未如此充分讨论过关税问题，国内制造业支持者也从未如此团结。"韦伯斯特表示赞同，他判断，"如果众多议员没有征求选民的意见，而是自行投票"，这部法案根本就不会通过。对此，3 年后托马斯·库珀（Thomas Cooper）向南部同胞们断言："所以我认为，通过关税法案的人不是华盛顿国会的代表，而是制造商和制造商的代表。"他将首个游说团体形容为"联合行动，召开例会，进行安排、计划、请愿、申请、声明等事宜，忧心忡忡、伶牙俐齿、阿谀奉承、坚持不懈的一类人"，他的描述足以证明，以马修·凯里为先锋的保护主义团体给对手留下了难以磨灭的印象。

1824 年《关税法案》的制定过程表明，主张增加关税的游说者及其立法者盟友已经从过去的失误中吸取教训。与 1816 年《关税法案》相比，新法案竖起了更严密、更广泛的关税壁垒；但新法案为了拉票，反而牺牲了部分需要保护的产业，鼓励了部分无须保护的产业，更偏离了鲍德温在 1820 年坚称的保护主义理论。在这一时期，随着国会分别为制造业、农业和商业成立委员会，委员会体系逐渐成熟；在克莱的领导下，法案支持者越发熟练地对这一体系加以利用。克莱发挥的作用则凸显了议长之位的特殊价值，正如某人观察议长竞选之后评论："议长选举事关重大，比以往任何时候得到的关注度都高。任命全体委员会是一项非常可畏的权力；国会事务几乎全都由委员会管理，也就是说，拥有任命权就等于掌控了众议院的议程。"这位观察者还指出，这一事态意味着，"如果议长有意给政府添乱，他只要任命仇视法案的人出任委员就能达到目的"。这番推测很准，在亚当斯担任总统期间得到证实，对关税政策的制定产生了重要影响。

以利亚撒·洛德的解释也很有预见性，即本次关税法案的票数分布不像"鲍德温法案"那样仅与密苏里争议密切相关，而是更大程度上与地区分歧相关。他逼问马修·凯里："中部州和北部州的代表在制造业和工业的问题上，为什么没有更加团结，反而是南部州代表一致对外？"马修·凯里的答案是："南部州只有一项广大的共同利益，这项利益不受制于任何市场波动或变化：因为提供劳动力的是奴隶，他们既无法推翻自己所在的产业，也无法将产业挪作他用；那么南部的州代表自然会对这项广大利益持一致态度，利用法律来充分保护它。"相较之下，北部"有好几项主要利益，包括农业、贸易业、制造业、商业。人人都各行其是，随时按照己见改变目标。他们选出的代表会偏袒他们各自的利益，而鉴于他们本身就无法团结，因此各代表在关乎各方利益的问题上也不可能团结"。事实证明正是这个弊端对1820年"鲍德温法案"造成了致命打击，还差点使1824年的新法案夭折。根据这番分析，各地区在保护措施上产生分歧的根本原因是蓄奴州和自由州的经济运作之间存在差异。

马修·凯里和克莱认识到这个问题后，更是努力规劝南部各州相信保护国内市场的益处，而这番执着最终将导致克莱在1833年"折中法案"上犯下最严重的错误。洛德的结论中还有另一种逻辑："我们让应该被团结的人团结起来就行了，其他什么都不需要。"威廉·李对第十六届国会中南部州的执拗深感厌恶，他告诫："现在的主要目标是多确立些蓄奴州，让蓄奴州利益壮大成为我国的主要利益。纺织业已经在崛起，你们还想通过全面提高关税或者征收差异化关税来加以保护，这肯定行不通……南部资本家会让你们增加他们的负担吗？不会，他们只管自己发财，放任你们自负盈亏。"如果奴隶制造成的经济运作差异太大而难以克服，那么各地区只能通过主导政权来决定关税命运了，或者如某人在写给马修·凯里的信中建议："其他企业主应该尽早与奴隶主划清界限，尽早建立自己的工会，越快越好。"此时显然只有少数保护主义者这么认为，但随着共和党在 19 世纪 50 年代逐渐崛起，星星之火终将燎原。

不过就目前而言，支持方与反对方都表示对最终法案感到满意。在众议院对法案最初版和修改版的两次投票中，北卡罗来纳州的众议员威利·P. 曼格姆（Willie P. Mangum）都投了反对票，但事后他写道："最终通过的法案也没那么不堪——经过参议院的重整，它不再是一项保护国内制造业的措施，而是提高联邦收入的手段。"克莱也坦言："保护措施的目标是维护国内制造业，但还没有达到应有的力度。"他还表示："好在我们已经确立了保护原则，我相信，今后在推行更全面、更强大的保护措施时，我们不会遇到太多困难。"如果反对高关税的人希望 1824 年《关税法案》就是保护主义的最终归属，那么他们很快就会失望。与此同时，先前各党派和各地区之间尚未成熟的结盟，只会使支持保护性关税的游说者陷入更复杂的局面。

第三章

"党派宗旨的推动力"：

1827 年 "毛织品法案" 与 1828 年
《关税法案》

1827 年 7 月 30 日，"农户与制造商等赞成鼓励与支持美国国内制造业的群体召开了一场大会"，这场会议在宾夕法尼亚州哈里斯堡（Harrisburg）大张旗鼓地举行，是当时为止最野心勃勃的保护主义集会，来自全美各地的代表达到近百名，包括马修·凯里、希西嘉·奈尔斯和以利亚撒·洛德等英杰。一家当地报刊夸耀道："我们可以大胆确定，对立派已经构不成威胁，因为我们（大会）有了最出色的人才，他们走访过国会大厅，或者不妨说，他们参与过 1776 年建国以来的所有国家会议。"不过大会登记册上也有些显要的缺席者，如路易斯·麦克莱恩。他曾作为委托方之一，在 1816 年选派艾萨克·布里格斯作为代理前往华盛顿，后来当选了国会议员，对 1820 年和 1824 年的关税法案都投了赞成票。特拉华州的选民提名他参加这场大会，但他拒绝了，理由是：如果"我参加了哈里斯堡大会，就意味着我应承致力于推进个别措施，而我之后可能需要以公众代表的身份针对这些措施行使职能"，那么出席会议就不合适了。不过他也在信件之末委婉提醒道："政府的所有管理部门"都必须认同保护主义"根本上与国家繁荣相关"，但如果"关税支持者愿意将保护主义作为党派宗旨的推动力，把它与党争捆绑在一起"，那么情况就另当别论了。

这个情况还真就发生了，对于支持上调关税的群体来说非

常不幸——党派斗争这朵阴云将在 1828 年总统大选前夕飘到他
们的宝贝措施头上。率先竞跑的是马萨诸塞州的工厂主们,他们
希望与其他州依赖制造商消费需求的羊毛供应商结盟,于是发起
运动来呼吁联邦干预。这种只关注单一产业的做法意味着战略转
变,在保护主义群体中引起了不满。另一边,亚当斯的拥护者和
反对者之间斗争不断升级。亚当斯希望围绕国务卿亨利·克莱的
"美国制度"计划建立一条全国阵线,使亲政府派占到优势;而
拥护安德鲁·杰克逊的这一部分反对者为了抹黑政府,则抨击政
府只着眼于总统的家乡新英格兰地区,只关心少数派的宠儿——
养殖业。尽管保护主义者频频展开游说,但事实证明,他们无
望在第十九届国会所剩无几的时日里成功推行"毛织品法案"。
然而他们越挫越勇,将各方豪杰召集至哈里斯堡,为备战下一
届国会立法出谋划策。保护主义者的付出得到了第二十届国会
的回应,促使大批税率修正案获批,但国会的审议实则深受近
在眼前的总统大选影响,而审议结果终究未能取悦任何一方,
导致法案被扣上"恶性关税"这一帽子而留名史册。

1

1827 年 1 月,罗得岛州的众议员杜迪·皮尔斯(Dutee
Pearce)宣称:"在我看来,先前(1824 年《关税法案》)认定
的所有主要保护目标都得到了保护,唯独落下了毛织品制造业。
在美国,它们与其他产业同样重要。"1824 年《关税法案》确

实令毛织品制造商感到失望——毛织品的从价税已从 25% 涨到 33.33%，但原毛关税作为保护主义者调和农业利益的手段，却在 1826 年从 15% 涨到了 30%。尽管制造商现在定价更高，但同时，他们为购买原材料而承担的开销也更高。约翰·托德上报的原版法案规定，毛织品与棉织品一样缴纳最低估值的关税，但这一条款被参议院删除。这不但使毛织品产业失去了低端市场，还放任了众多商人故意低估进口商品的价值来减少税费开支的欺诈行为。英国则不惜赔本，通过削减自己的原毛进口关税来降低毛织品的出口价格，目的很明确，就是要让美国本土商品有价无市。

皮尔斯的看法很对，毛织品制造商，特别是新英格兰地区的制造商，是美国经济中举足轻重的一部分。波士顿制造公司在较低关税下就创收了利润，一直被新英格兰的投资者看在眼里。1824 年《关税法案》颁布后，他们从商贸业撤资，转而投入纺织品生产。仿佛一夜之间，大批工厂就纷纷落成，没想到产品销路却被来自大西洋彼岸的进口货封堵。1827 年初，奈尔斯写道："今天，新英格兰没有任何一家毛纺织厂在全面运作。"丹尼尔·韦伯斯特曾在精明的制造商朋友的同意下，赊购了他们产业中价值数千美元的股份，所以现在被他们逼着干预税务。在第十九届国会第二次会议召开前，他向曾在 1824 年出任制造业委员会成员的俄亥俄州众议员约翰·莱特致信说："现在进口毛织品价格较低，原毛进口关税又较高，这对我国毛织品制造业很不友好。"韦伯斯特告诉他："除非政府再度出手干预，要么下调原毛的进口关税,要么上调织物的进口关税,不然毛织品产业估计撑不下去。我猜,你们州的同行就算还没听到风声,也很快就会从相关朋友那里有所耳闻;我现在是应他人请求给你提个醒,你不妨在国会召开前与你们的制造商谈谈这个问题。"

于是,韦伯斯特拉拢的制造业伙伴都积极地如约行动起来。1826 年 9 月到 11 月,他们屡次在波士顿召开会议,并一致同意向国会发出请愿,要求加大保护力度。他们还写了一封通函发往全美各地,鼓励"各方毛织品生产商召开会议,写好呼吁国会上调关税的请愿书"。通函上五个签名的主人就是推动本次关税上调的先锋,都是毛纺厂厂主或者投资大户,其中包括惹恼过克莱的"脾气酸臭、满嘴怨言的家伙"小詹姆斯·沃尔科特,以及从布商转行成为制造商的刘易斯·塔潘(Lewis Tappan),他主要因资助废奴运动而闻名后世。五人中的主力是乔纳斯·布朗(Jonas B. Brown),某位波士顿报刊编辑形容他是"推动整个计划的齿轮"。虽然马修·凯里埋怨其他地区给予的支持太少,但他也认为布朗是"在关税问题上做出正确判断的少数人之一"。

波士顿各场会议决定不再要求全面提高关税,而是着重确保毛织品产业得到更大保护,可见他们受 1824 年《关税法案》的打击不小。维克托·玛丽·杜邦曾在法案审议期间抱怨:"这对毛织品来说糟糕透顶,唯一的补救办法是每年颁布一两个小法案修订税率,从铁、毛织品、纸、大麻、棉开始,逐个推进。别管谁先谁后，只管向前推进。如果审议对象不再是一个庞大的关税体系，就不需要兴师动众，每位议员都能很快做出决定。"另一位观察者表示认同："我想，如果毛纺厂家向国会提交的请愿书无关其他利益或是其他制造商，事情就更容易办成。"不过工厂主们也发现，羊毛供应商所在的选区影响力很大，与他们对立就不可能实现目标。有鉴于此，波士顿会议提交的请愿书既没有要求降低羊毛税率，也没有要求提高毛织品税率，只是请求采纳最低估值。请愿书称，"这么做既保护了制造商，也不会损害任何人"，还指出毛织品的需求扩大会为国内原毛供应商带来更高收益。

1826年12月4日，第十九届国会第二次会议召开，很快就收到了来自毛织品制造商和羊毛生产商的请愿书，并按照惯例交由制造业委员会审阅。托德主席在1824年从众议院退休，接任委员会主席一职的是佛蒙特州的众议员洛林·马拉里（Rollin Mallary），也就是之前马修·凯里声称被自己说服的那位议员。为了协助马拉里制定出合适的法案，波士顿制造商派了三位同行前往华盛顿，分别是乔纳斯·布朗、艾萨克·贝茨（Isaac Bates）和亚伦·塔夫茨（Aaron Tufts）。塔夫茨后来回忆："我们的目的是让国会了解毛织品产业的现状有多萎靡、原毛价格会因此下降到什么地步、外国毛织品抢占了多大市场等相关问题，为羊毛供应商和毛织品制造商争取更多保护。"三位代理人就像1816年的布里格斯等人一样，对制造业委员会展开游说。委员会起草了一部法案，对毛织品施行递增的最低估值关税，并在 1828 年将原毛关税上调至 35%，次年再上调至 40%。
乍看之下，法案对制造商没什么好处，他们的原材料成本不降
反升；但实际上，这套最低估值的保护力度很大。举例来说，
一块价值 41 美分的布匹将被视为实际价值达到 2.50 美元，需
要支付超过 200% 的有效税率，远远高于 33.33% 的名义税率。
波士顿的制造商们似乎对游说团的表现很满意，其中一位保护
事业赞助者阿伯特·劳伦斯（Abbott Lawrence）称："代理人们
办到了力所能及的每件事。"

2

1827 年 1 月 10 日，制造业委员会主席马拉里将"毛织品
方案"上报至众议院。由于克莱担任了国务卿，而韦伯斯特又
倾向于在幕后操作，因此在会议上捍卫法案的责任主要落在马
拉里肩上。反对意见来自意料之中的选区——纽约州众议员丘
吉尔·坎布雷恩称最低估值不过是"伪装"，"几乎没有人发现，
这项规定几乎是要让所有进口毛织品在国内市场无路可走，把
它们逼上绝路"。他还告诫："要改动个别税率，我们肯定得重
审整个关税体系"，立法者将不得不"平衡一项又一项税率……
从毛织品到铁条，又从铁条到棉布袋"。一些关税支持者也提出
批评，理由是这种保护过于偏袒某些商品。宾夕法尼亚州的塞
缪尔·D. 英厄姆（Samuel D. Ingham）宣称，这项措施"正如我
们所见，是出自权势阶层之手，目的是说服国会来弥补他们的

季度亏损"。同样来自宾夕法尼亚州的詹姆斯·布坎南（James Buchanan）也提醒："之前几部关税法案都是平衡各方利益与联邦收入的折中办法"，而这项待决法案"保护单类制造品，企图让新英格兰形成垄断"。布坎南提议将法案退还给制造业委员会，让他们上调部分其他商品的税率。法案支持者则提出抗议，说布坎南在"拖延时间，让法案来不及在本次会议通过"，而且自由贸易者和大西洋中部（言语或行为等兼备英美特征的）保护主义者已经一反常态组成战线，他的干扰只会徒劳无功。这些保护主义者多数是杰克逊派，他们究竟是不满意法案内容还是不认同亚当斯政府？这一问题引起了媒体热议。有传言称本次会议开始时就有一个"内部会议"秘密召开，"汇聚当前零落的反对派"决心"阻挠法案通过"。

还有人提出疑问：为何新的最低估值在 1827 年 8 月 1 日开始生效，而羊毛税率在 10 个月后才上调？马拉里称推迟的原因是"农民无法即刻满足国内的原毛需求，至少需要一年时间来提高生产力"。然而反对方为了让法案失去农业群体的支持，指责制造商有意"利用这段时间购买进口羊毛来充盈库存，以备之后打压羊毛的市场价"。对此，布朗坚称虽然"派我们来（华盛顿）的是制造商，不是羊毛供应商"，但他们仍然"真诚代表"这两个群体的利益。无论实际情况如何，"弗吉尼亚州和俄亥俄州的羊毛供应商"代理人来到制造业委员会面前，都只是要求将同类商品进口关税上调 2%，而不是实际写入法案的 5%。尽管如此，仍然有人心存疑虑，并且正如大小型制造企业之间面对的矛盾不同，原毛供应商和毛织品制造商之间也存在分歧，在往后的几十年里，这始终令保护主义阵线深感头疼。

为了应对种种反驳意见，法案支持者开始在新英格兰以外的地区寻求支持。布朗从华盛顿致信维克托·玛丽·杜邦，恳请他跟宾夕法尼亚州和特拉华州的立法者"强调这项措施的重要性"。布朗坚称："我很清楚，我们务实人士写的信会得到国会议员的重视。"在随后一封信中，他表明自己很担心宾夕法尼亚州的代表团反对法案，恳求："你有没有办法让他们的选民向他们表达诉求？你们宾夕法尼亚州提交的请愿书会对我们非常有利，如果只需要不到10人或者20人签署，那么你们应该尽快写好请愿书……我相信你们能为法案提供很大帮助。"然后，杜邦请求克莱以自己的名义把信寄出。克莱告诉布朗："我已经悄悄让'大元帅'马修·凯里看了（你的信），他比我更了解宾夕法尼亚州的政治立场和他们的国会议员。"并且他表示自己也在与其他立法者通信。

然而事实证明，要马修·凯里配合没那么容易。马修·凯里认为自己的付出没有得到保护主义同道的足够赏识，所以变得越来越消沉。在费城协会的几个成员拒绝为马修·凯里擅自撰写的一连串小册子付费后，整个协会因争论不休而散伙。马修·凯里后来回忆："大家都蔑视我、埋汰我，所以我就退出了。我只是考虑到自己必须写作、印刷、出版，必须花钱买纸、花钱印刷，不然我都不需要协会。"对于新英格兰突然转念认同高关税，马修·凯里也感到不满，在写给老盟友的信中将这件事严厉批判了一番。他表示，新英格兰最关心棉花产业，这已经得到 1816 年《关税法案》的充分保护，可后来他们却投票反对 1824 年《关税法案》，证明他们"根本不在乎我国的其他产业"；但他们之中的许多人后来又转而投资毛纺业，"而这个产业现在正面临威胁，与 1824 年其他产业的情况一样"，突然间"他们仿佛才睁开双眼，看到加强保护的必要性"。鉴于韦伯斯特等人之前因为反对法案而受到马修·凯里斥责，某次波士顿会议上主办方为了不得罪他们，就没有给予马修·凯里他自认为应得的表彰，于是事态就更严重了。杜邦写信告诉布朗："这太遗憾了。一来他本身太暴躁，二来他不屈不挠地为保护事业服务，给予他更多的表彰并不会给我们造成多大损失，但对他所付出的代价而言是最好的回报，而我们却没有这么做。""悄悄地说，你在马萨诸塞州大会上投票拒绝向他致谢，令他感到非常痛心。你以为他会就此放弃保护事业，可是你错了。第二天他就开始为支持毛织业利益奋笔疾书。"马修·凯里确实发文支持了"毛织品法案"，但对于这种修改部分税率的法案能否通过，他持怀疑态度。

3

时间会证明马修·凯里是对的。1827 年 2 月 10 日，众议院以 106 票赞成对 95 票反对的投票结果通过了"羊毛衫法案"。但随后参议院审议了两周，国会的本次会议又将在三天后结束，于是有人提出搁置法案，无限期推迟审议，结果以 20 票赞成对 20 票反对打成平手。时任副总统是南卡罗来纳州的众议员约翰·C.卡尔霍恩，曾支持过 1816 年《关税法案》，但后来他遵从自己州对保护措施的抵制态度，投出了决定性的反对票，扼杀了法案。这一结果，其实克莱在 1824 年总统大选前就预料到了："我们团体中支持与反对这部法案的人数几乎持平，但如果卡尔霍恩先生当选（副总统），那么投票主持官可就与我们对立了。我知道的是，他认为 1816 年《关税法案》的税率足够了，而且他反对了上届会议的法案。但如果他倾向于支持这部法案，他就得考虑自己作为南部州的人的立场了。"

历史学家推测，由于卡尔霍恩期望乘着杰克逊的东风当选总统，因此有人暗中作梗让票数持平，逼卡尔霍恩出面反对保护措施，从而失去北部州的拥护。这种高度协调的行动似乎不太可能实现。关键的投票点名中有 8 名参议员缺席，其中部分人被视为法案支持者，那么他们就不太有动机去参与一项可能导致法案夭折的密谋，即便这确实能让政敌难堪。不过，缺席者中可能至少有一人别有用心——纽约州参议员马丁·范布伦（Martin Van Buren）正在尝试建立一条全国性党派战线来支持杰克逊将军竞选总统，那么为了赢得将军的青睐，他必须与卡尔霍恩对立。"毛织品法案"则令范布伦陷入两难，他的许多选民都是羊毛供应商，他们抵制以更高价格买"粗毛布"给奴隶制作衣物，而织物正是受拟议最低估值影响最大的商品；但为了自己的政治抱负，他又必须抓牢南部州的民心。国会记录中，范布伦在参议院最终的投票点名前出席了会议，但他的名字显然没有出现在赞成名单或反对名单中。他后来称自己是为了履行"陪一位朋友参观国会公墓"的承诺，但有人批评："他发现法案支持者比想象中更强势，为了不让法案通过，他只好缺席参议院的投票。"还有人怀疑此后这位"小滑头"也对关税法案使了坏。

通过对国会的关键投票点名进行分析，我们会发现各地区对待关税问题的态度有所变化——参众两院合计来看，蓄奴州投了93张反对票，而赞成票只有区区9张，来自肯塔基州、马里兰州、密苏里州和弗吉尼亚州的代表团。法案只涉及原毛和毛织品，南部州能得到的好处甚至比之前还少，抵触情绪自然更强烈。而自由州投出了117张赞成票和22张反对票，比例与1824年《关税法案》的投票结果差别不大。但当时北部州超过三分之二的反对票来自新英格兰地区，而在1827年，该地区只投了5张反对票。这一票数差被反对法案的部分州代表团抵消，其中7位是宾夕法尼亚州的代表，但赞成票之多足以使法案通过众议院。布坎南将这一结果归咎于"东部州与西部州暗中联手"，而且"尽管许多宾夕法尼亚州议员表示反对，而且宾夕法尼亚州议员多至19人，但他们认为选民都为关税痴狂，所以不敢投出反对票"。而参议院中自由州与蓄奴州势均力敌，正是由于蓄奴州一致对外，才使得决定权落入卡尔霍恩手中。

党派关系对投票结果也有所影响。亚当斯的拥护者投出了98张赞成票和21张反对票，反对者中拥护杰克逊的人则投出了 28 张赞成票和 94 张反对票。在北部州投出的 22 张反对票中，杰克逊派占 7 成，包括坎布雷恩、布坎南和英厄姆，已有记录证明他们参加了国会会议开始时的"内部会议"。韦伯斯特已将自己的命运与亚当斯和克莱绑在一起，在他看来，"毛织品法案"虽然被否决，但"产生了重要的政治影响"，对政府来说是个好兆头。他得意扬扬地称："布坎南和英厄姆等倒向了反保护派，还设法规劝他们的朋友与其一起，可惜没能成功。宾夕法尼亚州应该很快就会发现，心仪的候选人和心仪的政策，他们只能选择其一。"反对者虽然不愿承认，但其中一些人也得出同样结论。宾夕法尼亚州的众议员安德鲁·斯图尔特（Andrew Stewart）因一心支持保护主义大业而被人取了"关税安迪"（Tariff Andy）的绰号。众议院审议法案之际，他向约翰·托德致信："我担心杰克逊将军的朋友会让国内外制造业联合起来反对现任美国政府；我们不能跟他们一样，否则宾夕法尼亚州也会遭殃，这点你清楚。法案太重要了，我们不能因为其他因素而放弃，不能因为别人而放弃，至少不能放弃那些最关键的条款。"斯图尔特给法案投了赞成票，并在不久后转而效忠现任政府。

其间，南部的杰克逊派坚决反对保护措施；蓄奴州为"毛织品法案"投出的 9 张赞成票中，有 8 票来自亚当斯的拥护者。在 1820 年和 1824 年，麦克莱恩都是众议院中唯一给关税法案投了赞成票的特拉华州代表，故他这次改变立场就很容易引人注意。该州的亲政府参议员托马斯·克雷顿（Thomas Clayton）

表示："当制造商的选票对他而言很重要时，他就是制造商最忠实的伙伴；一旦这些选票不再有用，他就反过来与南部州一同对抗北部州，这样一来如果南部州胜出，他以后没准还能捞到些好处。"不过，克莱顿也对法案投了反对票。国会休会不久后，南卡罗来纳州的参议员罗伯特·Y.海恩（Robert Y. Hayne）致信杰克逊，坚称"无论什么形式的关税制度，南部人民（如你所知）都反对"。他还不忘向将军保证："他们能够区分，也会一如既往地区分谁支持了 1824 年（经参议院修改的）《关税法案》，谁提倡了这部法案；就像在上次会议中，区分谁（像您一样）希望在不压迫任何产业的前提下适度保护制造业，谁（像克莱一样）单纯出于私利而拉帮结派，企图把整个立法体系与关税制度变成一种操纵政府、缔造阴谋和滋生腐败的政治武器。"海恩的信说明，党派因素对关税政策制定产生的干扰开始加重，同时也表明，他相信自己心仪的总统候选人有能力调解南部州的积怨，可惜结果并没有如他所愿。

4

马修·凯里在自传中叙述："在 1826 年至 1827 年国会会议期间，波士顿以及附近地区的制造商花费重金委派代理人前往华盛顿，让他们作为俗称的'钻营者'进行游说。这种做法无疑很明智，但由于没有提前准备好足够的刊物来打动议员及其选民，行动价值至少折了一半。"马修·凯里明白游说的意义，但他认为游说需要一场更大范围的运动作为支撑，才能令美国人民相信保护措施必不可少。他断言："如果选民转念，那么代表自然会跟着转念。""毛织品法案"失败后，他心怀上述论断，作为主力军推动了一项计划，目的是召集一个新的全国保护主义大会。

1826 年，马修·凯里协助创立了一个组织，名叫宾夕法尼亚促进制造业和机械艺术协会，算是新的宾夕法尼亚协会，也正是这个组织召开了哈里斯堡大会。1827 年 5 月 14 日，协会成员会面讨论"毛织品制造业和原毛市场的困境，以及这两大产业对其他企业和公共福利有何影响"，决定呼吁"各州农民、制造商和这两大产业的支持者于明年 6 月尽早择机在当地举行会议，每个州至少任命 5 名代表，于 7 月 30 日到宾夕法尼亚州哈里斯堡召开大会，商议采取哪些措施来应对当前情况"。然而，召开大会并不是新的宾夕法尼亚协会的主意，而是波士顿制造商刘易斯·塔潘在 5 月 4 日写信向马修·凯里提出的建议。身为协会行动委员会主席的马修·凯里随后提出了这个计划，征求大家的同意。大概是鉴于有人批评"毛织品法案"的设计目的只是造福新英格兰，因此塔潘认为由该地区以外的人召集会议更为妥当。如果真如他所料，那么这一策略似乎很成功，甚至在大会召开一个月后都没人识破。重建的宾夕法尼亚协会由查尔斯·J. 英格索尔（Charles J. Ingersoll）担任主席，他收到财政部部长理查德·拉什（Richard Rush）的消息说："我才知道召开大会的想法源于新英格兰，之前我都闻所未闻。"

　　然而，大会计划受到了各种批评。匹兹堡《水星报》（*Mercury*）称："这场哈里斯堡大会的真正目的不是推动美国制造业发展，而是在公共政府的指导下组织一个政治社团来掌控公众情绪，特别是在宾夕法尼亚州操控大选。"鲍德温现在是一名忠实的杰克逊主义者，他向该报刊编辑提供了一封来自某位肯塔基人的信，信中称："大会成员之中，肯定包含自认为有利可图的制造商；但更多人无疑只是为了诱使宾夕法尼亚州背弃杰克逊——既然亚当斯先生支持关税，他们就正好假借杰克逊阵营反对关税为由，反对杰克逊。"保护主义地区的杰克逊主义者是否因为担心重新燃起的关税运动影响大选结果，所以捏造了信中的某些内容？这个问题目前还存在争议。从私人信件可以看出，至少有某些政客真诚地选择了相信。卡尔霍恩在写给姐夫的信中称，自从"毛织品法案"被否决，"有人认为当权者打算放眼更大范围，在哈里斯堡召开一场维护制造业利益的大会，宣称要部署战略使法案通过"。另外，康涅狄格州的一位杰克逊主义者称，与国会议员谈话时，对方无意间吐露："拥护'美国制度'的人会站在亚当斯和克莱这边，而这些人就是我们大会召集的目标。"

　　大会倡导者很快就否认了这些说法。费城《民主报》（*Democratic Press*）批评："国内制造业的拥护者混淆了经济方针与政治事务。"马修·凯里则在《国家情报员》发表公开信，坦言"我本人坚决支持政府"，但他"绝不同意把总统人选与保护措施混为一谈"。他还表示："我认为两者相较之下，总统是谁没那么重要。"奈尔斯也劝说道："认为或假装认为大会目的牵扯总统大选的利益相关者们……少安毋躁，毕竟会议将公开举行，所有议程都将'在光天化日之下'公之于众。"

马修·凯里和奈尔斯的辩解很可能发自内心。他们都对自己的独立行动力倍感骄傲，充当党派工具的行为不符合他们的性格。诚然，国务卿克莱已经与和他态度一致的政客沟通了一段时间，讨论在宾夕法尼亚州团结"国内制造业、立法体系和当前政府三方支持者"的必要性。但有关克莱的现存文件没有体现他是出于这个目的而召开全国大会的，他在 1827 年 5 月与马修·凯里交换的两封信件中也没有反映出他们之间存在勾结，其他政要似乎也没有提出自己发现任何阴谋。拉什向英格索尔保证："我肯定，你是最先告诉我哈里斯堡大会计划的人，会议也如期召开了。克莱先生也认为你是最先告诉他这场大会的人，反正告诉他这件事的人要么是你，要么是我。"

不过，政府拥护者还是很快就发现这场拟议召开的大会可以为自己所用。拉什从英格索尔那里听说了大会计划后，表示此举"非常明智、非常应时"，并且愿意以任何方式提供帮助。一位宾夕法尼亚人向克莱汇报："我们非常期待讨论立法体系和国内制造商这些议题，大会将成为宾夕法尼亚州政治的转折点。如果我们能将这些最佳措施与现任政府完美结合，那么一切都会好起来。"一位纽约人也致信克莱："哈里斯堡大会的目标本身就很重要，更别说现任政府还能乘机抵御政敌的围攻，我们定会派出大批代表参会。"在韦伯斯特眼中，大会计划无疑是造福他的政治盟友和富裕赞助者的契机，于是他写信给其他州的朋友，敦促他们做出必要安排，甚至还说服哥哥以西结（Ezekiel）作为新罕布什尔州代表之一参会。

考虑到党派利益，各个自由州和蓄奴州必然要争相开会选派代表前往哈里斯堡了。令人意外的是，范布伦也出席了纽约州奥尔巴尼的会议，为自己对待"毛织品法案"的做法而辩解。经过一番冗长的演讲，"小滑头"范布伦在未实际承诺推进保护主义事业的情况下，仍然博得了听众的认同。范布伦后来在自传中叙述了两位朋友的对话，这两人都认为他的演讲"说服力很强"，但无法确定"这是在对《关税法案》表示赞成还是反对"。范布伦倒是明确了一点，那就是让大家警惕"设计法案的党派得寸进尺，暗中算计让祖国的宏图大业服务于其私利与政权"。在特拉华州威尔明顿的埃勒瑟尔·伊雷尼·杜邦则决心召开"一场美国会议，采取最正统的美国措施，不受制于任何形式的政党划分或影响"，但当他选出五名亚当斯主义者和三名杰克逊主义者作为代表参加哈里斯堡大会时，后者全体拒绝接受委派，其中包括麦克莱恩。而在宾夕法尼亚州的鲍德温和托德也拒绝参会，奈尔斯随即报道：鲍德温"在家乡也要背负骂名了"。这些交互也许会令我们联想到里夫·休斯顿（Reeve Huston）笔下新兴国家政体与党外运动或无党派运动之间的"辩证关系"，比如，政府和杰克逊阵营力争的是人们对待关税问题的积极性；又比如，政客可能是因为保护主义者与自由贸易者的需求对立才变得斗志昂然。

马修·凯里与其他保护主义者之间的矛盾扰乱了宾夕法尼亚州的大会筹备工作。马修·凯里后来在自传中回忆:"种种情况令我越来越相信,撇开我,再让'最后时刻出现的人'代替我,已经成了今年行动的惯用伎俩。"关于"最后时刻出现的人",马修·凯里主要是指英格索尔;他怀疑英格索尔通过"巧妙的运作"将他排除在哈里斯堡与会代表人选之外,而这些代表由一次州级大会选出。他解释:"(费城)市县已经约定好提名英格索尔先生、休斯顿先生和我。"但当宣布名单时,"我的名字竟然不在其中,那些不清楚内幕的人也很惊讶"。对马修·凯里来说,好在"有一位来自偏远县的协会成员对这种做法感到愤愤不平,提名我入选,让他们的伎俩落空"。而当马修·凯里用心修改英格索尔起草的大会演讲稿但被后者拒绝时,两人关系进一步恶化。马修·凯里拒绝在写好的稿件上签名,"甚至不惜与英格索尔发生激烈的口角"。这两人作为宾夕法尼亚州代表参加全国大会,事态发展也许就不会太顺利。

5

1827年7月30日,费城《美国公报》(*United States Gazette*)的编辑参加了哈里斯堡大会开幕式,并报道:"此时此刻,整座城市宾客如云,一片喧嚣;马车仍然络绎不绝,仿佛生怕城里不够热闹。"联邦24个州之中,13个州的98名代表出席了大会。麦克莱恩已经表示现任立法者不适宜与会,但还是有2名参议员和 4 名众议员来到了会场，其中包括仍然担任制造业委员会主席的马拉里。还有 19 名代表曾在国会任职，足以体现这场大会在立法方面的专业性，也说明在人员频繁流动的这一时期，商业和政治两个领域已然相互渗透。在这 19 名代表中，有将近半数的人只在国会任职了一年就回归了原先的工作岗位。奈尔斯称，大多与会者是"农业从业者"，但也有许多制造业代表。除上述提到的人之外，还有个别熟悉的面孔：马萨诸塞州派来了曾推动"毛织品法案"的乔纳斯·布朗、阿伯特·劳伦斯和小贝萨莱尔·塔夫特（Bezaleel Taft Jr.），新泽西州则派来了 1816 年伯里尔与戴维斯公司的创办人查尔斯·金赛。《美国公报》编辑骄傲地断言："在美国历史上，从来没有过规模如此之大、知识交流如此之丰富的集会。"

那么现在是该集中确保刚被否决的"毛织品法案"通过，还是该发起一场全面修订关税的运动？这是哈里斯堡大会需要做出的首要决定。宾夕法尼亚协会的初衷是支持前者，但这种做法随后遇到了困难。德国政治经济学家弗里德里希·李斯特（Friedrich List）曾在宾夕法尼亚州居住过一段时间，他应英格索尔的邀请写了一连串公开信，宣称："我认为，哈里斯堡大会不仅有义务维护羊毛供应商和毛织品制造商的利益，还应该指出亚当·斯密的理论谬误，从'美国制度'入手推翻该理论，实现斩草除根。"大会上，马修·凯里也挺身而出，依照代表团的期望提出了大局观："目前我认为，提交给国会的法案应该尽可能照顾更多人的利益，它是政策，更是公理……法案服务的对象越多，关注它的人就越多，各地发送请愿后可能得到的利益就越多，那么，为法案发声的人自然也就越多。"最后，大会任命了一个委员会，负责撰写以原毛和毛织品为重点的请愿书，还任命了其他委员会，负责以加强关税保护为目的来推介其他许多商品的适宜税率。

这些委员会的人员配置给宾夕法尼亚代表团的内讧创造了爆发条件。马修·凯里再次发现自己被排除在所有重要任务之外，后来才从一位朋友口中得知，"宾州代表团，或者说其中多数人，为了把你晾到一边费了很多心思"。一位大会成员让马修·凯里加入了请愿书委员会，而此举随即点燃了马修·凯里与该委员会主席英格索尔之间的战火：马修·凯里起草了一份请愿书，但英格索尔拒绝采纳，称马修·凯里无法在大会期间交出令人满意的成果，请求大会将任务委托给自己和另外几名同事，以便在休会后完成任务。宾夕法尼亚州前参议员乔纳森·罗伯茨曾在 1820 年批评马修·凯里是"疯子"，现在却成了他最坚强的后盾。罗伯茨私下写道，英格索尔"出席大会，更多是出于个人目的，而非群众利益；他向来心怀鬼胎，所以才会阻止马修·凯里插手……他希望自己能被派往华盛顿"。大会拒绝了英格索尔的请求，但允许他负责另外起草一份请愿书，次日交给大会成员签字批准。罗伯茨回忆道："大会在良好的氛围中结束；英格索尔先生没能接到前往华盛顿的委托。"但马修·凯里对这个结果不太满意，随后给所有出席者写了一封信来泄愤，抱怨自己受到了不公待遇。他在自传中沮丧地写道，英格索尔的行为"让我措手不及","让我的脾气失控,在来自13个州的能人异士面前表现出了非常劣势的一面"。

哈里斯堡大会提交的请愿书主要围绕毛织品利益,称"4000万(美元)的制造业资本加上4000万(美元)的农业资本缺乏保护,已蒙受巨额损失,对国家构成了一大隐患"。不过,其中也建议加强保护铁、钢、大麻、蒸馏酒和棉织品。这封请愿书的愿景不仅仅是重启"毛织品法案",马修·凯里表示"最支持该法案的人现在也承认法案的制定不够明智",更大范围的保护才能调和目前正在抢夺国会关注的各方利益集团的矛盾。请愿书还附上了一封致全美人民的信,由奈尔斯担任主席的委员会撰写。先前,奈尔斯为了通过大会上的熟人收集更多信息,争取了更多时间。休会3周后,他向英格索尔汇报道:"我每天工作8小时,至少也需要10天才能完成工作。匆忙行事不可取。我们的目的是叫醒那些昏睡的人,我相信,这些努力会带来显著的成效。"一个月后,信稿终于完成。奈尔斯在自己的《奈尔斯周报》上解释:"我们的主要目的是提供一本通用教科书供各方人士参阅,包括法案支持者与反对者。"为此,信中印了12页密密麻麻的文字,提出了施行保护的理由,还辅以50多页附录,提供了各产业的统计数据。这与10多年前亚历山大·达拉斯在收集关税问题详情时所处的困境形成鲜明对比,证明在过去10年间保护主义者在部署工作方面有了很大进步。

哈里斯堡大会只持续了短短5天,却吸引了许多公众的注意。奈尔斯表示:"大会不会只说不做。与会成员都是经商人士，他们为了不同的问题相聚于此，已对各自目标有深刻的认识，不需要在讨论上浪费过多时间。"有人通过报刊与小册子来攻击大会，捍卫者则以牙还牙，认真撰文回应了这些言论。各方为了表示对法案的支持，纷纷举行公开会议，还向国会传递了赞同大会建议的请愿书。大会成了全美关税支持运动的焦点，为法案支持者提供了团结行动的共同议程。其他州的保护主义者也乘着大会掀起的热潮，自 1819 至 1820 年的小型集会以来首次展开合作。奈尔斯预计："所有与会者会永远记得这次宝贵的合作及其创造的价值。"法案反对者也发现，对立方的行动再这么协调下去可就大事不妙了。托马斯·库珀悻悻地说："现在，从佛蒙特山区到帕塔普斯克（Patapsco）沼泽地的纺织厂老板，到鞋钉贩这种小制造商，都对联盟张牙舞爪。"至于国会是否真的受到他所述的压力，我们接着往下看。

6

　　1828 年 4 月，一位朋友给克莱致信："很显然，'美国制度'已经反过来压倒了民众探讨和国会辩论的所有其他议题。"信中称："这个'制度'及其'对立派'形成了两派基本原则，双方之间的界线若非划于几年前，就是划于 1824 年的国会会议……这个制度奠定了哈里斯堡大会的基础，是国会的主要议题，反映在对其他所有议题的所有辩论中。它是各州决议的对象——总有人支持，也总有人反对。它是新闻报刊的常客，是全美社会公私交流的热点……国家在这个问题上一分为二，我不希望两边势均力敌。总之，支持与反对该制度的两派已经形成，而且还会持续存在很久。"

克莱的朋友说得很对，党派冲突将在 1828 年《关税法案》的制订中产生比以往更大的影响。与此同时，政客们争相服务各自心仪的总统候选人，既要满足自己选区的需求，又要兼顾哈里斯堡大会的主张，而地区之间观点相异，又使得党派界线越来越模糊。以保护国内制造业为核心原则的"美国制度"，与亚当斯政府特别是国务卿克莱牢牢捆绑。然而在第二十届国会中，反政府群体有史以来首次占据多数。布坎南对 1828 年总统大选做出预计："我们只有谨慎、适度地处理完国事再回家，才算是打了胜仗。相反，如果南部州的朋友在反对可能促进国内制造业的措施时表现过激，那么宾夕法尼亚州和纽约州可能会有所行动。"这就是 1827 年 12 月 3 日国会会议召开时面临的困境。"结果会如何，只有上帝只知道，"布坎南断言，"但我担心，我们的表决权来得太早了。"

为了解决布坎南判断的困境，马丁·范布伦精心策划了一出党派阴谋，而结果就是 1828 年《关税法案》。历史学家们一致认为，正如梅里尔·彼得森（Merrill Peterson）所述，这"不是一部严谨的经济法案，而是一项机敏的政治战略"。至于这一计谋是否发挥了如范布伦所愿的作用，他们看法不一。该计谋需要杰克逊派凭借自己刚到手的委员会控制权设计一部法案，加强对大西洋中部和西部各州——总统竞选的关键战场——的保护，同时，打击他们眼中亚当斯的忠实追随群体——新英格兰人。南部州无疑会反对任何上调进口关税的法案，而且有些历史学家认为，范布伦的计谋需要新英格兰也投出反对票来确保法案无法通过，那么法案落败的责任就落到了政府身上，而那些态度摇摆的大西洋中部州就会坚定地加入反政府派。这确实看似是北部州的杰克逊派招揽南部州对手的方式。但另一部分历史学家认为，范布伦的手段更加高明：他赌自己能够让新英格兰投出足够的支持票来确保法案通过，让他的选民满意，同时他推断，既然候选人杰克逊的主张如此接近"美国制度"，那么南部州就绝不会背弃杰克逊。在法案通过不久后，约翰·伦道夫称法案的"目标不是任何种类的制造品，而是美国总统"。无论范布伦属于哪种情况，伦道夫的话都不无道理。

甚至在哈里斯堡大会登上报纸头条的时候，就有传言称关税法案是为谋取政治利益而制定的计谋。大会召开 10 天前，某人写信告诉布坎南："反对派会在下一个冬天向国会提交（关税法案），那些条款不可能获得东部州的支持，而且法案必须落败。"克莱也收到提醒说杰克逊派的领导人"已决心支持关税法案，但任何有脑子的人都不可能选择支持，所以他们的目的是把法案落败的责任推卸给北部州"。奈尔斯认为这出阴谋的起因是"毛织品法案"，称："去年 2 月，纽约州和宾夕法尼亚州的某些政客达成协议，在固定条件下保护国内产业，并促成对'弗吉尼亚派'政客的内部改善。"这些说法看似毫无根据，直至新一届议长选举到来。

议长有权任命相关委员会，那么究竟能够扶谁上位就考验众议院各党派的相对实力。杰克逊派显然会选择曾在第十七届国会担任议长的菲利普·巴尔博，但他当时任命的制造业委员会多数成员反对关税，令杰克逊派的保护主义者耿耿于怀。"小滑头"范布伦反而敦促南部同盟选择自己的"忠实伙伴"安德鲁·史蒂文森（Andrew Stevenson）。巴尔博原先的一名支持者在议长选举日抱怨："我们发现某些领头羊老早就展开了部署，他们的计谋已经难以撼动。那么为了团结行动，也为了遵循我党多数人的意愿，我们只能放弃巴尔博，转而支持唯一的反对派候选人史蒂文森。"同时，北部州的杰克逊派也得到保证：史蒂文森虽然个人反对保护主义，但会"任命一个有利于北部制造业和农业的委员会"。议长竞选非常激烈，但范布伦早有准备，还设法让远方的杰克逊派及时出席了选举投票。一切终究没有白费，他心仪的人选刚好多得一票，正式当选议长。

纽约州众议员亨利·斯托尔斯（Henry Storrs）在日记中详述了这次国会会议，他的观点是："《伊索寓言》中的羊与狼的故事很好地体现了北部州议员达成的契约——选举一个反关税的议长，前提是这位议长要任命一个有利于北部制造业和农业的委员会。"斯托尔预测："议长为了兑现承诺，也许会让在通常情况下有利于北部利益的人拿下委员会多数席位。但同时议长肯定会发现，他们多数人可以为杰克逊阵营所用，可以通过管理将他们打造成该阵营所需的棋子。"事实证明他的预测很准：除留任委员会主席的洛林·马拉里以外，其他六名新成员之中有五名是"杰克逊的人，他们心思极为细腻，随时可以展开部署淘汰那些保护原毛与毛织品的措施，然后继续戴起关心北部州利益的假面"。斯托尔斯甚至对马拉里的留任也不满意，他表示："反对派是故意留他的。虽然他们把委员会主席之位让给了亚当斯的人（这招太厉害了！），但他们能确保委员会的工作效率高不起来。"斯托尔斯认为，委员会拟定的任何关税法案都将出自纽约州众议员西拉斯·赖特（Silas Wright）之手，而赖特"是众议院（范布伦阵线）的法案负责人，由范布伦特意推荐加入制造业委员会"。赖特本人证实了这一说法，他向一位盟友表明："委员会这边绝对没问题，而且我肯定，其中只有一人反对关税，但为了实施我们的计划，我自己也得投票反对。"

新委员会的最先举动是要求"获得传唤人员与调用信息的权力"。国会的委员会曾听取过游说者就关税问题提供的证词，但那是游说者的自愿行为；委员会之前从来没有权力强制传唤证人出席，这种权力只能由众议院授予。授权动议由马拉里提交，但他也解释："我已经在委员会提出反对，众议院也应该反对采纳。"这不过是证实了许多观察者的猜疑：委员会已经脱离主席的控制。众议院就该动议展开辩论时，赖特和同僚史蒂文森都表示目前缺少相关信息。保护主义者认为这种托词很荒谬，特别是哈里斯堡大会已深入讨论过关税问题，因此他们指责这个要求的目的是"无限期推迟落实保护制造业的任何措施"。而对这项决议的投票结果非常出人意料——坎布雷伦和伦道夫等自由贸易者投出了赞成票，于是动议在他们的助力下通过，制造业委员会拿到了更多权力。特拉华州的埃勒瑟尔·伊雷尼·杜邦得知情况后，断言："连南部州都选择支持，（这项动议）摆明是政治计谋，要么是为了拖延，要么是为了提出大量不合逻辑、相互矛盾的证词来混淆视听，让对方无从入手。"

然而对密谋者来说不幸的是，他们的计划流产了。根据亲政府众议员以利沙·威特西（Elisha Whittlesey）的说法，赖特及其同谋"了解到在从事毛织品生产的人士中，有大约半数人对现行关税税率感到满意。为了不让这些人有机会表态，他们做出决议：委员会每位成员最多只能传唤 2 名证人"。这样一来，亚当斯派只能传唤 4 名证人，而杰克逊派可以传唤 10 名。于是，杰克逊派选择让那些没有鼓吹过保护主义的制造商作证，并让值得信赖的同僚加以论证。接受询问的议员有 7 人，其中 6 人属于杰克逊派。为了应对这一局势，马拉里传唤了上届会议期间身为代理人的波士顿人亚伦·塔夫茨，以及 1819年和 1827 年全国保护主义大会的代表詹姆斯·谢泼德（James Shepherd）。马拉里的队伍虽然量小力微，但还是得到了许多熟人的支持；他们无视委员会一厢情愿施加的限制，以个人名义造访首都。这些人包括曾为"毛织品法案"组织行动的乔纳斯·布朗、约书亚·克拉普（Joshua Clapp）和小詹姆斯·沃尔科特，以及曾在哈里斯堡与布朗合作的彼得·申克的哥哥亚伯拉罕·申克（Abraham Schenck）和威廉·杨的儿子威廉·W.杨（William W. Young）。斯托尔斯在日记中写道："国会这一议程让利益相关者十分激昂，城里到处都是为自己的请愿书宣誓作

证的制造商。"奈尔斯也去了华盛顿，而且激动地发现，"城里
有相当多的羊毛供应商等保护主义支持者"，据他统计，这些
人来自10个州。

最初，作为委员会多数派的杰克逊派以时间不足为由拒
绝审议这些志愿者证词。然而正如威特西后来所述，因为形势
所迫，他们不得不复议。麦克莱恩"发现特拉华州的制造商对
委员会的做法极为不满"，于是为了表示诚意，他邀请埃勒瑟
尔·伊雷尼·杜邦来到华盛顿。杜邦匆匆赶来，"浑身是泥，满
头大汗"，在东道主麦克莱恩的陪同下出席了委员会会议，却
发现"接受询问的结果不容乐观"。麦克莱恩"气急败坏"，催
促范布伦代为干预。范布伦适时"把赖特先生叫出来进行了一
番谈话，然后赖特先生回到会议室，提议将委员会分为三组来
询问出席作证的绅士"。亚当斯之前也提出过相同做法，即同
时举行多个听证会来提高听证效率，但被果断回绝。斯托尔斯
认为，这个做法现在才被采纳是因为"制造业委员会在12月
31日向众议院决议传唤制造商作证的时候，并没有想到自己需
要面对如此沉闷、烦琐的审查程序"。

委员会最终听取了28位证人的证词，比原先计划的人数多
了一倍，而且发现各产业普遍希望加强保护。毛织品制造商的
呼吁尤其强烈，他们态度很坚定：既然原毛产业对范布伦和赖
特的选民来说那么重要，这些人就应该拿出诚意，相应地上调
毛织品关税，否则就别想上调原毛关税。威特西显然对此很满
意，他写道："证词与反对派的预期大相径庭。"听证会仍在进

行时，斯托尔斯就记录道："杰克逊将军在纽约州和宾夕法尼亚州的追随者已经写信向这里的盟友传达了各方的实际情况，那就是，除非国会最终通过一部保护原毛和毛布的关税法案，否则他们不会善罢甘休。"范布伦的一名副手也提醒："如果纽约州（除纽约市以外）的杰克逊派不凭着良心竭尽全力使这样一部法案通过，我估计，整个州的制造商都会震怒。"还有人告诉布坎南："如果法案落败，或者其中最重要的规定被改得面目全非，那么所有责任……肯定就会落到众议院的多数派——杰克逊派身上。"纽约州和宾夕法尼亚州的议院都指示身处国会的代表团按照哈里斯堡大会的建议来加强保护，他们一共拥有 64 张选票，几乎达到 1828 年总统获选所需 131 张赞成票的一半。难怪斯托尔斯发现："国会一些领导人以及委员会成员都感到惶恐，如果他们期望杰克逊获选，他们就最好认真对待北部州的利益。"如果事实正如杜邦所怀疑，即反政府派真的盘算着把关税审议推迟到总统大选之后，那么保护主义者在国会外施压这一策略就行不通了。

7

现在，杰克逊派如何对待关税法案才能令北部州和南部州双双满意呢？答案在于范布伦。有人多次发现他就"潜伏"在委员会会议室外，"每天都会把杰克逊的人从会议室叫出来谈话，而且很频繁"，可见，"这些人向会议上报的所有事情都已经告知他，并征得了他的同意"。政府在华盛顿的喉舌《国家期刊》（*National Journal*）报道："我们相信，在范布伦先生的监督下，一切都已安排妥当。他从管理奥尔巴尼的议会开始到如今的关税问题，都在为国会事宜操劳。"

1828 年 1 月 31 日，制造业委员会上报了关税法案，其中某些税率达到了建国以来的新高，总体而言也最不均衡。一些州对即将到来的总统大选来说十分关键，因此得到了极大的照顾。肯塔基州的大麻供应商、宾夕法尼亚州和新泽西州的铁匠、纽约州和俄亥俄州的羊毛供应商，以及西部州的谷物供应商都将在法案税率下受益。制造业委员会的七名成员中，有五名来自上述地区。而对于新英格兰来说，法案就是一场灾难——造船业的原材料成本会上涨，朗姆酒制造商需要以更高的价格购买糖浆，哈里斯堡大会建议的最低估值会被取代，毛织品关税将遵循一项制定不当的逐年递增规定，几乎无法补偿原毛关税上调带来的损失。关税的水平整体明显高于哈里斯堡大会的提议，对甚至没有提出保护要求的产业进行了扶持，却忽略了最需要援助的毛织品产业。支持者随即将法案誉为"国家关税法案"，但亚当斯总统不以为然，在日记中写道："法案宣称保护目标是国内制造商，却反而剥削了新英格兰。"斯托尔斯的评价更尖锐："听取制造商的证词后，他们发现上调毛布关税的呼声太大，干脆塞入彻底破坏法案和整个保护制度的规定，还费尽心思把法案失败的责任推给亚当斯先生的阵营，"他抱怨，"这样的法案就是一场立法骗局，在国会中史无前例。"

国会外的保护主义者也批评了该法案。克莱怒骂："这种欺骗行为卑劣至极，它宣称保护我国毛织品产业，实际上却在搞破坏。它就是打着鼓励羊毛供应的旗号来扰乱国内市场。"奈尔斯也在《奈尔斯周刊》上回应："人民想要的是面包，得到的却是石头。"一位波士顿企业家则致信韦伯斯特，建议："告诉政府拥护者，丝毫不必惊慌，哈里斯堡团体成员人数众多，掌握着相当大的表决权。如果投票对象实质上是制造业委员会上报的原始法案，让他们全部投反对票就好了。"游说者和支持关税的立法者在华盛顿反复会晤后也得出相同结论，其间，赖特不得不回避纽约州的那些震怒的毛织品制造商。公众在全美各地举行会议，号召大家抵制法案，并再次建议采纳哈里斯堡大会提出的方案。马修·凯里在与英格索尔多次发生冲突后退出了宾夕法尼亚协会，重返舆论战场并主持了费城会议，于是一位国会议员称："法案受到国内制造业忠实拥护者的谴责，其中包括'美国制度'的拥护者、舆论老将奈尔斯和马修·凯里。正是这些制造商和他们的代理人向众议院递交了请愿书，恳请我们维护他们正在瓦解的产业。现在他们带着抗议书而来，恳求我们将他们从这部法案的'温柔乡'中拯救出来。"

政府拥护者很清楚前方陷阱重重。克莱向一位记者解释："上报的法案有意离间'美国制度'的拥护者，促使法案被否决。我们很难不得出这个结论。如果那些一直反对施行保护的人这次给法案投的赞成票最多，大家一定不会感到意外。"新罕布什尔州的众议员大卫·巴克（David Barker）认同这一预测，他认为"应对办法就是在法案中加入令人们厌恶的条款"，比如对羊毛和糖浆征收高额关税。他表示："你可能会发现这些关税对南部州没有好处，但他们还是会大力支持。因为他们只有一个目标，那就是让法案被否决，只要目的达到，过程对他们来说并不重要。"如果巴克所言属实，那么情况的确很危险。克莱沉思道："杰克逊派玩的是虚张声势。他们不是真的希望法案通过，而且还有一种情况可能发生，那就是任何一方的期望都得不到双方支持。"

南部州是否知晓范布伦的阴谋而充当了帮凶？历史学家罗伯特·雷米尼（Robert Remini）对这一事件的研究最为透彻，他认为答案是否定的。他解释，南部州议员"推断，只要努力否决所有令制造商更满意的修正和改进，北部州就会在最终投票中扼杀掉法案，相当于帮了南部州一把。南部州无须知晓内幕就会发现这一点，无须范布伦或者任何其他人'保证'什么、指示什么，因为他们别无选择"。这种解释有一定的依据，毕竟任何人经过观察都会发现，只有党派各翼为了照顾地方态度而放弃在联邦层面达成的一致目标，杰克逊阵营才有望在即将到来的总统大选中取胜，或者正如北卡罗来纳州众议员威利斯·阿尔斯通（Willis Alston）写信告诉家乡盟友的："我们南部州会与任何一方联手阻挠（法案）通过，（而且）实际上，国会各方都对彼此情况了然于心：南部州会按照我们的意愿对关税法案和修正案进行投票，而我们在西部州、宾夕法尼亚州和纽约州的同盟也一样，但这不会冒犯或妨害政府或反对派的大选利益。"

　　不过也有证据表明，南部州与范布伦之间存在更直接的共谋关系——制造业委员会中唯一的反关税者是南卡罗来纳州的众议员威廉·马丁（William Martin），他在法案的制定上贡献了一分力量。赖特后来回忆，马丁"彻底反对任何形式的关税法案，但如果有法案上报审议……他会倾向于加入对原材料征收的保护性关税"。实际上，纽约州的议员们似乎是在与史蒂文森议长协商后，特地选了马丁来参与法案制定。委员会一名成员（最可能是史蒂文森）也私下写信告诉朋友："你会惊讶地发现，由于新英格兰反对提高针对羊毛、大麻、铁和烈酒的关税，因此南部州的朋友为了回击，会稍微支持一下我们。"当这封信出现在报纸上时，斯托尔斯评论道："确认南部州会投票支持关税法案这点太重要了，必须要了解清楚。"他解释道："整封信充分推进了北部杰克逊派领导者的计划：利用新英格兰的投票尽可能推翻法案，给亚当斯派来个当头一棒。上报的法案中，北部州厌恶的所有条款都因南部州的支持而保留了下来，说明整件事就是他们的诡计。"另外，信件日期是 1828 年 1 月 10 日，说明早在制造业委员会结束听证前，他们就已经展开部署。南部州后来也称他们确实达成了协议。卡尔霍恩在 10 年后回忆，只有在"令南部代表放心"后，他们才同意在任何人提议降低史蒂文森信中所提商品的关税时投票反对，使法案朝着他们的选民以及新英格兰的期望发展。

8

　　无论北部州和南部州的杰克逊派是否有意相互配合，他们的默契都在众议院对关税问题的审议上展现了出来。马拉里宣称自己上报的法案"是关于内部关税的"，批评了其中的主要条款，于是一场辩论在 1820 年 3 月 3 日展开，而他则在发言之末提出按照哈里斯堡大会的建议修改原毛和毛织品的关税。哈里斯堡大会令保护主义者赞不绝口，例如，纽约州的众议员大卫·伍德克（David Woodcock）宣称，"参加会议的人不是投机分子，也不是理论狂热者，他们是农民、制造商、贸易商、羊毛供应商与羊毛制造商，是务实派"，而且"我赞成修正法案，不仅是出于我自己对关税问题的调查，还是出于这些与会者的建议"。相反，委员会中的法案支持者则批评建议提供者本身动机不纯。布坎南宣称："无论羊毛供应商与毛织品制造商之间有何牵扯，他们都不应该对美国人民的关税指手画脚。要是他们没有因为自身利益而影响判断，没有提出牺牲大我、成全小我的建议，他们就算是圣贤了。"马拉里的修正案以 78 票赞成对 102 票反对被否决。一位亲政府的国会议员指出："众议院中每位杰克逊主义者（除了某人），都跟南部州一同给法案投了反对票。"他还表示："我发自内心地认为，来自纽约州和宾夕法尼亚州的杰克逊主义者正在与南部州联手破坏法案，令那些真正维护国内制造业的议员无法支持法案。这么一来，'美国制度'的忠实拥护者就需要认真思考接下来该怎么做了。"

辩论模式周而复始。1828年4月7日，赖特告诉一名记者："法案辩论已经持续了五周，其中超过四周的时间都是用来解决委员会上报法案和哈里斯堡大会提议的法案两者之间的出入。"同日，斯托尔斯写下日记："亚当斯先生阵营提出的所有修正案都没有通过，无论是提高还是降低拟议税率，南部州的反关税者和北部州的杰克逊派都投票否决，使修正案无法在众议院通过。"他还写道："辩论过程更是体现了他们早有预谋——南部州一直保持沉默，看着（自称支持农业利益的）北部州的杰克逊派和亚当斯先生在北部各州的拥护者进行辩论。"当然，这些辩论纯粹是为了捍卫各自选民的利益，而非说服在场听众。倒也不是因为听众太多。在一次冗长的"布道"后，一位亲政府议员给妻子致信："我面前有34个座位，但出席的议员只有5人，听讲的只有1人，而且这1人还对议长的声音置若罔闻。"另外一位议员也表示："时间一天天过去，公事却没有任何明显进展。一人接一人对关税问题发表沉闷的讲话，把那些重复了几十次的论点重新组合并包装一下又摆上台面。"只有保护主义媒体指出，人数较多的宾夕法尼亚州和弗吉尼亚州的代表团表态一致，"太凑巧了"。看来，保护主义者的国会盟友也已经无能为力。正如英厄姆在经历了又一天乏味的辩论后表示："你……你们想要关税……是吧，我们也本就打算给够你们关税。"

然而在这一切背后，某些亚当斯拥护者正算计着在什么条件下接受法案所加强的保护，即便其中存在种种缺陷。1828年

4 月 9 日，关键时刻到来，制造业委员会主席马拉里再次提出了一项毛织品制造商所认同的最低估值方案。布坎南则提出了一项替代方案：取消最低估值，将多数进口纺织品的从价税从目前的 33.33% 逐步提高到 50%。根据斯托尔斯的说法，布坎南提出动议只是为了赢取选民的信任，但他确信亲政府派会投票否决这项动议而选择马拉里的方案。布坎南在之前的一次发言中指责保护主义者呼吁"我们必须按照哈里斯堡大会的建议修改毛织品税率，否则我们将一无所获"，已算是为以上策略打下基础。然而，马拉里看穿了布坎南的心思，反而接受了他的替代方案，称这项方案"明显比委员会上报的法案好，而且我本来也不对自己的修正案抱什么希望"。马拉里的转变引起了"杰克逊派的荒唐骚动"，"杰克逊阵营的几名领导人还惊慌失措地跑到布坎南先生跟前求助"，但覆水难收。该阵营中代表保护主义选区的众议员不好投票反对己方提出的税率上调方案，于是当有人提出给税率设定 40% 的上限时，许多北部州的杰克逊派才立即投票反对，其中包括赖特。

杰克逊阵营的领导人别无选择，只能提出第二项替代方案：重新采纳委员会上报法案中毛织品的递增税率，但对南部用来给奴隶制作衣物的粗织品征收较高关税，对原毛征收较低关税，这样对新英格兰制造商更有利。亲政府派则更希望采纳布坎南的提议，于是投了反对票，但这项替代方案还是以一票之差通过了。尽管如此，1828 年 4 月 12 日，众议院以 183 票对 17 票通过了历经大量修改的法案，可见亲政府派都认为这部法案是一次重大胜利。同样令他们充满希望的是，新泽西州的参议员兼参议院制造业委员会主席马龙·迪克森（Mahlon Dickerson）已经"保证"，他们的委员会将提出更多修正案，为毛织品"提供合理保护，反抗英国制造商"。迪克森很容易受到亲关税选民施压的影响，这点与范布伦和赖特一样；他拒绝接受委托去参加随后的保护主义大会，理由是他"宁愿接受指示，而不是发出指示"。10 天前克莱写道自己希望法案被否决，而现在他宣称法案符合"我的愿望和我的建议"，应该通过。国会外的保护主义者持相似态度。埃勒瑟尔·伊雷尼·杜邦告诉一位特拉华州的国会议员："如果法案通过，那么提出法案的人就成了自己政治诡计的炮灰。一方面，与他们合作的南部盟友相当于根本没有得到关税的保护；另一方面，政府拥护者得以证明自己已经在职权范围内尽一切努力来推行适宜法律，只不过杰克逊阵营强行让现有法案通过，没让他们有机会制定出更优方案。"

南部州代表也开始认为，一切为时已晚。斯托尔斯汇报称："布坎南先生和他们阵营中一些北部州议员倾向于提高毛织品关税，这令部分南部州议员非常生气。他们情不自禁（可以说是热血沸腾）、非常大意地透露出阵营内部已达成共识，即法案将基本上按照最初上报的内容推进，同时，他们盼着新英格兰的议员否决掉它。"一位北卡罗来纳州的国会议员私下坦言："我们不仅暴露了计划，还错失了成功的机会。"1828 年 4 月 15日，法案以 109 票对 92 票进入最终通过前的三读阶段，据斯托尔斯称，这一进展"与南部州杰克逊派的期望相反……他们自信地以为新英格兰会投票反对法案通过"。谁知道，新英格兰的 36 名亚当斯主义者中有 16 人将疑虑咽回了肚子，无论南部盟友多么不满，他们都不敢反对自己提出的法案，所以选择了支持，与国内其他地方的盟友和多数的北部州杰克逊派一同为法案的通过贡献了关键的票数。一直缄口不言的南部州议员现在开始喋喋不休，称"工厂主及其代理人在首都大街上和国会大厅里招摇过市，就是想通过大选来拉拢国会成员支持拟议法案"。亲政府派也乐意听他们嚷嚷，因为这只会让公众发现他们先前投票否决降低税率的修正案这一行为有多虚伪。约翰·莱特回忆："杰克逊派的委员会被自己的南部州盟友无情指责，搞得史蒂文森、布坎南这帮人非常惊慌。"他显然在幸灾乐祸。一周后的 4 月 22 日，法案终于以 105 票对 94 票的结果在众议院通过，而闹剧之末，一位愤愤不平的南卡罗来纳人还在叨叨法案是"某些制造商的盈利工具"。

不过，委员会对法案做出的任何修改仍然需要在会议上获得全体批准，所以南部州议员尽管大受打击，也还是不顾一切地推进否决整部法案的计谋。弗吉尼亚州的参议员约翰·泰勒（John Tyler）写道："这部可恶的关税法案就是南部州的诅咒，还带上各种缺心眼的修正案一同上报到参议院。现在它的命运落在我们手中——如果我们能推进计划，那么它就会被否决。"与众议院情况一样，新英格兰在参议院的立场肯定会成为主导，他们仍在计算为毛织品生产者提供的普通保护，是否足以弥补该地区其他产业因原材料关税上调而增加的负担。已经有谣言开始流传，称杰克逊派打算操纵投票，把法案成败的责任推到马萨诸塞州的参议员韦伯斯特身上——在按字母顺序的投票点名中，他排在最后。韦伯斯特陷入尴尬的局面，他给哈里斯堡与会代表约瑟夫·斯普拉格（Joseph Sprague）致信："恐怕我们在关税法案上遇到了麻烦。为了保住毛织品，我们能不能放弃大麻、铁、烈酒和糖浆？为了一部可怜的毛织品法案，这样做值得吗？"

同样陷入困境的还有范布伦。斯托尔斯表示："这次他（范布伦）必须投票（除非他像去年那样缺席，或是生病），无论支持还是反对关税法案，他未来的政治利益都会大受影响。"斯托尔斯显然很满意当前一触即发的局势。一位观察者称："我们的'大滑头'……看起来身心俱疲。"不过范布伦已经暗自决定：必须让法案通过。委员会提出的修正案是按照哈里斯堡大会的请求，为毛织品设立一个类似于棉织品关税的最低估值，而1828年5月5日，参议院审议这部修正案时产生了一连串的分歧。最后，每一条修正案都以24票对22票通过，而且范布伦都投了赞成票。如果他反对，那么双方票数就会持平，而接下来，主持会议的副总统卡尔霍恩就会投出决定性的反对票，否决掉修正案。这些修正案具有重大意义。在国会会议召开早期被派到华盛顿"照料制造业利益"的阿伯特·劳伦斯（Abbott Lawrence）告诉韦伯斯特："就毛织品而言，法案改进很大，许多人都认为它够好了。"波士顿的保护主义编辑约瑟夫·T. 白金汉（Joseph T. Buckingham）也来信："这里的盟友，也就是制造商们，经过商讨得出结论：参议院制造业委员会上报的《关税法案》会符合他们的期望。法案内容与哈里斯堡大会的提议如此接近，因此他们认为参议院的操作会令他们满意，对他们有利。"但韦伯斯特仍然如坐针毡，他写信告诉一位朋友："如果法案的命运最终取决于我，天知道我会如何投票，连我自己都说不准。"

5 月 13 日，1828 年《关税法案》以 26 票对 21 票在参议院通过。韦伯斯特投了赞成票，有人指责他这么做不过是碍于"波士顿制造商朋友"的敦促。范布伦也投了赞成票，还发表了简短的讲话，称"原则上我反对该法案，但纽约州议院指示我投票支持，那么我就应该支持"。有人怀疑，他事先就部署了所谓的指示，为的就是应对这番情况。约翰·泰勒则在后来形容他"兜里随时装着指示，方便他用作投票表决的挡箭牌，想怎么解释就怎么解释"。现在，经过参议院修改的法案回到众议院征求批准，而由于新英格兰的众议员中有相当大一部分人与大西洋中部和西部各州的众议员站在了同一阵线，因此南部州众议员心有余而力不足，只能指出法案的语法错误来拖延时间。然而两院敲定的法案之间只存在微小分歧，会议委员会轻而易举就解决完毕，于是法案被送去给亚当斯总统签署。《国家期刊》报道："关税法案终于通过两院，从参议院返回的法案内容来看，原先存在的许多异议已被删除，而且这部法案的性质更有利于那些最需要政府保护的产业。"

9

"南部州议员极其愤怒和失望，甚至责骂了北部州的杰克逊派盟友。"明确法案能够通过参议院后，斯托尔斯写道："他们现在公开说，自己是在北部州盟友充分保证法案会落败的前提下才投了赞成票，后者毫不犹豫地说，自己特地把糖浆进口关税和其他某些关税加入法案是为了让法案被否决。他们还说，自己是听从了北部州盟友的建议，后者称能帮南部州否决掉关税，还能把责任推给亚当斯先生的北部州和东部州拥护者。然而他们自始至终对计划结果进行了严重的误判。"参众两院合计来看，蓄奴州一共投了81张反对票和25张赞成票，其中17张赞成票由特拉华州和肯塔基州的全体代表团投出，这两个州都能直接从该法案的规定中受益。不出所料，大西洋中部和西部的自由州为了对抵，投了84张赞成票与6张反对票。一切正中法案制定者的下怀——法案的命运由新英格兰决定。虽然该地区投出的22张赞成票少于他们的28张反对票，但足以确保法案通过。那么斯托尔斯的评论就产生了两个重要疑问：北部州和南部州的杰克逊派之间是否一致决定否决法案？如果是，那么法案得以通过是由于误判，还是由于北部州另有所谋？

第一个问题的答案当然是肯定的。参加哈里斯堡大会的保护主义活跃分子反思"毛织品法案"的失败后，重启了之前的策略，即拉拢各方组成广泛的联盟来支持一项全面的关税政策。北部州的杰克逊派刚让己方阵营拿下国会控制权，保护主义者就针对关税问题发送请愿书，并效仿哈里斯堡大会召开公共会议，向国会施压。一位观察者感到很惊讶："社团和协会能够产生如此惊人的影响力，也许算是史无前例了。"为了拉拢大西洋中部和西部各州，同时惩罚效忠政府的东部州，范布伦和赖特等杰克逊派与政敌合作设计了一部关税法案，他们已加倍小心，以防被政敌带偏，却被自己掌控下的制造业委员会所获证词说服，认为继续推迟审议可能会削弱己方阵营在总统大选中的优势。

南部州自然会反对上调关税，而且罗伯特·雷米尼认为杰克逊派别无选择，只能阻止新英格兰删除不好的法案条款，盼着他们随后加入否决法案的阵线。但事实上杰克逊派还有其他选择，那就是效仿南部州的成功案例。如果他们与新英格兰联手，反对各自地区不认同的具体条款，拉拢多数成员加入反对方，那么支持整部法案的人应该会逐渐减少。雷米尼认为这种做法只能构成"毫无意义的威胁"，但赖特一再表示自己担心"疑虑、猜测、修改提议与更多要求……会激怒南部州，反而把他们推向北方佬的阵线，并剔除铁、大麻、亚麻、糖浆等除毛织品以外的所有商品关税。如果情况真的变成这样，我认为宾夕法尼亚州和西部州会剔除剩余商品的关税，而杰克逊派也不会让法案通过"。他不止一次认为自己有必要向家乡的同胞保证："如果我们的盟友做出违背初衷的举动，他们就会失去亚当斯和新英格兰的支持。"而且我们似乎有理由认为，南部州的杰克逊派在同意加入党派阴谋前也会寻求这样的保证。事实上，从斯托尔斯的日记等资料可看出，当时人们都在频频寻求达成某种共识，这就证明了卡尔霍恩不是最早通过提供保证来壮大队伍的人。

至于第二个问题，已有大量相关证据表明范布伦等阴谋者是蓄意背叛南部州。赖特后来称，自己发现南部州的同僚"乐观地相信，按照计划制定的法案会遭到新英格兰议员反对而无法通过"，于是他就"想方设法来哄骗他们"。这看似不太说得通，因为之前引用的信件内容表明，比起让原始法案通过，赖特更满意现在的结果。此外，法案得以通过不仅仅是因为北部州的杰克逊派放水，他们在关键时刻也为支持法案做了积极贡献。可能有人认为，布坎南在众议院提出上调毛织品税率的行为只是一时鲁莽，但范布伦在参议院支持毛织品的最低估值税率的做法是有意而为，目的是令法案获得新英格兰制造商的青睐。卡尔霍恩判断："如果他（范布伦）秉诚行事，1828年的法案就不会生效。"他的判断很可能是对的。如果雷米尼认为"范布伦从来都没打算否决这部关税法案"是正确的，那么他称"其中根本不存在欺骗，只不过南部州选择相信有这么一回事"这个说法就肯定错误。

1828年《关税法案》的颁布将对美国政界产生翻天覆地的影响。在北部州，听命于范布伦的报刊《阿尔巴尼·阿古斯报》（*Albany Argus*）称赞杰克逊派"是提供国家关税法案的大功臣，实现了公正、合理与平等，兼顾了国家所有重大利益"。杰克逊将军捧下保护主义的奖杯后，在总统大选中揽下大西洋中部和西部各州的选票。与此同时，虽然南部州给法案扣上了"恶性关税"这一帽子，但两害相权取其轻，他们仍然支持杰克逊入主白宫。在亚当斯与杰克逊之间的总统竞争中形成的两大政治阵营，后来演化成民主党与辉格党，而两党对峙的体系一直主导着美国政界，直至美国内战爆发前10年才瓦解。尽管范布伦付出了某些个人代价，但他的计划成功了。据传闻，一位愤怒的弗吉尼亚州参议员告诉他："先生，你已经骗了我一次，那是你不对；但如果我再被你骗一次，那就是我不对了。"不过多数南部州的人仍然希望，由范布伦出任国务卿的新政府能够减轻关税给他们增加的负担。然而某些人，包括连任副总统的卡尔霍恩，则开始筹划一种更激进的做法，而这种做法将把保护主义政策和整个国家推向灭亡的边缘。

第四章

"计算联邦的价值"：

1832 年《关税法案》与 1833 年《关税法案》

CHAPTER 4

1827 年 7 月 2 日，一场公开会议在哥伦比亚市召开，南卡罗来纳学院（South Carolina College）院长兼自由贸易宣扬者托马斯·库珀（Thomas Cooper）发表了著名的演讲《计算联邦的价值》，敦促该州同胞审视联邦成员州的前景。他宣称："现在联邦已经承认，他们的目标是通过各种手段来拉拢国会多数成员，以我们为代价来强制推行一项长期制度，把我们南部变成他们北部的'殖民地''进贡地'。他们为了增加收入而让我们来承担关税，声称自己有权分配我们的血汗钱，禁止我们从最优质的卖家那里采购商品，致使外国买家施以报复，把我们的原材料围堵在国内市场：简而言之，他们是要剥削农户，榨干制造商。"历史学家认为库珀的演讲证明南部州对联邦关税政策日渐不满，但忽略了一点——库珀实际上抵制的对象是关税政策制定过程中的游说行为。他还称："制造商行动高度协调，已经成为组织有序的正规团体。不难想象，他们的代理人去华盛顿拿出精心准备的数据与论据，用最有力的方式呈现他们的要求并天天催促，会给国会造成多大的影响。"库珀教授继续煽动听众情绪，指出"他们干涉议员的票选，谋划损人利己的折中方案，提供有失偏颇的信息，隐瞒真相，谎报事实，晦涩地做出承诺，又以威胁相逼，采取种种错误、恶劣的做法"，谴责"在华盛顿游说立法的杂牌军由外而内地操控着国会"。

库珀的言论预示了之后的"废关税争议"事件，为这一时期的关税立法提供了背景信息。在以副总统约翰·卡尔霍恩为首的南卡罗来纳州与安德鲁·杰克逊总统的政府之间，气氛日渐紧张，双方都针对关税问题召开了全国大会，预备对之后的折中立法展开行动。产生分歧的两党主力军和商贸界代表协定出 1832 年《关税法案》，削减了关税并重申了保护原则，得到两党和南北多数派以及许多显要制造商的认同，似乎达到了折中效果。但废关税派不接受修订后的税率，使国家重陷和平危机，内战再度迫近。好在第二十二届国会的最后几日，亨利·克莱总算捣腾出了新的折中法案，力挽狂澜。"美国制度"暂且保住了和平，但代价又是什么呢？

1

库珀在演讲中主张南卡罗来纳州采取反关税行动，但这个立场属于少数派；正如卡尔霍恩向一位北部州的朋友写信保证："南部州（对联邦）的依赖根深蒂固。库珀学者等人口中的轻率言论并不能说明当地民意。"然而 1828 年《关税法案》最终通过，棉花价格持续下跌，而英国又故意从经济上报复美国，"令南部各州惶惶不安"，许多南部州的人很快就转而认同了库珀的观点。卡尔霍恩本人认为哈里斯堡大会就像是"一把精挑细选的工具，可以更好地结合北部州制造业的市场优势，在消费州形成垄断，加大圈钱力度"，他越来越相信："这是立足于地方利益的专制现象，而补救办法只有一个，那就是以地方利益为单位投票否决，或者按照我们的制度，以州为单位投票否决。"这封信确立了废除关税壁垒原则，甚至写在 1828 年《关税法案》生效前，说明卡尔霍恩与库珀一样，既注重立法结果，也注重政策制定的过程。正如历史学家指出，他们的关注无疑表明，许多南部州的人在担忧联邦政府有朝一日会把权力用于另一目的：打击奴隶制。

副总统卡尔霍恩应南卡罗来纳州议院的要求，写了一篇名为《说明与抗议》（*Exposition and Protest*）的长报告，阐述了自己的废除关税壁垒原则，宣称保护性关税有违宪法，并抗辩称所有州都有权反对关税法案的实施。但副总统的作者身份没有公开，国会在 1828 年 12 月收到报告后也没有即刻行动，而是等着即将上位的杰克逊政府来调解南部州的积怨。正如卡尔霍恩在总统大选前写信告诉杰克逊将军："我相信当权者很快就会下台，您领导成立的政府会营造更好的环境……这对深陷窘境的南部州来说是莫大的安慰。"但他的信念终究落空了：新总统反对在还清国债前大幅削减关税，但国债无法在他的第一任期内还清，而他是否能赢得第二任期又取决于他的拥护者在 1828 年《关税法案》中拉拢的保护主义州。一位南卡罗来纳州的参议员忧心忡忡地写道："政府居然对关税问题不作为。"废除关税壁垒的呼声持续高涨，而华盛顿这边寸步不让。日复一日，卡尔霍恩感觉自己即将失去对家乡的控制权，便不再奢望接替杰克逊入主白宫，干脆跟政府翻脸，于 1831 年 8 月公开支持废除关税法案。

　　除了南卡罗来纳州以外，提倡修改关税的其他群体也在努力推进把问题推上立法议程。1828年《关税法案》颁布后，费城《自由贸易倡议报》（*Free Trade Advocate*）哀叹道，对手方占据主导地位太久，导致"那些向国外宣扬自由贸易信条或是团结联邦各地追求共同事业的协会都没能坚持下来"。这篇文章的编辑是康迪·拉盖特，他曾在1820年代表马修·凯里的宾夕法尼亚协会展开游说，而自那以后的十年里，拉盖特对关税的看法发生了深刻转变。1831年春天，拉盖特表示自己赞成马萨诸塞州律师亨利·D. 塞奇威克（Henry D. Sedgwick）的提议，向《纽约晚报》（*New York Evening Post*）提出举行一场能够"在关税问题及其他方面与哈里斯堡大会抗衡"的集会，而且应该只允许那些"渴望推翻哈里斯堡大会的错误决定、造福美国社会及自身的人士"参与。1831年6月6日，拉盖特在家里召开了一场私人会议，出席者包括塞奇威克以及来自马萨诸塞州、宾夕法尼亚州和南卡罗来纳州的另外九人，一同部署计划并呼吁"召集大会，确保全美各地自由贸易之友达成合作，废除限制贸易的关税制度"，这场大会将于三个月后在费城举行。

　　1831年自由贸易大会后来被法国政治哲学家兼历史学家托克维尔用来引证美国人出于政治目的而集会的自由。他在自己的著作《论美国的民主》中写道："一位马萨诸塞州的公民在报刊上呼吁所有反关税者派遣代表前往费城，共商恢复自由贸易的最优办法。凭借媒体的力量，这项提议在数日内从缅因州传到了新奥尔良，得到了各地反关税群体的热情回应，他们相继召开会议，选出了各自的参会代表。"这一组织方式，已经在保护主义者召集 1827 年哈里斯堡大会和 1819 年纽约会议时得到验证，而且其实在 1820 年"鲍德温法案"落败后，有一场规模小得多的费城自由贸易会议也是这么召集的。保护主义者的批评司空见惯：与会者稀少，不能代表当地态度，而且任命与会代表的人都不是那些"能够且愿意利用自己的名声影响其他州公众舆论、但对这些州隐瞒反对态度"的大人物。不过，大会的前景似乎令发起者很满意。拉盖特在新报刊《宪法大旗》（*Banner of the Constitution*）中保证："仅凭政治家的影响力是不够的。杰克逊的人、克莱的人、卡尔霍恩的人还有范布伦的人，都需要放下他们对待个别群体的偏见与抵制，本着问心无愧、真心护国的态度来参会制定关税措施。农民、园主、制造商、机械工、船主、律师、医生和退休人员，都将享有公正的表态机会。"

这场大会从 1831 年 9 月 30 日开到 10 月 7 日，主持人是曾担任第十七届国会议长、将保护主义者拦在制造业委员会之外的菲利普·巴尔博。7 个自由州派出了 78 名代表，而 8 个蓄奴州派出了 134 名代表，其中光是南卡罗来纳州就有 41 名代表。南部州一致认为保护措施有违宪法，但对于废除关税是不是妥当的补救办法这个问题分歧很大。北部州多半认为高额关税并非合法，而是不合适，但拉盖特以及因严厉批评哈里斯堡大会而闻名的波士顿人亨利·李（Henry Lee）却是例外。因此许

多观察者预计接下来会发生争论。例如，采访克莱的一位费城
记者就预测："他们会和'美国制度'的拥护者一样，在保护的
原则和力度上产生很大分歧。"卡尔霍恩在自家农场里小心翼
翼地观察情况，还向一位北部州的朋友吐露，自己真希望"农
场能种出点调和我们意见的东西"，同时他也告诫本地的一位
盟友："除非大会采取明断的行动，否则（它）带来的弊会远大
于利。"

　　之后分歧之所以得以避免，是因为财政部前部长兼纽约州
代表团团长阿尔伯特·加勒廷（Albert Gallatin）出面调解，此
时他已经年过七旬。大会任命加勒廷作为一个委员会的主席，
该委员会负责撰写面向美国人民发表的演讲稿，但他的出任并
没有令在场的废除关税者满意。有人抱怨："他就是只狡诈刁钻
的老狐狸，满脑子想着避谈宪法。"这的确是加勒廷的目的，而
且他通过与约翰·贝里恩（John Berrien）的密切合作达到了目
的。贝里恩来自佐治亚州，刚因为与卡尔霍恩的交情而失去了
杰克逊内阁的席位，但他没有公开表明废除关税的态度，而是
起草了一份演讲稿，其中没有断言保护主义制度是否违宪，但
简述了相当一部分美国人民认为它违宪，然后详述了这种立场
所遵循的论据。大会上，加勒廷提议删除这节内容，理由是他
打算让那些与自己一样认为保护主义制度合宪的与会者对整篇
演讲稿公开发表反对意见，便于准确判断他们之后是否会投票
采纳整篇演讲稿的主张。加勒廷的提议以 159 票对 35 票被否决，
如此悬殊的票数差距显然在他预料之中，而且他的目的已经达

到，那就是阻止大会继续讨论宪法问题，随后演讲稿的主张以更大票数差被大会采纳。

大会在最后一天任命了第二个委员会，同样由加勒廷担任主席，负责撰写向国会提交的请愿书，"阐述现行关税的利弊，并请求以充实联邦税收与平衡全美各地区、各方利益为目的来修订关税"。委员会还接到指示："与会代表要出席华盛顿的会议或安排小组代为出席，以便推进上述工作。"一位来自南卡罗来纳州的与会者提出反对，宣称自己"不喜欢游说行为"。但他也解释："我并不质疑雇用这类代理人'效果很好'，但事实上，大会召集各位来反抗的诸多恶行都应该归咎于游说。不过，宪法也已经指出正确的行动模式——每位与会代表本身就是自己的代理人。"加勒廷回答，自己"认为代理人出席国会，无论是推进公事还是私事都并无不妥。如果大家担心出现不正当的行为，那么派体面人士去体面行事就好了"，并主动请缨。大会否决了弃用游说的提议，此后不久便休会，与会者表示愿意"亲自上阵……迎接敌军"。

自由贸易方的集体行动唤醒了保护主义者的斗志。早在1831年5月，毛织品制造商大会就在纽约召开，马马虎虎制订了召开保护主义大会的计划，由彼得·申克等3人组成筹划委员会，但后来费城发出的大会集结令使他们意识到事态的紧迫性。8月15日，保护主义者向"农民、机械工和制造商"发表了一次讲话，呼吁这些团体召开会议并任命代表，"人数要达到国会各州代表人数的3倍"。尽管有人抱怨他们的召集太突然，但 10 月 26 日的纽约会议仍然不乏气势,与会代表超过 500 人,分别来自 13 个州,不过蓄奴州只有特拉华州、马里兰州和弗吉尼亚州。出席者包括埃勒瑟尔·伊雷尼·杜邦、希西嘉·奈尔斯以及近乎所有有分量的波士顿制造商,同时,马修·凯里和查尔斯·英格索尔也在宾夕法尼亚州的百人代表团之中。塞缪尔·布雷克曾对 1824 年《关税法案》投出了自己州唯一的反对票,最近却转而支持了保护主义事业;他回忆,当时与"七八十名同事"一同远道而来,途中有人开玩笑称大会一伙人是"马修·凯里的鸡群"。不过,这些大型代表团仍然具有严肃意义。各报刊曾在 1816 年大肆宣扬前总统出席了美国协会会议,在 1819 年大肆宣扬某位开国元勋主持了全美工会之友大会,以此证明保护事业具有值得尊敬的社会地位。但如今,美国政治文化日益走向民主,人数比头衔更能引导公众舆论。而且在保护主义报刊编辑看来,己方大会规模达到对方两倍这一态势向好。不过,自由贸易者很快就反驳称参加己方费城会议的州数量更多。

大会开幕时选了杰克逊派的时任宾夕法尼亚州参议员威廉·威尔金斯(William Wilkins)出任会议主席,某人评论称某些"自作聪明的人"推测这一任命能"令他支持保护政策"。威尔金斯的上位,以及前总统亚当斯出现在旁听席时迎接他的掌声,都表明了大会希望避免党派分歧。然而,马修·凯里与几位主要代表的个人争执还在继续,而且他发现自己没有得到大会安排的任何职务,也没能进入委员会撰写向美国人民发表的讲话稿以及向国会递交的请愿书，于是公开谴责代表团对他的排挤是"一种卑鄙的行为，极其有损相关管理人员的名誉"。然后马修·凯里就接到任命进入一个常设委员会，由奈尔斯担任委员会主席，他们将在大会休会后继续开会，共同协调保护主义运动，还随即自立了目标：以集体捐助的形式向各州支持者筹集 8000 美元的行动资金。此外，英格索尔因参与撰写公开演讲稿而得到表彰，尽管乔纳森·罗伯茨等人对他动机表示怀疑并再次表示反对，他还是接到了曾在哈里斯堡大会错过的派遣他前往华盛顿的任务。

拉盖特在评论《宪法大旗》刊登的近期事件时，自豪地宣称"费城的自由贸易大会算得上自由贸易军首次'迈进敌方领地'"。他还表示："北部州发现自己地盘'遭到入侵'后在纽约召开了关税大会。现在各方已达成一致意见：必须在 1831 年12 月 5 日召开的国会会议期间采取重大行动。"连主张废除关税的人也没有轻举妄动。南卡罗来纳州州长小詹姆斯·汉密尔顿（James Hamilton Jr.）之前哀叹过 1824 年《关税法案》的影响，现在他指示该州议院："在最近的费城大会上，来自联邦其他自由贸易区的代表本着爱国精神而如此热心地合作，努力为我国争取更大的自由与福祉，我们要对他们致以最大的善意与崇敬；既然本届国会不打算对这个大问题做一次稳定、和平且令人满意的调整，我们就一定不能坐以待毙。"保护主义者也开始向华盛顿求救。自从杰克逊入主白宫以来，克莱一直对政事不闻不问，但朋友们劝他加入参议院，备战"费城名将麾下气势汹汹的大军"。

2

　　杰克逊派轻而易举控制了众议院，还通过第一轮投票重新
把安德鲁·史蒂文森捧上了议长之位，不过他只是刚好赢得所
需票数，因为北部州的一些杰克逊派选择支持一位来自宾夕法
尼亚州的候选人，这个现象表明该阵营当时还不会为了安抚南
部州的盟友而放弃保护主义政策。令所有人震惊的是，新议长
随即任命前总统亚当斯担任制造业委员会主席，这是亚当斯在
离开国会 23 年后首次回归。史蒂文森可能打算拿不断加剧的关
税问题来刁难前总统，同时仰仗委员会中的杰克逊派来束缚他
的手脚，重施 1828 年用在洛林·马拉里身上的故技。亚当斯当
然不乐意，他觉得主席工作"比众议院所有其他任务都繁重"，
于是请求与一位马萨诸塞州的众议员交换职务，但被议长拒绝；
尽管亚当斯认为自己"不是关税支持者"，但他也不允许家乡
的制造业利益任由一个充满敌意的委员会摆布。然而亚当斯是
否能够为他们做些什么，尚待分晓；一位同僚后来告诉他，史
蒂文森"不可能在众议院选得出 7 名意见刚好相左的成员组成
制造业委员会"。

　　鉴于当前情形，亚当斯认识到如果想要成事，他就必须与
总统杰克逊合作。面对南部州要求改革关税的呼声，杰克逊感
到压力越来越大，在第三份年度咨文中提到，"相信公共债务

能够偿清"，并建议"修改关税法案，为了满足政府需求而降低联邦收入，为了平等公正地对待我国所有利益而调整进口关税"。于是在 1831 年 12 月 14 日，制造业委员会召开首次会议，亚当斯同意"与财政部部长沟通，确定财政部的看法与期望，了解他们对于关税问题有何计划"。他们口中的财政部部长是路易斯·麦克莱恩，他曾在 1816 年赞助艾萨克·布里格斯前往华盛顿，但如今他心中保护主义的位置已被对白宫现任主人杰克逊的忠诚取代。国会会议开始前，麦克莱恩向一位朋友致信称："我从不质疑政府对关税享有调控权，但过去几年里，我认为政府所限制的适度关税不适合，而且很多余。我们已经逼人太甚，为了安抚公众，现在必须回归正轨。"亚当斯放下架子会见了麦克莱恩，告诉他："我认为削减关税的计划应该由财政部负责，只要关税符合我的期望，我愿意在能力范围内为关税计划提供一切帮助。"麦克莱恩表示乐意配合，但需要时间来制订计划，还需要得到众议院的书面授权，类似于 1816 年他们请前任财务部长亚历山大·达拉斯代劳时提供的批准。亚当斯同意帮他向众议院申请，并于 1832 年 1 月 19 日拿到了批准。麦克莱恩随即展开工作，令亚当斯感到很满意——也许他们的合作会换来丰硕成果。亚当斯在日记中写道："我告诉他，我认为关税削减必须是一项折中方案。我当然不会同意牺牲制造业的利益；但为了安抚南部州的不满，制造业从业者应该做出一些让步。他完全同意我的看法。"

在制造业委员会等待财务部部长拟定法案时，也有其他提案交到国会手中。众议院的赋税委员会主席是南卡罗来纳州的乔治·麦克杜菲（George McDuffie），他在其他几位成员的反对下，仍然使一项提案在委员会通过，其中规定在三年内把目前平均税率为45%的所有税率下调至相同的从价税率——12.5%。一位马萨诸塞州的众议员汇报："他的提案主张让棉花种植者承担所有关税，真是疯狂、可耻又荒谬，这显然很愚蠢，而且很可能除了他的几名同僚以外，其他各派都不会同意他的观点。他却让众议院觉得，如果不采取某些行动，他们就无法废除现行关税。"与此同时，同样来自南卡罗来纳州的罗伯特·海恩也在参议院提出了一项方案，明显以自由贸易大会的请愿书为蓝本，与麦克杜菲的方案相似，但程度较为适中。这项方案主要出自加勒廷之手，在1832年1月提交给国会时他因病没能亲自出面。文中建议采纳20%的标准税率。有些废除关税主义者不认同加勒廷的计算；请愿书委员会的两名成员给方案加了一份附录，竭力主张进一步削减关税，卡尔霍恩则抱怨"加勒廷背叛了南部州"。海恩却很满意，因为这项方案与麦克杜菲的想法一样，对制成品和原材料征收同等关税，相当于剔除保护主义原则，真正把关税限制在充实联邦收入这个目的上。但提案随即被搁置，可见他的多数同僚认为这种做法太极端。

另一边，克莱刚当选参议员，他认识到既然国债即将还清，那么联邦财政收入就有必要降低，但与亚当斯不同的是，他不打算与杰克逊或者废除关税主义者协商实现这个目的。1831年12月28日，克莱与政界朋友召开内部会议，提议废除茶叶、咖啡和香料等所有不在美国生产的商品的关税，并上调国内生产的若干商品的关税，把进口成本拉高到难以负担的水平，从而实现减少联邦财政收入与加强制造业保护的双重功效。对此，只有亚当斯表示反对。他认为虽然这个想法很妙，但满足不了政府，那么关税法案也就不可能通过；另外，那些认为关税合宪但批评其不均衡的南部州人也不会满意，而他们的认可对推翻现行关税来说必不可少。克莱直言："我并不在乎法案得罪的是谁。为了保住、维护和强化'美国制度'，无论是要对抗南部州、总统还是恶魔，我都在所不辞。"亚当斯在日记中写道："尽管克莱先生秉持了个人礼节，但他的态度极其强硬武断"，而在场听众"阿谀奉承，仿佛把他当成了超级总统"。他们的一位共同朋友后来示意克莱喝醉了："他在外面吃了餐饭，所以开会时有点激动。"克莱还就以上议题推进了一连串的决议，但这些内容很快就陷入无休止的辩论，而亚当斯则被随后的内部会议排除在外，只好回头继续跟财政部部长麦克莱恩合作。

3

麦克莱恩得到国会批准后便着手收集信息，而他的工作相较于16年前达拉斯的付出可谓相形见绌。财政部以每天6美元任命专员，负责让当地制造商回答40个问题，过程相当耗时，并非所有制造商都有耐心完成。72岁的费城作家马修·凯里被任命为宾夕法尼亚州的专员之一，并提出了自己的关税修改建

议。他对自己在纽约受到的不公待遇耿耿于怀，谴责"双方都
是极端分子"，还建议把所有超过 25% 的税率每年降低 10%，
从而给予制造商所需的适应时间。马修·凯里认为制定这项方
案的功劳属于其子亨利·凯里（Henry Carey），他继承了父亲对
政治经济学的痴迷，将在未来的关税辩论发挥突出作用。然而，
保护主义团体却对这项方案表现出敌意。马修·凯里就方案私
下咨询过克莱的一位参议院盟友，对方称这"相当于放弃整个
关税体系"，向自由贸易大会投降。甚至连老战友奈尔斯也认
为，马修·凯里的方案虽然是出于善意，但只会"破坏他长久
以来努力建成的协会"，因此马修·凯里迅速撤销了该方案。

　　与此同时，保护主义游说者以前所未有的人数规模来到华
盛顿，部分原因是交通的进步；正如财政部前部长的儿子，宾
夕法尼亚州的参议员乔治·米夫林·达拉斯（George Mifflin
Dallas）对妻子所述："现在来访如此方便，我们每天都会看到
来自费城的新面孔。"更重要的是，约翰·哈里森和彼得·申克
在 1820 年想要协调游说行动的愿望，总算在十年后纽约关税大
会的支持下实现了。大会任命的常设委员会得到授权："如果委
员会认为有必要，可以在国会下届会议期间派遣一些人员到华
盛顿参会，支持大会为美国产业提出的观点。"制造业群体正
式选派了三名代理——英格索尔代表宾夕法尼亚州，接受过这
类委派的老手布朗代表新英格兰，而铁商詹姆斯·林奇（James
Lynch）代表纽约州。此外，还有许多人应当地组织的请求或自
主"踏上了朝圣之行"。这一时期，前前后后出现在国会大厦

的熟悉面孔包括马修·凯里、杜邦、奈尔斯、申克，甚至还有哈里斯·格雷·奥蒂斯，他曾在 1820 年对"鲍德温法案"造成致命一击，现在靠投资纺织品制造业过上了舒适的生活。达拉斯告诉一位朋友："制造商们……正紧盯着国会呢。"会议上，参议院财政委员会主席塞缪尔·史密斯公开指责："那些游说者，制造商代理人……利益相关者，像梦魇一样缠上了制造业委员会，无论如何都要把他们的'指示'落实到（关税法案的）修改上。"

宾夕法尼亚促进制造业和机械艺术协会任命的一个委员会与英格索尔以及协会在华盛顿的代表，铁商本杰明·豪威尔（Benjamin B. Howell）沟通过，现存的相关信件记录了他们的部分行动。英格索尔在 1832 年 1 月下旬抵达华盛顿，几天后豪威尔加入了他的队伍。史密斯参议员已经猜到，他们接受的指示是反对关于现行税率的所有修改，哪怕 1828 年《关税法案》存在公认的缺陷，他们也至少要反对那些会损害国内制造业的修改。一切正如委员会对豪威尔的指示："我们的计划应该是采取防卫措施并维持现有保护政策，这也是纽约大会的观点。考虑到修改提案可能与诸多利益相冲突，我们无法质疑大会所做出的决定的合理性。"

为他们引见制造业委员会的是刘易斯·康迪克（Lewis Condict），他是除亚当斯以外唯一反对杰克逊派的人，自 1824 年以来一直负责引见工作，豪威尔称他"绝对是自己人"。然而，豪威尔对委员会主席的印象不太好，他汇报称："也许我不该对短短一小时的面谈妄下断论，但如果我方人士一开始就说反方已经提出了一项有力的方案，几乎没有委托人会认为这是个好兆头吧。"大家将自由贸易大会的论点"作为权威来引用"，同时，"据说利益相关者为另一方提供了有理有据的陈述"。奴隶主指责最低估值提高了他们购买粗织品的开销，但宾夕法尼亚协会的委员会认为这个算法是"羊毛与棉花供应商的金牌护卫"，因此当保护主义代理人发现亚当斯倾向于废除最低估值时格外震惊。该协会的华盛顿代理人建议，书面请愿"可能会让大家明白我们发言不仅仅是为了满足自己"，于是协会发起了一场书面请愿运动，以此说服制造业委员会其他成员相信最低估值必须保留。此举显然令众人眼前一亮，因为亚当斯后来承认，虽然自己坚信"如果不弃用最低估值，南部州就会发生暴动"，但"制造商群体坚决反对"他的计划。与此同时，代理人成功与财政部部长甚至总统本人会了面，与国会盟友协商，还与其他州的同行协调了工作。正如豪威尔所言："积极参与这项事务的密切相关者需要资深人士提供一切指导。"

豪威尔在华盛顿待了四周。离开之际，他汇报道，"我认为到目前为止，所有时间都没有白花。我们挖空心思丰富了统计数据，盟友们也收获满满"，现在只需静待麦克莱恩的方案。而英格索尔则提议无限期留在华盛顿，还要求在自己已收资金基础上再增加 500 美元；自从 1816 年布里格斯在华盛顿 3 个月花了 200 美元后，委派任务的费用显然已经大幅上升。但英格索尔的雇主拒绝了他的请求，理由是他们无法筹集到必要资金。也许委托方也开始怀疑他与政府走得太近，大概率会违背他们的指示，转而倡议制定一项大幅削减关税的折中法案。英格索尔与同行特使之间现存的信件日期截至 1832 年 3 月中旬，但 4个月后，他致信大会委员会，否认了关于他"违背纽约大会和你们的信件指示"以及"违背（协会）团体利益、为了个人目的而牺牲他人"为自己在华盛顿谋求一官半职的传言。他在这时候公开倒戈投靠杰克逊派肯定对自己的事业没有好处，但委员会没有意向听他解释。自哈里斯堡大会以来，乔纳森·罗伯茨一直不信任英格索尔，认为他在挽救关税法案方面没有作为，而后来"为了假装有所付出，反而用一部死板的法案增加制造商的负担"。

另一边，麦克莱恩累得半死，总算在 4 月 27 日向众议院提交了方案，还附上了指示，告诉盟友接下来如何向制造业委员会介绍方案。豪威尔在接到法案即将上报的通知后便返回华盛顿，写道，自己和其他保护主义代理人"几乎每天都与财政部部长开会"。麦克莱恩愿意采纳纽约大会的细则建议，如减少欺诈行为的措施，令大会很欣慰；但他向对立方做出重大让步，例如将平均关税税率降低到 27% 和取消羊毛的最低估值，又令他们很失望。亲政府派的批评更尖锐：克莱称"部长的方案在最重要的条款上牺牲了'美国制度'，正中南部州的下怀"。但南部州的废除关税主义者坚称麦克莱恩在与保护主义者的协商下做了太多让步。某人则抱怨，整个方案是在《奈尔斯周刊》的编辑奈尔斯先生、制造商大会近期在纽约设立的报刊的编辑雷德伍德·费希尔先生（Redwood Fisher）以及波士顿羊毛大户布朗先生"的协助下制定的。

现在，所有注意力都投向了制造业委员会心不甘情不愿的主席亚当斯身上。就在一个月前，亚当斯称自己已被安排到一个特殊委员会调查美国第二银行，再次请求免职。鉴于有传言称他与克莱发生了矛盾，而且他公开认同过自由贸易大会的论点，因此奈尔斯等保护主义者都乐意看到他被调离；正如某人诗意地评论："守卫新英格兰金羊毛的巨龙盘踞在华盛顿，也许是不小心被忘忧草的汁液溅入了双眼，才会放任南部州的阿尔戈英雄[①]们行窃。"反而是"所有曾受他严厉指责"的自由贸易者，"歌功颂德地袒护他，还说任何时候只有他头脑清醒，能够拯救联邦"。就这样，亚当斯留在了委员会，每天主持会议并与麦克莱恩频繁磋商，用了四周时间把财政部部长的方案改到满意。

5 月 23 日，亚当斯向众议院提交了委员会制定的法案。他解释称这是在平衡多方利益之后达成的折中方案，连委员会同僚都没有反对任何条款。正如附加报告所述，委员会"充分慎重地考虑了几名最出众的制造商提供的相关论据后"，还是认同了财政部部长的意见，取消羊毛的最低估值税率，并大幅削减粗织品的关税，明确表示打算"调和南部州的利益与情绪"。

[①] 古希腊神话中，伊阿宋为了夺回王位，召集 50 位英雄远征，寻找金羊毛。其中一位英雄造出了当时最大的船，以自己的名字命名为"阿尔戈号"。这些英雄也被称为"阿尔戈英雄"。——编者注

然而委员会为了尊重"制造商的想法",建议对贵重纺织品等许多其他商品征收比麦克莱恩方案中的关税税率更高的关税,以期"强势围堵那些只与我国制造业竞争的进口货,而对于那些与我国利益不相冲的商品,就稍加管制或者完全放任"。委员会在制定税率时可能参考了内森·阿普尔顿提交的一份文件,他曾在华盛顿为1824年《关税法案》展开游说,但现在已坐上立法者之位。阿普尔顿和同僚、马萨诸塞州的众议员约翰·戴维斯(John Davis)应国会的保护主义朋友的要求编制了一份关税表,"豁免所有不妨害我国生产的商品"。关税表的一份副本交到了亚当斯手中,据编写者称,"其中采纳了大部分1832年《关税法案》的条款"。因此某位财政部官员才会说,最终的法案"几乎照抄了麦克莱恩的方案",只不过细则"对南部州没那么有利"。

4

设计法案历时六个月,但决定它的命运只用了六周。不过审议过程中,辩论还是一如既往的激烈。亚当斯上报法案三周后,一位立法者抱怨:"关税关税,又是烦人的关税。我的想法和立场已经无须多言了,我们在寄宿公寓讨论它,又去会议大厅讨论它,从早到晚我都没听到过其他话题。"与前几次立法情况一样,辩论数量与法案质量并无直接关联。一天,达拉斯在参议院办公桌上写信给妻子感叹道:"今天我们注定要再听一场关税演讲，内容还相当枯燥乏味。新泽西州的马龙·迪克森先生发言时，先是慢条斯理地提出论点，才进入滔滔不绝的正题。他什么时候能说完，简直无法想象。"同时，也有人向费城《美国公报》写信报道了众议院的审议情况，称"只有那些坐在旁听席上的议员看起来心慵意懒，似乎只想安静坐着，别无他念"。他还叙述自己会见了一位离开会堂的议员，对方说当天绝对不会再讨论关税，结果进入会堂后才知道，这个议题已经讨论了一小时。在信件最后，他写道："这段趣闻证明我的判断没错——即便有些人真的在听，也听得漫不经心。"

前总统亚当斯宣称自己"不会为了法案表现出过激行为"，但众议院对他的方案"循循善诱"时，他还是兴致勃勃地正面迎击，甚至由于交流太激烈而用力锤击桌面，导致手部骨折。反对措施的是两类极端分子。极端保护主义者认为税率不够高，"就像半边剪刀一样没用"，他们为了维持现行税率而"死守最后的防线"；亚当斯的马萨诸塞州同僚中有三分之二属于这一派。极端自由贸易者则认为，任何保护性关税都与收入性关税不同，因此全都不可取。但无论是北部州还是南部州，无论是杰克逊派还是反关税派，多数议员都认为有望达成一项折中方案，在不牺牲制造业利益的前提下，既能缓解奴隶主带来的经济压力，又能满足废除关税主义者的诉求。于是在 6 月 28 日，法案以 132 票对 65 票顺利在众议院通过。

次日，法案被交到参议院的制造业委员会手中，时任主席仍然是迪克森。自从新英格兰加入保护主义事业以来，制衡参议院的人就不再是自由贸易者，而是迪克森；而且某些参议员希望效仿 1828 年的做法，把众议院提交的法案朝着更有利于国内产业的方向修改，带头主张此举的就是丹尼尔·韦伯斯特。他向参加过纽约关税大会的一位代表保证，"如果我们能把毛布税率改得符合预期，整部法案就好多了"，然后列出了其他几种需要涵盖的商品。在波士顿的一次公开会议上，阿伯特·劳伦斯警示大家，亚当斯的法案未经修改就在众议院通过了，"新英格兰有必要出动'大军'，去华盛顿阻止法案向前迈进"。会议选择让他和其他几位制造商联系韦伯斯特，"解释并落实他们对待法案的观点"。制造商们乘着法案移交之机，"费了点劲"说服迪克森领导的委员会接受了他们提出的"大部分"修正案，这些内容于 7 月 2 日被提交到参议院手中审批。

波士顿会议代表的努力并没有白费。次日，参议院开始审议拟议修正案时，之前在会议上发表长篇大论的南卡罗来纳州参议员罗伯特·海恩在自己的工位上发现，韦伯斯特正与站在会堂后方的劳伦斯交谈。于是海恩立马上前要求了解"我们的立法是否受到某些游说者"以及"充当其代理人的议员"所影响。韦伯斯特坦言，劳伦斯来访是因为"他更熟悉相关问题，所以应他人要求来提供一些信息"。他引用加勒廷在自由贸易大会上的辩词来反问海恩："再说，他们作为国家公民，当与自己利益息息相关的重大举措即将生效时，难道不该密切关注吗？"韦伯斯特拒绝使用"游说者"来称呼他们。海恩则回答自己无意挑战"任何公民捍卫自身利益的自由权"，但重申自己认为"这样倚着围栏与不止一名议员交谈、干涉待决事宜的行为，明显不礼貌"。这场交谈证明，进入国会大厦的游说者越来越多，并且美国宪法赋予的公民权已成为游说的挡箭牌，但托马斯·库珀说过游说是"外部人士操纵内部人员"的违宪行为，与上述现象截然相反。

劳伦斯非常成功地完成了任务——杰克逊派的一名纽约州参议员和两名宾夕法尼亚州参议员没有采纳政府调和南部州矛盾的政策，而是选择取悦自己的选民，于是保护主义者在一连串几乎势均力敌的投票中胜出，提高了毛织品等许多商品的税率。达拉斯抱怨："参议院每天收到的关于关税法案的信件和会议报告都堆积如山，不亲眼看看都不知道参议员的压力有多大。"7月9日，法案以三分之二的赞成票通过，与众议院的32票对16票的比例一致。不过这次除了某张反对票，所有其他反对票都来自南部州，他们认为虽然修改后的法案总体税率下降，但保护力度过大。

众议院采纳了参议院的部分修正案，否决了其余内容，包括对农户来说最重要的毛织品和棉布袋的税率上调。众议院还采取了1824年和1828年的做法，任命一个会议委员会来解决两院法案之间的分歧，其中包括三名参议员：热心的自由贸易者海恩，自称为国内产业拥护者的迪克森和威尔金斯。这一安排反映了参议院各派成员的占比。然而，当选纽约关税大会主席的威尔金斯为了推进大会任务，背弃了尚存争议的修正案，与海恩一同投了反对票。此举引起了参议院的激烈辩论。克莱所在的肯塔基州选民是棉布袋的主要供应商，他称宾夕法尼亚州为了保护自己的钢铁产业，不惜把其他受保护群体推向火坑。达莱斯描述："克莱勃然大怒。他想当解决密苏里问题的和平英雄，现在他肯定感到一败涂地、屈辱难当。"尽管如此，委员会拟定的法案还是在参众两院通过了，抵达总统手中。

自 1816 年美国试行保护主义以来，1832 年《关税法案》实现了首次全面关税下调，但也赢得了广泛认可。法案通过后不久，亚当斯骄傲地说："《关税法案》像是给全国注射了缓和剂，所有党派都在争夺制定法案的功劳。"九个月前，南卡罗来纳州威胁要废除关税，自由贸易者与关税支持者竞相召开全国大会，整个国家看似已经一分为二，谁都没想到能达成如此结果。然而参众两院合计来看，法案的决定性投票点名中，杰克逊派及其反对派投出的赞成票都多达反对票的两倍。杰克逊将军倾向于安抚南部州，这肯定影响了追随者的选择。一位亲政府者在会议期间评论："总统正在为了关税问题操劳，他向来全力以赴，也已经竭尽所能。"更值得注意的是，作为众议院制造业委员会主席的亚当斯决定撇开克莱等顽固保护主义者、麦克杜菲等要求关税仅用作维持联邦收入的激进自由贸易者，只与财政部部长麦克莱恩合作设计法案。甚至连那些大力游说反对一切关税政策修改的制造商也承认亚当斯的方案有可取之处。埃勒瑟尔·伊雷尼·杜邦写道："我承认我很惊讶，提倡自由贸易和废除关税法案的呼声竟然推动了这样一部法案的形成。重要的不是保护力度有多大，而是保护原则被接纳，而且是被众议院多数人接纳，包括南部州的议员。"

　　新的关税法案对主张废除关税的势力造成致命一击，其实令两党都深感欣喜。杰克逊吹嘘说，自己已经"镇住了关税支持者和废除关税主义者的尖啸"，而且"棉布袋、毛毯、羊毛和糖的关税下调缓和了南部州的情绪，足以让人们相信，废除关税行动的幕后主使宁愿统治地狱也不愿归顺天堂，注定成不了气候"。韦伯斯特也相信，由于"太多南部州议员选择投票支持（关税法案），依赖南部州的投票来废除法案的想法已经无法实现"，因此"废关税行动已经无疾而终"。只有少数人观察后得出相反结论。一位弗吉尼亚州议员写道，自己拒绝降低税率的理由是，"南部州投票赞成法案通过"表明南卡罗来纳州在讨伐保护主义制度的过程中无法依赖其他蓄奴州，只能单枪匹马，这实际上"令我们今后更难以和平地解决争端"。更关键的是，废除关税阵营的总司令也得出相同判断。副总统卡尔霍恩记录道："问题已不再是自由贸易，而是民主与专制。现在，国家前景已经寄托在我们这个英勇的小州身上，就让每位南卡罗来纳人扛起这份责任吧。"

5

　　密苏里州的参议员托马斯·本顿（Thomas Benton）是杰克逊派的中坚力量，他在退休后回忆："被称为'折中方案'的1833 年（关税）法案违反了所有立法规定与原则。"他写了长篇累牍的怨言，称法案制定是"悄悄进行的"，"除了法案经手者以外，投赞成票的多数是决心支持法案、反对任何修正案的议员"，而法案发起者是"长期以来对立法事务最热衷、政治立场最鲜明的政客"。本顿认为这部法案由"国会外部利益相关者炮制而出，某些被他们所支配的政客则提供了协助"。不过，多数关于 1833 年"折中法案"的研究都集中在国会内部操作上，尤其是卡尔霍恩与克莱的联手。这点本顿也有提到，但他认为法案的筹划源于"国会之外"的思路为这段历程赋予了另一层见解，而且当时许多人和后来的历史学家都认为该历程把美国从内战恐慌中拯救了出来。

1832 年《关税法案》颁布后，南卡罗来纳州的废除关税主义者展开了迅速、明确的行动。他们凭借丰富的资源发起运动，无情地碾压与之对立的联邦党人。马修·凯里计算得出，各州的出资以及自由贸易大会在一年中的花费"等于 1820 年中期到纽约大会期间这 11 年里制造商用在印刷上的费用，甚至可能不止"。在 10 月的州选举中，支持废除关税的候选人赢得了压倒性的胜利。几周后，新的立法团队为关税问题召开了一次特别大会。11 月 24 日，大会通过了一项"废关税条例"（Ordinance of Nullification），宣称 1828 年与 1832 年的《关税法案》"打着对外国商品征税的旗号庇护国内制造业"，"违背了美国宪法的原则"，因此"不具效力，不能算作法律，不能对本国及其官员和公民形成约束力"。该条例由参与撰写了自由贸易大会请愿书激进附录的威廉·哈珀（William Harper）起草，于 1833 年 2

月 1 日生效，旨在给国会提供最后一次机会，把关税降低到满足联邦所需收入的标准。据废除关税大会称，卡尔霍恩等许多南卡罗来纳人所支持的 1816 年《关税法案》是先为美国新生产业提供为期三年的临时庇护，随后把税率降低到大约 20%。然而贪婪的制造商为了长期维持逐渐拔高的税率，在减税生效前就对法案上下其手，使部分商品的保护性关税超过了 100%。既然国债几近清偿，而且根据大会计算，部分原材料和制成品的单一税率只要保持在 10% 或 12% 就"完全能够满足政府的所有合理需求"，那么南卡罗来纳州就不会再容忍制造商的行为。

"废关税条例"的消息传到白宫后，杰克逊火冒三丈。据称，他发誓："有人敢动刀动枪违抗美国法律，我就敢第一时间把带头的吊在树上。"杰克逊总统刚以压倒性优势战胜克莱获得连任，其中蓄奴州贡献最大，他输掉的只有肯塔基州和南卡罗来纳州。肯塔基州始终支持自己的代表克莱，南卡罗来纳州则对两位候选人都不满意，把选票投给了支持废除关税的弗吉尼亚州州长约翰·弗洛伊德（John Floyd）和自由贸易大会成员亨利·李。杰克逊认为大选的投票结果证明，他的战略——通过关税改革来调和南部州的矛盾，同时否决废除关税行动的合法性——是正确的。为此目的，总统针对"废除关税条例"发布了两份截然不同的文件。在 1832 年 12 月 4 日的第四份年度咨文中，他鼓励将关税水平进一步降低到"刚好满足联邦收入需求的标准"，并拒绝施行"长期保护"政策。政府先前赞扬 1832 年《关税法案》是关税问题的出路，而现在态度明显逆转，令保护主义者感到惊慌。亚当斯称这份咨文就是在"向南卡罗来纳州的废除关税主义势力投降"。然后才过了六天，杰克逊就发布了一份特别公告，其中宣布废除关税理论"与联邦的存在不相容，明显与美国宪法的字面内容相悖，有违美国宪法精神及其每项原则，对美国宪法致力于实现的伟大目标具有破坏性"。弗吉尼亚州的参议员约翰·泰勒汇报称，"你想象不到关税主义者有多欣喜若狂"，这项关税制度"在公告发布前已被支持者绝望地放弃"，但总统的承诺给了他们新的希望；泰勒表示，如果他们阻止任何现行税率的修改，在必要情况下，他哪怕举剑相逼，也要让修改落实。

要避免这场对峙发生，还得看第二十二届国会第二次会议如何行动。五个月前，正是同一批国会成员通过了 1832 年《关税法案》，但众议院相关委员会的人员发生了一些重要变动：麦克杜菲因为参加废除关税大会而被拘留，于是史蒂文森议长便有理由把赋税委员会主席之位传给古里安·弗普朗克（Gulian Verplanck）——纽约州杰克逊派的自由贸易者。前总统亚当斯继续担任制造业委员会主席，也做好了巩固战果的准备，却因为查尔斯·达杨（Charles Dayan）的换岗而遇到困难。亚当斯认为他是"一名热忱的杰克逊派，但诚实、能干并且忠于制造业利益"，而代替他的纽约州同僚迈克尔·霍夫曼（Michael Hoffman）是海军事务委员会主席，在执行联邦政府大幅削减海军经费的政策时对政府表现出坚定不移的忠诚，因此被人讥讽为"霍夫曼上将"。亚当斯后来回忆："他是众议院中最反对制造业的成员，故意接受任命进入委员会，以便制衡所有可能有利于制造业的因素。我为制造业提出的每条建议都被他驳回，然后委员会很快在大家同意下停止召开任何会议。"

弗普朗克的家庭以经商发家，他认为保护主义制度"既不明智，也不平等"，但并不违宪，这自然使他成为众议院中代表政府的发言人。甚至在宣布任命前，弗普朗克就写信给阿尔伯特·加勒廷，说自己会认真对待"（财务部长）麦克莱恩的关税计划"。部长的传记作者认为，赋税委员会由此制定并于 1832 年 12 月 27 日提交给众议院的法案主要由部长本人制定，或者至少非常接近他在财政部指导下编写的版本。杰克逊总统也可能参与其中，他在后来的生活中总会提到"麦克莱恩根据我的意见制定关税法案"。在法案的随附报告中，弗普朗克解释："在若干税率的调整上，（委员会制定的税率）与 1816 年关税法案的税率一致，除非存在另行税率的充分理由。"纽约州和宾夕法尼亚州的杰克逊派也是关键选民，为了安抚他们，法案仍然区别对待某些商品；例如，对羊毛和铁征收高于 1816 年颁布的税率。不过，法案总体而言还是对南部州做出了重大让步——棉花的最低估值将被取消，而商品平均税率将在两年内减半至 15%，也就是制定者们眼中实际的联邦收入标准。不出所料，制造业委员会的霍夫曼立即宣称这是"一部明智的关税法案"。

废除关税主义者宣称赋税委员会的法案很好。麦克杜菲欣喜地说："关税削减已是大势所趋，南卡罗来纳州实现了这个目标，值得所有人钦佩。"当然，保护主义者是强烈反对的。奈尔斯在《奈尔斯周刊》中提出抗议："弗普朗克先生真是提出了一部'恶性法案'！"马修·凯里则称通过法案是对蓄奴州的屈服。在马萨诸塞州的一次反杰克逊会议上，亚当斯记录称"大家一致认为应该反对法案通过"，但他们能否成功就是另一回事了。杰克逊派掌控着众议院，韦伯斯特担心"党纪对政府成员的管控会损害巨大的公共利益"。不过他们很快就会看到，会堂过道另一端的许多人也对法案条款有所顾虑。达拉斯的一位亲戚挖苦道："对一名宾夕法尼亚州的政客来说，完全迎合总统的想法十分危险。"而且弗普朗克的法案没有得到宾夕法尼亚州代表团的支持，只有约翰·吉尔摩（John Gilmore）例外，他曾在赋税委员会上协助制定了法案，被选民谴责这是在制造麻烦。其他立法者则质疑法案提出的时机。一位受委派来到华盛顿监督立法议程的南卡罗来纳州联邦党人汇报："所有人都认同，最大障碍是南卡罗来纳州的废除关税条例。有一位向来反对关税的纽约州众议员告诉我，他要是投了赞成票，他就会忍不住怪罪自己太软弱；他不确定要做何选择，但根据他的判断，在这个时候屈服等于首开先河，可能导致今后的关税变本加厉十倍不止。"

保护主义者不确定己方是否已在国会中达到多数从而可否决该法案，因此还是决定采取拖延策略。南卡罗来纳州看到国会的进展后决定延缓执行"废除关税条令"，但国会会议依旧要在 1833 年 3 月 4 日前结束。身为牧师的众议员威廉·哈姆特

（William Hammet）向一位南部州的朋友解释："这是北部州的计策，目的就是浪费时间，阻止法案在今年冬天通过。即便有多数人赞成也没用。为了实现这个目的，他们会接二连三地提出修正案，于是反对者就能畅所欲言，消耗时间。"哈姆特表示，为了反击，"另一方已经决定，除了让上报法案的委员会提供可能必要的解释以外，不会在任何问题上争论；他们也不会允许对法案做任何修改，无论好坏，都要原封不动地通过法案。"

数周以来，单边发言持续进行，全美各地保护主义会议提交的请愿书源源不断，其中包括纽约关税大会常设委员会的请愿书。1833 年 1 月 15 日，杰克逊派《宾夕法尼亚州人报》（*Pennsylvanian*）的一名记者抱怨："目前辩论中所有议题的相关发言都毫无亮点。"月底，该报刊报道称："连那些打算投赞成票的人都不指望在本次会议通过法案了。"霍夫曼也埋怨："每一张（削减关税的）赞成票都能把联邦从水深火热之中拯救出来，但可能会使鞋店、铸铁厂、棉纺厂或泰勒的企业倒闭——他们需要一两天时间来做这个艰难的决定。"另一边，杰克逊总统似乎在想方设法颁布《武力征税法案》（*Force Bill*），使他有权雇用军队保护海关官员在南卡罗来纳州征税。哈姆特评论："我宁愿认为杰克逊没什么心思在本次会议通过关税法案。首先要取缔废除关税行动，否则在下次会议，他们就会动员所有行政部门对抗保护主义制度，那么一切就完了。"克莱则已经置身事外，显然很乐意让众议院决定他的"美国制度"何去何从。1 月中旬，西拉斯·赖特向马丁·范布伦致信道："我猜，他还没想好应该采取什么行动；但华盛顿现在全是东部州的制造商和北部州的羊毛投机商，我认为这些人希望他一视同仁。"

6

赖特并不知情，其实克莱已经为提出自己的关税方案准备了一段时间。克莱身为杰克逊的竞争对手，在上届会议期间被亚当斯和麦克莱恩联合排挤，失去了扮演"和平英雄"的机会，还被威廉·威尔金斯的诡计束缚了手脚，又在随后的总统大选中颜面尽失。他觉得自己没有义务维持 1832 年《关税法案》的税率，但南卡罗来纳州的最后通牒提供了修订机会，让他得以通过制定些更有效的折中措施来重振声誉。克莱解释，仅仅拖住弗普朗克的法案还不够，因为第二十三届国会中杰克逊派人数更多，一旦废除关税行动被镇压，"那么在即将召开的会议上，政府就会提出一部对制造业不利的法案"。然而在此期间，克莱有一个优势，那就是"南部州的极端分子不想杰克逊得到任何调解争议的功勋，为此目的，他们宁愿同意给制造商提供更好的条件，只要法案制定者不是制造商就行"。因此正如克莱后来的记录，他接下来的工作将围绕两个目标展开："第一，拯救关税；第二，防止国家爆发内战。"

之前的所有关税法案都源自财政部办公室或者国会委员会会议室，而 1833 年敲定的《关税法案》甚至不是在华盛顿制定的。国会会议开始后，克莱因为去费城探亲而停职了三周。他后来回忆道，在费城，"有一个制造商委员会会见了我，祖露他们担心关税制度危在旦夕，焦急地问我应该如何是好"。克莱没有说出这些制造商的名字，但撰写他传记的朋友伊普斯·萨金特（Epes Sargent）透露，这些人之中包括埃勒瑟尔·伊雷尼·杜邦，理查兹兄弟中至少一人，铁商马克和塞缪尔，以及贸易商兼棉纺厂老板博里（Borie）。他们在过去某些时候都是宾夕法尼亚协会成员，也都参加了 1831 年纽约关税大会。克莱称："我没有直接询问国会的朋友，而是先向他们了解，他们是否觉得如果长期保护政策的税率较低，就比他们当下无法判断的情况更好。所有人（我问的是他们之中最聪明的人）都只是犹豫了片刻就给出了肯定答案。"

在起草第一份折中方案时，克莱的做法极其简单。1832 年《关税法案》会持续有效至 1840 年 3 月 3 日，之后，"对于所有关税将全部按照商品价值计算，而且不为保护或鼓励任何国内产业，只为提供政府经济开支"。历史学家梅里尔·彼得森写道："这个方案，是用制造商最看重的时间，来换取南部最看重的原则。与弗普朗克的法案不同之处在于，克莱的方案想必会解救制造商，但要摒弃保护主义原则。"

我们不知道费城的制造商们对克莱的方案有何看法，但他的传记作者萨金特称"他们批准了方案"，这位作者也许是得到了克莱的授权才会这么写。然而，克莱于 1833 年 1 月初返回华盛顿不久后，经过与国会盟友的初步探讨而得出结论：这个法案不可能通过。最坚决的反对意见来自马萨诸塞州。韦伯斯特宣称自己"听到克莱先生打算提出这样的方案后感到很惊讶"。阿普尔顿则在后来回忆道,自己以及协助过亚当斯设计1832年《关税法案》的戴维斯"曾多次(与克莱)会谈。结果,我们自始至终都拒绝提倡这项方案"。两位议员都无法接受的是,克莱居然愿意"放弃保护权"。于是他的第一份草案就此搁置,直至1月17日,克莱才告诉一位密友,自己"手上还没有任何成熟的方案",即便有,他也会"觉得另提方案并不合适"。

参议员泰勒谴责过保护主义和废除关税行动,我们可以从他于1月10日写给弗洛伊德州长的信件推断出,尽管克莱心中存在疑虑,但很可能在写信时,就为了让自己的折中方案卷土重来而展开了磋商。虽然克莱与泰勒属于不同党派,但他们私下关系甚好。泰勒坦言,在杰克逊"结合公务状况与他的荣耀地位"为废除关税行动发布公告后,自己与肯塔基州的同僚克莱就"畅聊"了一番。在写给弗洛伊德的信中,泰勒重申了克莱面向费城制造商提出的论点:"我认为,我们太在意原则问题了。其实,反对关税保护的南部州的人,比起制造商在经过权衡后认为唯一值得重视的因素——时间——而言,没那么重要。"泰勒还询问弗洛伊德对一项建议有何看法:"请务必严格保密:如果所有不受保护的商品关税即刻取消,受保护的商品关税下调5%或10%,并在三年半之后减少三分之一或二分之一,7年后,所有保护性关税停征,对所有进口商品征收从价税,如何?"

他没说这是克莱的想法,但克莱确实用逐降关税取代了最初方案中搁置已久的单次大幅削减，作为最终折中方案的核心内容。克莱对他人指责自己抛弃制造商的言论很敏感，于是坚称自己在向国会"提交方案前，从未与任何南部州的参议员进行过会谈或召开过会议"。这似乎不太可能，而泰勒在他处透露的信息确实与克莱的说法完全矛盾，但即便如此，也正如萨金特坦言，这并不代表克莱从未拉拢与各方"南部绅士""关系亲密"的中间人来进行调解，好争取更多支持。

同时，克莱还为避免保护主义同伴的反对而提出了修改意见。在 1833 年 1 月底和 2 月初的某个时间，他私下与"11 或 12 名参议员"召开了两次会议，"充分探讨"了方案。我们不清楚他们说了些什么，但内容很可能是把减税的期限从 7 年延长到 9 年，并且明确放弃保护政策；根据克莱的说法，在第二次会议上，所有与会者都表示同意。但这其中没有韦伯斯特，他只参加了第一次会议，而且明确表示自己"不是提倡方案的人"。他告诉一位朋友："确切计划现在是什么，往后是什么，我并不清楚。据了解，克莱先生为了解决问题、挽回废除关税主义者并得到维护和平的功勋，基本上什么事都会同意。"国会外商界人士则给出了喜忧参半的回应。克莱向纽约关税大会常设委员会的一位代表保证，"无论我的想法有多强烈，只要是直接利益相关者不同意的行动，我都会尽力避免"，而且他随后还表示，自己"在上报国会前，频繁与精明的制造商开会确认"后才对这项方案有了信心。但也有人反对这项方案，正如宾夕法尼亚协会成员丹尼尔·考克斯（Daniel Coxe）报告称，

"下调关税或放弃上届国会的法律，只能归因于南卡罗来纳州的威胁"，但自己应克莱一位参议院盟友的请求，询问"我方最聪明的代理人和制造商"有何意见后，发现他们普遍不想让步。

想要避免关税问题上的冲突，就需要南卡罗来纳州认同折中方案。克莱后来称，自己出手干预的部分原因是同情卡尔霍恩等废除关税主义者。他回忆道，他的朋友，特拉华州参议员约翰·克雷顿看到"国会中一些南卡罗来纳州的议员面容十分憔悴"，并表示"克莱他们都是好同伴，不能让杰克逊这个老家伙害死他们，我们必须伸出援救之手"。托马斯·本顿也说，卡尔霍恩为了在参议院维护废除关税行动，于 1832 年 12 月辞去了副总统之职；关于总统打算给他扣上叛国罪名的传闻"显然令他非常忐忑"，而这些传闻的散播者就是克莱的属下，目的是逼迫卡尔霍恩同意和解。但事实上，只要双方都接受彼此认可的条件，那么他们就有足够的政治动机来共渡难关，阻止杰克逊把手伸向南卡罗来纳州。这一点，似乎是两人在法案提出前的一次会谈中实现的。虽然如上所述，克莱否认他们之间有过这类会面，但卡尔霍恩后来承认了，而其他几份当时资料也提供了证明，只不过在细节问题上存在分歧。当时华盛顿流传有人拉帮结派，例如早在 1833 年 1 月 23 日，麦克莱恩就告诉范布伦："克莱和卡尔霍恩之间明显很有默契，假如他们最后双双认同某项可行的重整方案，我也不会感到意外。"

7

　　然而 2 月 12 日，克莱向参议院提交的"重整"法案细则还是令人意外。拟议法案以即将在 1833 年 3 月 4 日生效的 1832 年《关税法案》为出发点，其中所有超过 20% 的税率将依次在 1833 年、1835 年、1837 年和 1839 年的 10 月 1 日减少超出部分（20%）的十分之一，接着依次在 1841 年和 1842 年的 10 月 1 日减少超出部分的十分之三。为了兼顾对立派的利益，法案最终将把税率降低到自由贸易大会所建议的水平，并承诺此后的关税将"为提供政府监管所需的开销而征收，而且对所有商品征收平等的关税"，同时"免税清单"所列商品无须纳税。而为了保护制造商的利益，法案削减的税率比弗普朗克所建议的削减幅度更小、时限更长，取消了亚当斯对粗织品制定的优惠税率，对其征收与纺织品相同的关税，还把部分原材料列入了免税清单。

　　克莱的法案是否放弃了保护主义？其支持者后来称，他根本没打算让最终削减生效；他们认为，要么公众在舆论上会认同保护政策的价值，要么国库缺口会成为保留较高税率的理由。历史学家倾向于认同，该法案仍然鼓励美国国内产业发展。但当时人们关注的是，自 1820 年"鲍德温法案"以来保护主义者就信奉长期鼓励政策，这种鼓励政策在原则上是对的，克莱却公然否定它。在南部州看来，克莱的定义的确是法案的主要优点。泰勒早在 1 月就向弗洛伊德写道："别忘了，保护主义原则将被彻底抛弃。"他表示该法案比弗普朗克的提案更好，但实际上后者削减关税的幅度更大。而在韦伯斯特等支持高关税的人看来，克莱的定义正是最无法认同的地方。身为马萨诸塞州参议员的韦伯斯特坚称，这项折中方案"完全否定了保护主义理念：其一，它明确以政府需求来限制所征关税；其二，它明文摒除税率差异化，但差异化是保护措施唯一可行的模式。"然后，他分发了克莱的原始草案副本，其中明确弃用了参议院版本的保护主义原则，为的就是证明法案制定者从一开始就愿意放弃保护。不过，克莱在法案介绍中也坦白了这一点。他称，在关税递减和原材料免税的情况下，制造业发展仍然能够得到鼓励，但在折中方案"为期九年半的安稳保障"结束后，他预计"各个产业的制造商将能够在国际竞争中站稳脚"，那么到时"就必须或多或少地放弃保护主义原则"。本质上，克莱的论点与亚历山大·达拉斯在 1816 年为保护主义措施的试行提供的理由相同：国内工业在暂时的高关税保护下实现发展后，高关税就没有继续存在的必要了。

这番理论与克莱政治生涯所依赖的"美国制度"相去甚远，因此那些不了解他计划的保护主义者普遍表示失望。"克莱已经抛弃了自己从前所谓的保护主义原则，很大程度上认同了卡尔霍恩等南部派的措施，"宾夕法尼亚州的众议员亨利·穆伦伯格（Henry Muhlenberg）汇报道，"至少克莱的多数盟友都不会支持他。现在，两个极端阵营已经形成。"萨金特表示，参与过讨论的奈尔斯在《奈尔斯周刊》上宣称："克莱先生的'新关税计划'就像冬日里的一道惊雷，有些人可能难以相信自己的双眼——政策竟然发生了如此突然、激进的变化。"奈尔斯还写道："无论这位可敬的朋友有何动机，我们都表示尊重，但无法赞同他的作为。因为依我们的拙见（这必然是我们遵循的方向），他的法案是在让我们交出决定美国能否实现自主的力量。"马修·凯里的关税递减方案在一年前被克莱一伙人草率驳回，现在他称克莱的方案"是在放弃需要多年心血才巩固下来的保护主义制度"。宾夕法尼亚协会在费城匆匆召开了一次特别会议，协会成员考克斯告诉参议院的联系人："不必怀疑，协会将果断谴责任何蔑视美国宪法和其他法律来拼凑折中方案的行为。"他还表示："几乎所有人都对克莱先生的做法感到震惊。"

在法案上报后，卡尔霍恩简短表达了赞同态度，在会场上引起了一阵骚动。与其说他在演讲，不如说在传达一个信号：他和克莱已经私下对法案达成协议。但一位马萨诸塞州的众议员评论："卡尔霍恩先生对法案的认可并不能说明这一点。他公开承诺要作战到底、消灭保护主义，态度过分明确，不可能默许任何反其道而行之的做法。"次日，在保护主义参议员的抗议下，法案被交到一个七人组成的特别委员会手上，由克莱担任委员会主席，其余成员是卡尔霍恩、克雷顿、韦伯斯特、达拉斯、弗吉尼亚州的代表威廉·里夫斯（William Rives），以及田纳西州的菲利克斯·格伦迪（Felix Grundy）。克莱和卡尔霍恩自然会赞成法案；韦伯斯特则怀着"不屈不挠的敌意"；达拉斯也一样，认为法案"不过是一种政治手腕"，旨在帮助其制定者克莱登上总统宝座。然而，杰克逊派的格伦迪和里夫斯支持这项折中方案，认为只有它能在大幅削减关税的同时，避免南卡罗来纳州与白宫发生冲突，保住杰克逊派在蓄奴州的声望。那么，克莱便算是拿稳了确保法案"完好无损"得以通过的四张赞成票。

然而因为最后一名成员克雷顿，事情又变得复杂起来。宣布他的任命的当天，杰克逊召见了在副总统缺席情况下暂任参议院投票审裁官的休·劳森·怀特（Hugh Lawson White），提出特拉华州参议员克雷顿"对政府怀有敌意，对麦克莱恩先生不友好"，因此要求提供其他人选，导致克雷顿差点错失这一任命。怀特回答说，自己认为待决法案"高于党派利益"，而且无论如何，现在改变决定为时已晚。不过克雷顿并没有盲目追随克莱，他也致力于捍卫保护主义政策，而且他决定，如果必须采纳该法案，那么至少应该做些有利于制造商的修改。克雷顿后来回忆道："我的决定并不仅仅是根据我自己的判断或参议院同僚的判断而做出的。我征求了某人的意见，他是我们州的公民，而且当时，他身处全国制造业的顶流，对整个关税问题了解甚广，有深刻的见解，在这一点上，国内任何其他人都比不了。"这个人就是埃勒瑟尔·伊雷尼·杜邦，克雷顿力劝他"到我们这里待上几天"，以便"尽你所能向我提供信息，并告诉我采取什么行动最合适"。还好杜邦经营的业务并不繁忙，公司刚以爱国为由拒绝了南卡罗来纳州的一大笔火药订单，所以他才能在华盛顿待上大约两周。其间，克雷顿还与几位保护主义参议员展开了磋商，其中多数人与他站在相同的立场上，于是他们达成协议：对法案进行一项重要修正。

根据克雷顿提出的修正案，所有进口商品将按照美国收货港而非外国发货港的估价征税，于 1842 年的最后一次减税后生效。这样一来，出口商就无法谎报货品价值，而所谓的"国内估值"还将包含运费和保费，会切实拉高关税水平。他的提议很快就被特别委员会否决：卡尔霍恩、里夫斯和格伦迪反对他的整项计划，也无意修改细节。不过，克雷顿事先得到过克莱的承诺：一旦法案返回参议院，克莱就会提出同样的修正案。

2 月 19 日，委员会正式上报法案；两天后，委员会的修正案也轻松获得了批准。随后，克莱提出了克雷顿的修正案，卡尔霍恩一听便站起身来，宣称："如果这个修正案通过，那我就只好给法案投反对票了。"克雷顿则回应，"不采纳这个修正案，我就不能同意法案通过"，还威胁说要把整部法案搁置。一方面辩论在会场上进行，另一方面谈判也在幕后疯狂地展开。克雷顿的同僚回忆道："我们认为，法案是根据保护主义原则来征收关税，投票支持法案实际上就是支持保护主义。"因此，他们决心要力推修正案，还要"迫使卡尔霍恩先生和他在参议院的某些同伙以最明确的形式在日志中记录自己对保护主义原则投出的赞成票"。克莱最先上前"请求放过他们"，但雷克顿心意已决。另一名南卡罗来纳州的参议员承诺，只要放过卡尔霍恩一个人，自己就投票支持法案，但克雷顿再次拒绝，反而拿出手表，对米勒（Miller）说："15 分钟内，如果你没正式通知我卡尔霍恩先生会投赞成票，那么时间一到，我就提出搁置法案。"10 分钟后米勒返回，卡尔霍恩也投了赞成票，于是修正案通过。

经过这场戏剧性的对峙，讨论重点转而落到了立法程序上：这部下调关税的法案能否继续满足维持联邦财政收入的需求？如果能，那么是否只能按照宪法规定，由众议院提出法案？几位原本认同折中方案的参议员开始拿不定主意了。2 月 25 日，本次国会会议只剩下一周时间，克莱的方案似乎注定要陷入无望的僵局，这令众议院深感无措。随后，肯塔基州的众议员代表罗伯特·莱彻（Robert Letcher）在未经事先通知的情况下，站起身提出将弗普朗克的法案退回委员会，并指示委员会把它逐字替换为目前参议院手中的法案。保护主义者抗议称，这是他们在"收集我们的资料、'穿走我们的外套'时突发奇想的做法"，但反抗无效。亚当斯记录道："一切犹如飓风过境，连弗普朗克都投票支持换掉自己的法案。几个小时后，新法案就进入了最后一读。"次日，法案以 119 票赞成对 85 票反对的投票结果在众议院通过，关于立法程序的疑虑也就消除了。现在法案在参议院面对的唯一障碍是，许多成员决定先让众议院通过《武力征税法案》，正如一位报刊记者的叙述："面对南卡罗来纳州，一手握着剑，一手举着橄榄枝。"3 月 1 日，参议院的目的实现了；同日，他们以 29 票赞成对 16 票反对的投票结果通过了该关税法案。

唐纳德·拉特克利夫（Donald Ratcliffe）断言："按理来说，1833 年《关税法案》不算是真正的折中方案，1832 年《关税法案》才是。"他与许多历史学家一样，认为 1833 年的法案是保护主义者胜出。但实际上，自由贸易者能从中获得更大收益，国会议员之间的分歧也反映了这一点。北部州以 3∶1 的投票结果支持了 1832 年《关税法案》，但以 2∶1 的投票结果反对了替换方案。相较之下，蓄奴州在 1832 年仅以 4∶3 的投票结果支持了亚当斯的方案，其中多数反对票来自南部州的棉花供应商之中的极端自由贸易者，现在却以 13∶1 的悬殊比例支持了克莱的方案，其中 7 票反对来自偏远的保护主义边境州。身为国会中主要势力的杰克逊派在召开内部会议后决定支持法案，尽管法案制定者是克莱。他们为法案投出了 108 张赞成票，但也投出了 35 张反对票，其中将近半数的反对票来自宾夕法尼亚州。克莱反而没能带动反政府势力的多数派支持法案，得到了他们的 34 张赞成票和 66 张反对票。亚当斯等马萨诸塞州全体代表称法案是"约翰·卡尔霍恩及其废除关税主义者同伙的盾牌"。韦伯斯特则在分析结果时，断言这部折中法案是"所有南部州势力""克莱先生的密友"以及"北部和中部州的少数好人"出于各种动机，力抗"占两院四分之三的关税支持者"而通过的。

8

　　折中法案通过参议院的次日，杜邦火药业务的一位合伙人向某商贸公司的查尔斯顿（Charleston）办事处致信称："我们的埃勒瑟尔·伊雷尼·杜邦先生一直在华盛顿协助你们的废除关税主义者朋友和北部州的垄断制造商达成和平协议。"他还写道："现在和平已经愉快地实现，双方都很满意，所以我们希望这个状态保持下去。"事实证明情况如他所述——1833 年 3 月 11 日，废除关税大会在南卡罗来纳州再度召开，撤销了废除关税条令，称新的关税法案"值得庆贺"。亚当斯却哀叹："克莱的法案造成了无法挽回的损害。废除关税行动本来已经奄奄一息，是克莱让他们看到了胜利的曙光。"但杰克逊总统反而表示，《武力征税法案》的颁布证明政府战胜了废除关税主义者，即便他私下坦言"这部（关税）法案性质不完全符合我的意愿"，但仍然期望"法案对南部州产生正面影响"。

　　法案发起者们则渴望得到所有自由州的赞赏。比起 1832 年《关税法案》，克莱的折中方案对保护主义者而言没那么有利，但终究解决了"有关废除关税的争议"，维持了此后九年的社会稳定。克莱的一位参议院重要盟友预测："这对克莱先生而言是场大起大落的剧变。制造商们开始认清了折中方案的真谛，它最终会通过的。"他的预测不无道理。例如，阿伯特·劳伦斯就告诉克莱，虽然自己曾经"强烈反对做出任何让步"，但"现在十分满意国会的整个立法进程"，并认为"我们因此大获收益"。不过其他许多人不以为然。在第二十二届国会即将结束时，一位华盛顿记者报道称："据我所见所闻，此刻几乎没有比东部州（和某些西部州）的保护主义者更怨愤的群体了。他们认为自己的利益被牺牲，充当了盟友与南部州谈判的筹码，感到痛心疾首。他们毫不犹豫地告诉我们，关税法案的通过敲响了'美国制度'的丧钟；他们如此痛恨那些曾经同舟共济、如今却给他们造成毁灭性打击的群体，形成不可调和的矛盾已是在所难免。"

杜邦在信中还强调了托马斯·本顿所述的"外部利益"对1833年《关税法案》有何影响。这部法案的起源不是华盛顿，而是费城，一群精通立法游说的外地工厂主鼓励克莱制订一项折中方案，调解废除关税主义者与政府之间的冲突。制造商的代理人害怕弗普朗克的法案生效，于是与众议院盟友合谋拖住法案，同时继续与克莱一伙人商定他们手上的替换方案。克莱因部署了折中条款而赢得历史学家的赞誉，但他把很大一部分功劳归于坚持采纳国内估值修正案的同僚克雷顿，而克雷顿则在后来强调了杜邦的贡献："他对问题的判断证实了我的观点；我很感谢他在世之际对我的帮助。"然而，尽管折中方案采纳了国内估值，它的通过还是令许多制造商大失所望，尤其是那些没有与议员谈判过的制造商。1833年《关税法案》确保美国国内制造业受到的扶持会在未来几年以递减的方式持续存在，但由于它没有为制造业争取到长期保护，因此在保护主义者中引起了分歧，而这将对未来的关税立法产生巨大影响。此外，该法案让南卡罗来纳州得以在失败的浪潮中尝到某种程度的甜头，实则助长了边缘政策[①]。而后的几十年里，随着地区关系越绷越紧，边缘政策会变得更加普遍。

[①] 故意使自己陷入一种既可以导致灾难，也可能带来成功的局面的政治策略。——编者注

第五章 ——————————————————————

"悬在成败之间摇摇欲坠"：

1842 年和 1846 年《关税法案》

1846 年 7 月 31 日,《纽约论坛报》(*New-York Tribune*)写道:"最终使 1824 年、1828 年、1842 年和 1846 年《关税法案》通过的那张选票都来自参议院,太巧了。"该报刊的统计数字有误,但它给出的投票结果分布值得参考,而且这肯定不是巧合。在美国内战爆发前的整个时代,关税都是举国热议的问题,而本章所要叙述的两部法案则攀上了当时的热度新高。部分原因是,美国形成了一个明争暗斗的全国性政党体系,制衡着各地区的利益与矛盾。亚当斯正是在民主党与辉格党之间的巅峰对决中目睹了"关税争议的态势",才得出深刻结论:在"在由各敌对政党支撑的所有国家政体中,各方基于审议决定,把相互冲突的措施朝着相互接近的方向修改,直到它们以一票之差通过,从而在双方之间达到平衡"。

但关税争议的态势也表明,即便是处于鼎盛时期的政党也未必能决定投票结果。1842 年,由辉格党主导的国会想要推翻 1833 年的"折中法案",却没想到白宫里的辉格党总统会成为推进计划的障碍;两党手忙脚乱地四下谈判,可见各党内部已因地区矛盾而出现裂痕。四年后,部分民主党人转而认同了总统及其内阁所期望的自由贸易改革,并想方设法拉拢党内多数议员为此投票;民主党人在如此重要的关税措施上屡次倒戈,可见当时的党纪接近于空谈。在两党都同室操戈的情况下,关税法案的命运将由最关键的少数几票决定，那么如今各行其是的保护主义者也要相应地改变策略。1846 年，一场新奇的全美制造业展会在首都华盛顿举办，激励各方公众持续以召开会议、组成协会并递交请愿书的形式对国会施压，要求全面征收高额关税。然而，商界人士希望巩固自己与华盛顿政界同行的关系，因此遵循了 1833 年亨利·克莱开创的先例而私下展开游说，以期在保护主义和自由贸易这两个所谓不可调和的原则之间实现平衡。正如一位国会议员所述，当关税法案"悬在成败之间摇摇欲坠"时，游说者与立法者之间的合作肯定是迫切且密切的。

1

在"折中方案"生效后的岁月里，保护主义政策逐渐失去了那些最突出、最坚毅的拥护者。马修·凯里很抵触亨利·克莱的方案，因此退出了保护主义事业。不过在 1837 年，第二次金融风暴席卷而来，举国上下人心惶惶，马修·凯里便打破了"再也不触碰政治经济学主题"的承诺，在 1839 年 7 月，以 79 岁的高龄发表了人生中的最后一部作品，并在两个月后与世长辞。年事已高的希西嘉·奈尔斯把《奈尔斯周刊》传给了儿子，默默开始了养老生活；在马修·凯里离世的五个月前，奈尔斯就撒手人寰了。连批评过他们的人都不得不承认，他们的著作对关税法案产生了极其深远的影响。《纽约晚报》宣称："他们为国会及其他地方的绝大多数演讲提供了素材，而且据我们所读所知，克莱先生在演讲中提出的每一条论点都能追溯到《奈尔斯周刊》平平无奇的纸页上，或是马修·凯里絮絮叨叨的论文中。"不过，在当时的人以及后来的历史学家眼中，两人在华盛顿保护主义游说团体建设这件事上的贡献不大。马修·凯里计算过，自己花在倡导关税提高上的费用超过 4500 美元；他出席了 1819—1831 年的所有主要大会，还就几部法案的设计向许多国会盟友提供了建议，其中最值得参考的内容来自他在 1820 年与以利亚撒·洛德以及亨利·鲍德温之间的书信记录。奈尔斯的影响也不容小觑。他在 1827 年领导召开了哈里斯堡大会；在 1831 年领导召开了纽约关税大会，当选了常设委员会主席，负责协调大会行动，保护"美国制度"免受废除关税运动的威胁；随后又在 1832 年《关税法案》的制定过程中发挥了关键作用。除了这两人，值得我们了解的人物还有埃勒瑟尔·伊雷尼·杜邦，他与约翰·克雷顿联手干预了"折中法案"的修改，在大约 20 个月后因心脏病发作去世。要论证自 1816 年开始的 20 年里游说对美国关税政策的制定有多重要，杜邦就是一个令人信服的示例。他们的去世也意味着，一度组织有序的保护主义运动开始分崩离析，国会外不再有公认的领袖，而国会内的许多人又认为克莱背叛了保护事业，促使个别制造商得以大展拳脚来谋求各自利益。

"折中法案"颁布后，政治格局也发生了变化。安德鲁·杰克逊不惜用武力镇压废除关税运动，使很大一部分南部州的人士和政府产生隔阂，其中包括威利·曼格姆（Willie Mangum）

和约翰·贝里恩等反关税主义者。他们与克莱和丹尼尔·韦伯斯特领导的北部州和西部州经济民族主义者一同高举辉格党的大旗，在全美展开拉票活动，与总统及其钦点继任者马丁·范布伦所带领的民主党相竞争。双方阵容看似怪异，但由于克莱没有维护"美国制度"下持久而明确的保护主义概念，因此关税辩论中的措辞有所转变，那么上述的怪异阵容也就解释得通了。虽然自由贸易者坚称，所有商品的税率都平等才是合理的收入性关税；但许多保护主义者认为，要让关税主要用于弥补政府开销，其次才是鼓励国内制造业，那么国家仍然可以区别对待那些受到外国对手冲击的商品和那些"安然无恙"的商品。南部州辉格党议员认为这种"随附保护"完全合宪，许多南部选民在考虑通过经济多样化来恢复恐慌爆发前的繁荣，因此也认同这个观点。一位南卡罗来纳州的农场主则对约翰·卡尔霍恩吐了苦水："自由贸易者的理论在英国迅速传开，还渐渐赢得了我国北部州和西部州民众的青睐，但恐怕，它们在南部州民众心中的地位正在下降。南部州全体辉格党人已经被侵蚀，根本不会反对关税法案，一根手指头都不会抬……更别说南部州的制造商正在崛起，其街坊邻里像被荼毒了似的重视他们。"这些疑虑有些夸大其词，但自 1816 年以来，南部州民众甚至棉花供应商之中，确实首次出现了支持上调关税的呼声。

不难看出，经济恐慌爆发后的长期经济萧条已经使国库濒临枯竭，甚至在"折中法案"的最终税率削减到来前，国家就不得不制定新的关税法案来渡过难关。新的法案拟定于 1842 年

7月1日生效。1840年，辉格党总统候选人威廉·亨利·哈里森赢得大选，而且参众两院的多数席位也由辉格党占据，很显然，关税的大幅削减已是大势所趋。许多人都把自己在保护主义事业上取得的成果归功于马修·凯里，哈里森就是其中之一。1830年，他向马修·凯里保证："自从我被你的有力论点说服、转而支持关税制度后，只要一有机会，我就向同胞们提倡这个制度。"然而，保护主义者的不幸发生了：新总统哈里森才上任了30天就因肺炎去世，于是在1841年4月6日，副总统约翰·泰勒继任。来自弗吉尼亚州的泰勒是典型的辉格党州权人士，在对《武力征税法案》投出了参议院唯一的反对票时，他就已经与杰克逊政府决裂；而且他在1820年刚担任众议员时就发言反对"鲍德温法案"，可见他向来都抵制政府扶持国内制造业。泰勒入主白宫后决心保护"折中法案"免遭侵犯，但面对政府糟糕的财政状况，他不得不批准一项临时措施，把部分商品移出免税清单，并把其他商品的税率提高到1833年《关税法案》的起征税率20%。这项临时措施在9月举行的第二十七届国会特别会议上正式颁布，其中附带了一条规定：各州将分摊公共土地的销售所得，以便缓解各州财政危机。泰勒等保护主义反对者为了防止关税上调，给"分摊法"加了一项条款：如果关税税率超过20%，分摊就暂停。如此，既然联邦收入需要依赖分摊法来分配，关税就没有理由走高了。

第二十七届国会将于1841年12月召开，泰勒总统预计常规会议还要修订关税，便在第一份年度咨文中写道："只要国库明确需要修订关税"，立法者就有正当理由"参照与我国制造业相关的其他国家的政策来修订差异化关税"，但他也再次强调上限应该是 20%。泰勒在这个问题以及其他许多问题上的观点，都与他所在辉格党多数派的观点不一致。而克莱曾在参议院多次决议中提出了亲辉格党的替代方案，因此与泰勒意见相左的议员就不免聚集到了克莱这边。克莱解释，"我并不打算再次为保护性关税争辩"，但政府收入显然需要高于 20% 的税率来维持；上调关税自然是有利于制造商的，而分摊也应该继续执行。于是，辉格党算是与其名义首脑泰勒站在了对立面，克莱随即辞职，预备拿下 1844 年的总统大选。

情况与 1819 年的经济恐慌一样，长期的经济困境促使越来越多的民众呼吁国会采取行动，能直接从关税全面上调中受益的群体则开始努力调动公众舆论。"折中法案"颁布后，各个保护主义协会不是解散就是停摆，而在 1840 年辉格党赢得总统大选后，美国东北部出现了一批"国内联盟"协会，旨在保护美国制造业以及其他产业，并提倡贸易互惠。负责统筹各协会工作的是一个组织松散的中央委员会，这个团体成立于 1828 年，由纽约市美国协会赞助支持，旨在鼓励国内农、工、商、艺各产业的发展。纽约市美国协会主要因其举办的年度展会而闻名，他们会在展会上给各领域的卓越工艺与革新技术颁奖。尽管该协会宣称其业务包罗万象，但其实他们一贯倡导保护制造业，如今，该协会业务自然会向"国内联盟"拓展。"国内联盟"在鼎盛时期拥有超过 100 个附属团体，于 1842 年 4 月在纽约召开了一次全国大会。

　　与其态度一致的新闻报刊都在大肆宣扬这类集会对先前关税立法的巨大影响，但它们对这次大会的报道相对收敛。这也许是因为"国内联盟"和赞助他们的纽约市美国协会一样，都缺乏马修·凯里和奈尔斯这类国家级名人，主要由纽约商圈组成；地位最高的与会者要数佐治亚州的辉格党人贝里恩，11 年前，费城自由贸易大会的演讲稿就是由他撰写。更值得我们注意的是，比起 20 多年前全美工业之友在纽约首次召开大会的情境，如今这类集会已经不足为奇。定期召开大会的团体包括废奴主义者、戒酒倡导者、各宗教教派，当然还有主要政党，这种一次性的活动已经不太可能长时间吸引公众注意，动员效果还不如基层活动。或许是因为时过境迁，又或许是因为这一代保护主义者缺乏像先辈那样的凝聚力，这将是美国内战前的最后一次全国关税大会。此后，种种集会都将以具体行业或地区为导向，局限于探讨各自的问题，不再呼吁更大范围的改革。

　　多年来美国都在频繁地讨伐和驱赶印第安人，而最近国会又刚颁布《禁言令》，在这两起事件的双重刺激下，支持提高关税的舆论领袖开始敦促各地征募普通公民对当选代表施压。1842 年春天，费城《美国公报》称"我们已经注意到，四面八方的民众都在呼吁国会施行保护"，还在一个月后煽动读者"呼吁，大声呼吁，一次次地呼吁"。过去，废奴主义者已经证明群众运动效果显著，保护主义者则只是小试牛刀，例如，分发写好印好的请愿书，并任命代理人征集签名。如今，这些方法被美国国内制造业人士运用得炉火纯青——报道的覆盖率和报纸的派发量不断上升，而且纽约市美国协会等团体制作的期刊的发行量也在增长，可见废奴主义刊物的数量与日俱增，信息的传播与交流进步飞快。马修·凯里的接班人不可能会像这位先辈那样抱怨，全美的编辑"（对于保护主义）要么公开敌对，要么漠不关心"了。

在废奴运动的所有特色做法中，保护主义者唯一没有效仿的，就是让女性参与其中。在所有的主要关税大会上都没有出现女性的名字，她们既没有旁听会议，也几乎没有参加任何保护主义协会，至少从现存记录来看，协会成员全是男性。资料中的少数"女士"协会，无论是真实存在过，还是仅作为某些当时散文家的夸张叙述，都没有被算作一股能在公众议题上发挥作用的力量，而是被当作"道德标杆"，用来批判那些不支持保护主义运动的男性。这项发现符合几位历史学家提出的论点，即该时期的女性之所以能参与政治，很大程度上源于其在道德上的某些优势，对于那些需要"投以仁慈、善意与同情的对象"——可能包括被迫迁移的印第安人甚至奴隶，女性"出于其天性，比其他群体都适合"发表评论。而必然包括关税在内的"普通的立法议题"能"极大地煽动全美男性的情绪"；但女性被排除在行动之外，没有机会插手，也就更不可能用自己的想法来感染男性了。

现在，既然全美男性的情绪受到了极大煽动，那么第二十七届国自然被他们掀起的请愿书大浪给吞没。其中一份请愿书来自巴尔的摩，请愿书的长度达到了 56 码 ①，包含 9049 个签名，需要 28 个人来完成递交。另一份来自更遥远的伊利诺伊州桑加蒙县（Sangamon County），排面没有那么大，但有一点值得我们注意——其中一个签名的主人是当时鲜为人知的辉格党律师亚伯拉罕·林肯。看到公众情绪如激昂，华盛顿的保护主义者相当振奋。华盛顿记者内森·萨金特在以"老派奥利弗"（Oliver Oldschool）的笔名写给《公报》的公开信中写道："最快传到国会的声音，就是人民的呼声。"国会内的关税支持者认为这些请愿书足以证明全美上下都在呼吁彻改税率。时任制造业委员会主席是马萨诸塞州的众议员莱弗里特·萨尔顿斯托尔（Leverett Saltonstall），他在众议院发言时宣称："要求国会整改关税的群体不只是商贸业和制造业人士，农业利益集团也牵扯其中。南部州和西部州也送来了请愿书，而且从今早开始，弗吉尼亚州已有六七百人请求国会为国内制造业征收保护性关税。"于是大家很快达成了共识：新的关税法案要立足于保护主义原则。许多北部州民主党议员顺从选民意愿，认同法案要与保护主义携手并进，与作为多数派的辉格党站到了同一阵线。那么，在随附保护制度下，收入性关税的制定权限是属于制造业委员会，还是赋税委员会？众议院发生了一小会儿"议会制度问题上的冲突"，然后两个委员会便开始认真起草各自的法案。

---

① 1 码 ≈ 0.9144 米。——编者注

2

在许多当时政治家看来，随附保护的模糊概念是它的主要优点，为裁量关税法案的具体条款预留了很大余地，反过来，也对各产业游说者敞开了大门。其间，制造业委员会主席萨尔顿斯托尔感叹国会不了解"务实派——经商人士——的诉求"，这已经不是他第一次向商界求助。然后他就收到了成堆的信件，据他后来估计，数量多达"几百封"，其中一份样本可以在委员会一名秘书留下的文件中找到。从对市价疑问的简单解答，到对适当税率的详尽建议（多数是寄件人自愿提供的详情），这些信件的内容应有尽有。例如，在一位费城丝绸商的信件上，萨尔顿斯托尔很可能是故意标注了一条滑稽的说明，"详细列出了每种商品及其建议税率"。许多制造商还会来到华盛顿，希望得到接见，希望有机会通过辩论改变这类或那类商品的税率；对此，委员会已经习以为常。1842 年 6 月初，萨尔顿斯托尔记录道："全城遍布各行各业的关税支持者。"同月，萨金特报道："为了完善关税法案，并且尽可能满足各产业的诉求，赋税委员会和制造业委员会除了每天在众议院开会数小时，还经常在委员会会议室一同工作数小时。"1842 年，就关税展开的游说在形式上仍然类似于大约 30 年前艾萨克·布里格斯和弗朗西斯·卡博特·洛厄尔开创的先例，这种在先前国会期间形成的游说团体已然在各方的鼓励与刺激下规模剧增，但比起把捍卫利益的使命托付给某个中央协调机构，制造商们如今更倾向于自主行动。

直到 6 月 3 日，碍于国库亏空已久，担任赋税委员会主席的纽约州众议员米拉德·菲尔莫尔（Millard Fillmore）总算向众议院上报了委员会的法案。六天后，他又上报了另一部法案，把之前拟定于 7 月 1 日生效的税率削减推迟一个月，以便留出足够的时间通过新的关税议案。根据克莱在参议院提出的决议，这部"小关税法案"还将废除"分摊法"中的条款："如果关税税率在分摊生效日期仍然高于 20%，那么分摊就暂停。"连自由贸易者都认同，1833 年《关税法案》所确立的收入标准无法满足政府目前的开销，因此众议院把菲尔莫尔提出的第二部法案当成紧急事项来优先处理。亚当斯记录称废除"分摊法"之举是"党派之间唯一的绊脚石"，但他也未能成功从法案中删除这项废除条款。6 月 15 日，废除"分摊法"条款以 116 票对104 票的投票结果获得批准，这一结果充分体现了激烈的党派之争，其中只有 2 名民主党人选择忽视国家捉襟见肘的财政状况，支持继续执行辉格党提出的分摊政策。参议院随即删除了废除"分摊法"的条款，并提出把公共土地收入的下一次分摊时间推迟到 8 月 1 日，届时关税税率无论如何都会削减至 20%，那么分摊也就没有理由暂停了。此举的目的是弥合国会中的辉格党与白宫之间日益扩大的裂痕。6 月 24 日，经过修正的"小关税法案"以 24 票对 19 票在参议院通过，其中赞成票全数由辉格党投出，又于次日在众议院通过（尽管亚当斯极力抵制），被送到泰勒总统手中等待最终发落。

6 月 29 日，泰勒否决了"小关税法案"。他认为，这部法案推迟了"折中法案"中的最终削减日期，又没有暂缓"分摊法"中的分摊执行日期，相当于违背了两条法律。与辉格党态度一致的萨金特宣称："这一（否决）做法肯定是为了满足'当地中心'（Locofocos，当时的一个民主党派系）的诉求，这些人不希望公共土地收入流向各州，因为那是辉格党的措施。"总统的否决使保护主义者陷入了窘境——后续分摊没有了保障，他们心心念念的法案还能否获得足够的支持而最终通过，可就不好说了。萨尔顿斯托尔预计："如果没有西部州的朋友的支持，我们就不可能通过一部像样的法案，但他们是不会给没有废除'分摊法'的条款的法案投赞成票的。"北卡罗来纳州的辉格党参议员威廉·曼古姆（Willie Mangum）从另一个角度回应了他的评估。曼古姆告诉克莱："我们已经费了很大劲来说服（北部州和东部州的人），要支持所有措施才能让他们的利益得以实现。他们支持土地收入'分摊法'，南部州的辉格党人才会在关税法案中满足他们；放弃'分摊法'或是产生动摇，他们就别想通过任何关税法案了。"

考虑到以上因素，众议院便转而审议菲尔莫尔上报的第一部法案，即"长期关税法案"。尽管萨尔顿斯托尔已经准备好了自己的法案，他此刻也只能不情愿地表示，"如果没有其他理由"，那么赋税委员会的法案会是首选，"因为那确实是委员会自己制定的"。他说得没错，因为 1832 年《关税法案》将成为制造业委员会制定的最后一部法案，所谓对关税政策的管控也成了迈向随附保护的垫脚石。制造业委员会主席和同僚们花了"10 天时间与赋税委员会一起研究法案，以做到尽善尽美"。他们的努力并没有白费。萨尔顿斯托尔向一位记者解释："我本应该多提出几项修正案，但我没有，因为我感觉通过委员会落实法案修改才是最好的办法"，并表示自己相信通过修改原先的折中法案，他们会得出"一部耐用的关税法案"。修改后，平均税率将上升到 33%，远高于 1833 年《关税法案》规定的 20%，与 1832 年《关税法案》更为接近。在这个平均税率下，各商品税率差异很大，许多原材料将回归免税清单，棉纺织品的最低估值、铁等其他制造品各自的高额关税都将恢复。如此一来，随附保护的作用算是得到了最大限度的发挥。不过菲尔莫尔跟众议院介绍法案时，坚称："这是一部收入性法案。为的是满足财政部的需要；因此各位应该从这个角度来斟酌法案。"最关键的地方是，这部"长期关税法案"与之前的"小关税法案"一样，包含后续分摊规定。

现在国会对关税的讨论已经达到以往的"深度"，亚当斯在日记中描述了典型的一天："俄亥俄州的考恩（Cowen）为保护性关税认真演讲了一个小时；安德鲁·肯尼迪（Andrew Kennedy）看起来很迫切，唠叨个没完，十分聒噪，用词粗俗，篇幅冗长，反对关税，实际上他最反对的是辉格党；斯廷罗德（Steenrod）与他立场相同，讲话时故作深沉，仿佛在演绎一出悲剧。宾夕法尼亚州的福南斯（Fornance）说话时满嘴口水，还带了鼻音，态度变幻莫测，总想着两面讨好，一小时下来都没有站队。这些人算是成功把其他议员陆续'赶出'了旁听席，直到在座议员达不到法定人数，辩论才不得不中止。"在萨金特记者看来，辩论不受重视已是常态；他在《伊利诺伊州公报》上向读者解释道："各位议员在入席之时就已经做好了决定。他们要根据选民所谓的利益来投票，即便在投票前他们了解到，选民被法案的表象蒙在鼓里而对自己的利益做出了错误的判断，他们也最多会违背选民的意愿，带着各自的偏见投票。"他还写道："人们远道而来竟然是为了说空话，而不是出于整个国家来立法，这真是我国莫大的不幸。"与此同时，有人批评会场内的立法者只会抛出宏大的理论，用空洞的言辞展开保护主义和自由贸易之间的较量，而切实的细节还需要会场外各产业的游说者私下与法案提出者商定。泰勒在华盛顿的《麦迪逊人报》（Madisonian）上埋怨道："菲尔莫尔先生现在提交给参议院的法案是在激励极端保护主义者，其中对铜套征税的条款就足以证明这一点。受其保护的不过是五家轧制企业，全美国仅有的五家，而且工厂主都富得流油……他们最近来到城里，与菲尔莫尔先生在委员会会议室里谈好了所有条件。"在一位民主党人的眼中，整部法案就是"制造业特使在国会委员会的指导下编造的谎言"。

辉格党成功驳回了所有剥离分摊规定的提议，然后"长期关税法案"于 1842 年 7 月 16 日以 116 票对 112 票的投票结果在众议院通过。佛蒙特州的参议员塞缪尔·克拉夫茨（Samuel Crafts）写道："他们如此坚持不懈，值得敬佩。他们调动了全体'当地中心'成员以及十几名（全部支持关税法案的）南部州辉格党人来对抗反方；同时，他们还要承担法案可能最终被否决的风险。"身在自家种植园里的克莱推测，如果总统继续阻挠这部帮助国家摆脱萧条的法案通过，那么自己没准能乘机获取政治上的优势，因此他给参议院中的盟友写信，敦促对方跟随众议院的步伐，还预计："这是正确的措施，他们越多人反对就越好。"为此，作为参议院多数派的辉格党人联合起来对所有修正案投了反对票，连该院赋税委员会提出的修正案都没放过。肯塔基州的参议员约翰·克里坦登（John Crittenden）是克莱的得力副手，他解释："鉴于情况、资金和时间都很紧迫，而法案送回众议院后还要耽搁一阵，其间会发生什么很难说，因此我们认为，既然法案很可能在最后关头被否决，我们就干脆直接通过交到我们手中的版本。"8月5日，参议院以25票对23票的投票结果正式通过了"长期关税法案"。投票中，3名南部州辉格党人加入了与之对立的民主党人，但还有包括贝里恩在内的2名南部辉格党人故意缺席，为的就是在不公开表态的情况下放任法案通过。

4天后，泰勒总统再次以后续分摊为由否决了"长期关税法案"，而此举违背了时任国务卿韦伯斯特的建议。自"折中法案"颁布以来，韦伯斯特与克莱渐行渐远，以至于当内阁其他成员因泰勒反对辉格党的法案而集体辞职时，韦伯斯特选择留下。他曾劝参议院的朋友从法案中删除分摊条款，声称："我不认为还有比这更好的机会来实现关税法案的公正，而且在我看来，只有通过缓和态度、调解立场，才能把握住这个机会。"保留分摊条款的法案通过后，韦伯斯特把注意力投向了总统，恳求道："只要能说服您签署法案，我几乎不惜砍下右手送给您。"但还是无济于事。

泰勒的一再否决不仅加剧了自己与其他辉格党人之间的分歧，还威胁了整个辉格党的团结。克里坦登提醒克莱，"我们北部州的朋友似乎是真的很担心"，如果他们没能通过商议制定出足够高的关税税率就休会，"他们的选民会感到惶恐，导致他们在日后的选举中失利"。这当然是萨尔顿斯托尔的观点，他私下承认："作为马萨诸塞人，我不太关心土地收入。"然而，其他议员则拒绝分摊。对于许多南部州和西部州的议员而言，分摊只不过是优待问题；但对某些辉格党人而言，这是原则问题，他们认为国会不该让行政部门影响立法。亚当斯属于后者，他抨击那些"主要利益与洛厄尔的工厂有牵扯"的人"对公共土地中全体人民的利益不屑一顾"。辉格党召开了几次内部会议，但始终未能达成共识。克里坦登在得知法案被否决的消息后，告诉一位记者："为了或多或少地实现协调，我们夜以继日地开会和磋商。但很遗憾，我们没能取得一丝一毫的进展，而且我担心问题很快就会出现。"

克里坦登的忧虑是对的，保护主义者如此渴望通过一部关税法案，意味着实际情况正如田纳西代表凯夫·约翰逊（Cave Johnson）所料，保护主义者"成了最热门的竞价商品"。杰克逊卸任总统后，卡尔霍恩走过了一段扑朔迷离的政途，并回归了民主党的怀抱，而这一刻，他看到了登上总统宝座的机会。他向自己的女婿解释："辉格党现在分裂成了两派，一派看重分摊，另一派看重关税；两派都不愿意与我们民主党一同支持单纯的收入法案。"不过，卡尔霍恩乐意呈交的法案不仅仅考虑了联邦收入。从游说者变成民主党议员的查尔斯·英格索尔提出了一项方案，有传言称，方案的真正制定者是卡尔霍恩，其中规定了"于1840年1月1日执行的关税（即减去1833年'折中法案'里1832年《关税法案》税率的40%）、现金关税以及国内估值"。在约翰逊看来，这算是给保护主义者开出了"相当合理的价码"，但事实证明这个价码"对关税支持者来说太低，对反关税者来说太高"。不过，此举促使其他民主党人提出了更多方案。眼下，作为少数派的民主党就要在党内异见成员的协助下制定出一部折中方案了，辉格党领袖们必须出手阻止。凯夫·约翰逊汇报道："克莱勇士及其朋友们兢兢业业，总算拿出了不含分摊条款的'大（即长期）关税法案'这一价码，同时准备了一部单独的分摊法案，专门用来（给总统）否决；这当然得到了（支持提高关税的辉格党的）认可，当他们需要团结捍卫自己的成果或是秉持一致原则时，他们就像合作行窃的扒手一样信任彼此，只为确保一派的经济利益与另一派的政途光明。"

1842年8月22日，幕后谈判的结果终于呈上台面。华盛顿报刊《国家情报员》报道称："我们与众议院携手走过35载，而今天，我们见证了最激动人心的场面。"几部细则上大相径庭的关税方案相继被否决，无一幸免。然后，宾夕法尼亚州的辉格党人托马斯·麦肯南（Thomas McKennan）提出重审泰勒总统否决的法案，剔除其中的分摊条款。众议院接受了他的提议，但随后的投票表决中该法案以一票之差被否决，这令在场部分议员不由地"拍手叫好"，直到一名书记员告诉身为议长的肯塔基辉格党人约翰·怀特（John White），统计有误，其实双方票数是持平的，场上才再度安静下来。纠正错误的责任落到了这位来自西部的议长头上，他投出反对票，再次把法案拦了下来。但有人随即提出重新投票，而这一次，赞成票比反对票多出了 3 张。萨金特报道称，自己在旁听席感受到的"现场气氛更为压抑"，有几位议员极不情愿地改变了投票决定，一是由于同僚在施压，二是由于亲朋好友从全国各地远道而来发出呼吁，反映了当地民众的意愿，令他们难以拒绝。于是，法案以更小的票数差——104 票赞成对 103 票反对——在众议院通过。事后，萨尔顿斯托尔写信告诉妻子："法案的命运仍然说不准。它肯定会在参议院遭到多数人的反对，但我并没有放弃希望。"

参议院中来自南部州和西部州的辉格党人理应投票反对法案，那么能否与之抗衡，还得看北部州的民主党人如何抉择。萨金特指出："每天国会都收到来自北部、东部和中部各州的迫切呼吁，请求国会务必通过一部关税法案再休会；全国各行各业的其他人士也来到了国会，可见大家对这件事的关注度都很高。"1828 年《关税法案》的制定者西拉斯·赖特就受到了特别关注，因为他的指导者范布伦被视为卡尔霍恩在 1844 年民主党总统候选人提名中的主要竞争对手。8月26日，赖特写道：
"我们正在审议众议院交来的第三个关税方案，内容糟糕透顶，
令我陷入了困惑，不知该如何投票。但我们需要通过一部法案，
而这部法案又将免除分摊，所以哪怕我知道它会在纽约市和南
部州引发一阵强烈的喧嚣与不满，我也应该要支持它。"而事实
上，赖特效仿了1827年范布伦对"毛织品法案"的做法，先是
选择了逃避责任——次日参议院针对正式提交的法案进行投票
点名，念到他的名字时，场上无人应答。随后，缅因州的民主
党参议员鲁尔·威廉姆斯（Ruel Williams）"走到书记员桌前清
点了双方票数，确认该提议将以一票之差被否决"，然后他与
纽约州同僚赖特便要求书记把他们的名字改记在赞成方内。这
样法案就有了通过参议院所需的票数，而随后结果公布时，也
没有人提出异议。泰勒迅速签署了新的关税法案，并再次否决
了那份单独上报的后续分摊法案。

　　通过对1842年《关税法案》的关键投票点名结果进行分
析，我们会发现这一时期政党体系对政策制定的影响很大。参
众两院合计来看，辉格党投了104张赞成票和46张反对票，而
作为反方多数派的民主党则投了24张赞成票和76张反对票。
支持法案的20名南部州议员全都是辉格党人，而反对法案的
33名北部州议员中有27名民主党人，这尤其能说明党派利益
超越了地区利益。不过我们倒也不必高估党派的力量——每4
名投票的议员中，就有1人与自己所在党派多数成员意见相
左。前面两部法案多了个分摊条款，也就多了一个影响党派利

益的因素，而对于最后这部法案的投票，关注点仅限于提高税率或是沿用税率，因此倒戈的人数明显增加。前两部法案均未获得宾夕法尼亚州民主党人的支持，但当剔除分摊、只提供保护的第三部法案出现时，他们之中的 12 人投出了赞成票，剩余5 人则放弃了投票。法案在两院都是以一票之差勉强通过，但自由贸易者仍然无法接受这个结果，毕竟在 1833 年的"折中法案"颁布后，20% 这个较低税率只维持了一个月。卡尔霍恩宣称："你们会明白的，情况恰如 1828 年，是纽约州和宾夕法尼亚州叛逃了我方，所以关税法案才会通过。这对南部州的打击太大了。"

3

1842 年《关税法案》是辉格党赢得 1840 年总统大选的产物，而 1846 年《关税法案》则预示着 4 年后民主党的胜利。"折中法案"被替换后，美国经济恢复了繁荣，这对克莱而言似乎是个好兆头，他轻而易举就得到了众多辉格党人的青睐。民主党大会则未能对几位知名候选人达成一致意见，转而让詹姆斯·波尔克（James Polk）这匹黑马去和克莱角逐总统宝座。提名宣布的当天，波尔克收到了一封建议信，来自密西西比州的参议员罗伯特·沃克（Robert Walker），一位土生土长的宾夕法尼亚人。沃克在信中称："能让你落选的因素只有一个，那就是关税。一名彻头彻尾的自由贸易派候选人不可能得到宾夕法尼亚的支持，这是肯定的；但没有他们的赞成票，我们就会失败。"鉴于沃克的提醒，波尔克阵营发表了一份公开声明，称自己的候选人"反对的只是保护性关税，而非收入性关税"，他之前就"支持通过这种适度的差异化关税来满足政府开销，同时为我国本土产业提供随附保护"。这份冠冕堂皇的声明还附上了一份民主党纲领，其中宣称"公正健全的政策要禁止政府以损害一个产业为代价来扶植另一个产业，或是以损害我国一部分人的利益为代价来关照另一部分人的利益"。这封信名为《致凯恩的信》（*Kane Letter*），以收信记者的姓氏命名，而且实现了它的目的。正如一位失望的克莱拥护者所言，波尔克"在南部州民众眼中是自由贸易的守护神，在宾夕法尼亚人眼中是制造业的守护神：他就像一条变色龙，在游历联邦各处时，照着离自己最近的物体改变自身颜色，然后像棱镜一样折射出五彩斑斓的光"。民主党包揽了宾夕法尼亚州的选票，把候选人送入了白宫，并拿下了第二十九届国会的多数席位。沃克也因此得到奖赏——成为新政府的财政部部长。

波尔克当上总统后，背弃了竞选期间团队代表他做出的承诺，决心废除 1842 年《关税法案》。1845 年 12 月 2 日，他发表了第一份年度咨文，其中宣布该法案"违反了"收入性关税的"基本原则"，并用最低估值和具体税率来说明"除了投资制造业的资本家以外，农民、农场主和商人等所有从业者都背负着沉重的开销，忍受着不公正的待遇"。沃克曾在 1831 年的青年时期当上了费城自由贸易大会的与会代表，可见他与波尔克总统拥有相同抱负。在当选财政部部长的次日，他就发表了财政报告，断言"任何商品的关税都不应高于它所能产生的最高收益"，并建议为了公平起见，统一征收从价税。他的提议几乎无法保护国内产业以对抗外国对手，而是信奉了亚当·斯密眼中全球自由贸易实现经济增长的理念，认为美国的天然优势在于农业，而非制造业。沃克预计："我国降低关税后，英国看到自己的出口品进入我国市场，自然会允许我国所有农产品自由进入英国市场，那么当前受英国《谷物法》（*Corn Laws*）打击的农产品供应商就会旗开得胜。"

沃克提及英国《谷物法》，表明 1846 年《关税法案》对国际贸易具有重要意义，远比所有前身法案更有分量。美国开始试行保护主义的前一年，英国就颁布了限制谷物进口的法令，尤其针对美国农户；30 年过去后，两国随时可能因为各自国情而废除各自的贸易措施。在 1844 年总统竞选期间，辉格党报刊指责英国制造商筹资帮助民主党获胜，期望自己的出口商品能以较低价格进入美国市场。沃克的报告发表后，一位辉格党报刊编辑写道："两位罗伯特爵士在大西洋两岸上演了一出自由贸易二重唱。"其中的"两位罗伯特"是指当时推动废除《谷物法》的英国首相罗伯特·皮尔（Robert Peel），以及美国财政部部长罗伯特·沃克，一位国会议员认为他亲英，因而给他起了这个讽刺的绰号。但事实上，两国政府不但没有达成共识，还常年瓜分着两者共同管辖的俄勒冈州领地。尽管如此，两国各自的自由贸易者仍然殷切期盼大西洋彼岸的同行能取得些进展。

一切正如波尔克给当时的美国驻英国大使路易斯·麦克莱恩写信所述："如果英国无法保证废除《谷物法》，相应地削减或修改英国关税，那么我国国会就不可能同意按照建议来削减或修改我国关税。但如果英国也颁布法案来规定相似的削减，那么两国削减关税的力量都会大大加强。"

由民主党主导的众议院很乐意在关税行动上追随政府。其赋税委员会主席是北卡罗来纳州的众议员詹姆斯·麦凯（James McKay），该委员会邀请财政部部长沃克制定一部法案给他们审议。沃克决心按照自己报告中严格的自由贸易规范来立法，据其传记作者所述，他"每天工作好几个钟"，持续了"将近两个月"。报纸报道称，"大约6名或8名海关官员"被传唤到华盛顿协助沃克，这位"正直"的部长还"命令他们用所征税费来报销此行费用"。行政部门插手宪法赋予立法机构的职责，势必引起他人批评。一位参议员抱怨："现在出现了一个特殊'国会'——规模甚小，由下属的海关官员来充当议员，共同制定法案细则。为了处理选民方面的事项，我去了众议院赋税委员会的会议室，结果发现里面全是海关官员，他们还不失礼貌地说，要检查我的工作进度。"然而财政部部长的做法非常明智，因为辉格党已经预测到，如果把立法任务交给国会多数派，"宾夕法尼亚州和南卡罗来纳州的极端主义者可能无法迅速对关税法案的政策、原则或细节达成一致意见"。一位消息灵通的民主党人汇报称："沃克是所有相关事务的领队人，我认为，总统和内阁所有成员不仅顺从他，还支持他。所以关税法案被当成了行政措施，把党纪也涵盖其中。"

1846 年 2 月初，财政部部长完成了法案的制定并交给了赋税委员会，然后法案在委员会手中停留了两个月之久。波尔克总统听说委员会的民主党人想对几种商品征收特定关税，以此诱使关键的保护主义议员投票支持法案，于是他把麦凯召进白宫，敦促他"保留从价税原则"。波尔克曾在 1833 年被任命为赋税委员会委员，以确保弗普朗克的法案符合杰克逊政府的要求；他期望这次国会的同胞也能表现出同样的忠诚。辉格党作为委员会少数派，甚至没有得到主席的询问。一位华盛顿记者报道："他们没有拿到任何方案，对主席的动向或意图也一无所知。"委员会可能是在故意拖延，好让英国有时间推进《谷物法》的废除。所以自然而然，麦凯于 4 月 14 日向众议院提交的法案几乎与沃克监督制定的版本没有差别。

沃克的法案包含 7 类从价税，税率从烈酒的 75% 到其他商品的 5% 不等。这种做法偏离了逐渐把税率降低至 20% 的"折中法案"，但各类商品的税率分配取决于它们能产生的最大收益，而非制造业能否受到保护。例如，羊毛的税率为 25%，只比毛织品的税率低了 5%。免税清单则主要用来促进原材料的进口，是 1828 年以来所有关税法案中最短的，毕竟党派利益不再是主要考虑因素。这条规定存在一些偏差，其中引人注目的是，铁和煤被划为关税第二高的商品，税率达到了 30%，有人批评说这是在"讨好或贿赂宾夕法尼亚州"。然而，这部法案几乎完全撤销了前身法案中重要的"随附保护"。杜邦公司的一位董事非常愤怒地说："看来，新的关税法案是要与制造商唱反调。"

4

　　国会外的保护主义者已被禁止插手立法，只好集中力量游说国会内的议员。亨利·凯里已经发表了四卷《政治经济学原理》(*Principles of Political Economy*)，称得上是关税专家；他以父亲为榜样，向主要政客大力鼓吹了自己的折中方案，其中承诺在长期保护的"极端"原则和严格的收入性关税之间找到平衡。但作为多数派的民主党眼看胜利在望，并不想接受另一项提案。那么，对于务实的制造商来说，首要任务是确保沃克的方案不会给他们各自的产业带来太大压力。波尔克在日记中写道："大批制造商涌进城中，大动干戈，打算阻挠（关税）法案通过。制造业资本家和适度关税主张者之间如此剑拔弩张，这样的冲突在国会中委实罕见。"这些热心的公民之中就包括埃勒瑟尔·伊雷尼·杜邦的儿子阿尔弗雷德·杜邦（Alfred du Pont），他远道而来"就是为了表示，削减火药关税的同时对硝石征税，是不公正的做法"。萨金特仍在为《美国公报》撰稿，他发现华盛顿出现了新英格兰、新泽西州、纽约州和宾夕法尼亚州的特使，于是专门挑选了一位民主党人来挖苦："只要波尔克先生读一读自己的演讲，以及1844年波尔克阵营其他领导人在宾夕法尼亚州发表的演讲，他就不会再害怕了。他会发现，自己根本没有理由惊慌,根本无须担心 1842 年《关税法案》的命运,因为他在这些演讲中提出的论点已经表明,他忠实信奉着保护主义政策,1842 年关税法案就是他倡导的,大力捍卫这部法案的人也是他。"

对于沃克的法案,来自联邦各地的生产者采取了最具创意的回应方式——一场宏大的"全国展会"(National Fair),"用一场视觉盛宴向全民展示这部关税法案带来了哪些好处"。在1828 年《关税法案》审议期间,就有人提议举办展会,但当时的条件无法实现这个做法,因此提议被否决;但此后,类似纽约市美国协会主办的那些小型展览便开始流行。之所以举办这次展会,是因为有报道称政府允许英国制造商派代理人来国会的委员会会议室展示商品。费城《北美人报》(*North American*)埋怨:"两位罗伯特爵士联手之后……政府把议事大厅都让给了英国,让英国展示本土的纺织品,开展关于自由贸易的讲座,教唆美国国会承担服务英国的义务。"于是,民主党与辉格党中持相同态度的成员展开磋商,决定成立一个委员会,发出了"华盛顿市美国制造业和机械艺术产品全国展会"的邀请函。该委员会成员主要是当地不太有名气的商人,但约翰·肯尼迪(John Kennedy)除外。他当时是马里兰州的小说家兼政治家,曾为 1831 年的纽约关税大会撰写过公开演讲稿。

全国展会于 5 月 21 日开始,为期两周,举办场所是当时美国最大的临时建筑,耗资约 6000 美元,吸引了大批参观者,堪比国家政党的集会。仅在第一周内,参观者就达到将近 2 万名。

就连批评者都承认，"这是华盛顿第一次被那么多外地人挤得水泄不通"，而且"作为国内大型集市，展会让人们认识到国家拥有丰富的科技，这肯定是所有美国人都会深感自豪的一番景象"。然而，受展会举办者邀请前来参观的波尔克总统并没有那么欣喜，他在日记中写道："制造商为举办这次展会一掷千金，无疑是为了影响国会议员，阻止国会降低现行税率。这就是为什么他们给展品的标价低于市价……他们就是要让公众相信'高关税能压低物价'这一荒唐理论。"他认为："这场展会所展示的财富及其举办费用足以证明……那些坐拥工厂的大资本家应该自力更生，而非盼着政府垂怜。"

直至 6 月 15 日，即沃克的法案提交两个月后，麦凯才在众议院召集大家审议法案。同日，英国大西部铁路公司（Great Western）的船只抵达纽约，带来了《谷物法》已被废除的消息。开会审议关税法案的决定在两周前就已经做出，因此两者撞日肯定是偶然；但政府的等待没有白费——议会相应的一举一动必然会使立场摇摆的议员更愿意接受关税的相应削减。从以往的辩论经历可知，时间越长，多数派就越有可能解体，因此法案支持者在党团会议上商定把辩论时间限制在三周内。无论辉格党议员在会场上说什么，他们都不可能改变民主党议员的想法，但他们还是尽可能"给法案添乱"，企图让民主党关键选区的选民对该法案产生反感，从而把对方的支持者拉到自己的阵营。

7 月 2 日，辩论在你来我往的发言中达到高潮，法案反对者成功从法案中删除了对缅因州尤其重要的腌鱼类出口退税，并将食盐列入了免税清单，这就令纽约州代表团提高了警惕。随后，法案支持者"不顾一切地联手出击"，通过了休会提议。萨金特猜测："他们这么做肯定是为了设法协调好自己人的行动——去威胁，去哄骗，去用职位或聘用承诺来收买他人。"次日，出口退税与食盐免税的决定被推翻，后者仅以一票之差被否决。有人提出把《致凯恩的信》加入立法指导原则，此举"引发了一阵欢笑"，但还是被否决了。随后，法案以 114 票赞成对 95 票反对的投票结果在众议院通过。

财政部部长沃克出席了众议院，目睹了投票过程，听到结果后，他连忙抓起麦凯的手，感叹道："我们成功了。"沃克的现身引起了他人的注意。记者萨金特意味深长地指出："某些人就在会堂'大道'的另一端，就算他们还需要 10 张赞成票，他们也肯定能搞到手。"他肯定是在暗指行政部门操控立法机构。波尔克在日记中记录道，自己与几位民主党参议员联手哄骗了一名态度勉强的众议员。密西西比州的众议员、未来的美国总统杰斐逊·戴维斯（Jefferson Davis）表示自己希望辞去议员之职去墨西哥参战时，还被总统私下召见。戴维斯回忆称，总统"坚持要我再留几天，使法案在众议院通过"。辩论开始前的 5 月中旬，麦凯向沃克提供了一份名单，列出了自己认为会给法案投赞成票的 116 名议员，这个数字仅比最终支持法案的人数多了 3 位，可见党纪有多强大。

然而，多数派之中出现了倒戈的议员，其中人数最多、动机最明显的倒戈者就在宾夕法尼亚州代表团。当沃克的方案被提交上去时，克莱曾对该州的一位辉格党议员开玩笑说："请代我向宾夕法尼亚州代表团中的某些民主党朋友致意，问问他们现在是否还觉得，总统比我对关税的帮助更大。"宾夕法尼亚州议会同样掌握在民主党手中，已指示其代表团"坚决反对修改"1842 年《关税法案》，于是在最终点名投票时，该州的 12 名民主党议员中有 11 人投出了反对票。唯一投赞成票的议员是大卫·威尔莫特（David Wilmot），据称，他所在的片区里，"人们只生产木瓦这一种商品，还是用偷来的木材做的，他们只希望得到司法官员的保护。"威尔莫特后来称，如果代表团中的其他人想加入自己的阵营，那么"就宾夕法尼亚州的庞大人数来看，他们应该可以提出想要的条件"，毕竟政府如此需要这些选票。他坚持反对法案的行为产生了重大影响。历史学家推测，正是此举在一个月后会议的剩余时日里为他赢得了议长的认可，使他有机会提出反奴隶制条文并因此闻名。宾夕法尼亚州的不满则预示了沃克的法案在参议院的命运，在那里，双方票数差可能更小。

5

现在在参议院，民主党占据着 31 个席位，辉格党占据着 25 个席位。法案于 7 月 6 日进入一读，于 7 月 13 日进入特别议程，此后每天进行审议，直至做出决定。辉格党为了拖延时间，提议将法案交给参议院财政委员会审议，但甚至连身为委员会主席的亚拉巴马州参议员迪克森·刘易斯（Dixon Lewis）都提出反对。萨金特报道："既然关税法案已经成为一项党派措施，那么任何争论……都将无济于事。"他还指出："法案支持者经常在辩论刚开始时就离开座位，显然不愿意听取任何反对意见。"乔治·麦克杜菲在会场上宣布自己和同僚们"希望决定能尽快做出"。而且为此目的，他们决心"让参议院另一方唱独角戏"，算是承认了身为多数派的民主党已经达成共识。

　　也许参议院的内部辩论无法改变投票结果，但外部的压力可就不一定了。众人尤其关注宾夕法尼亚州的两位民主党参议员西蒙·卡梅伦（Simon Cameron）和丹尼尔·斯特金（Daniel Sturgeon），他们的选民发送了大量请愿书，引起了一位同僚的抱怨："每天在参议院会议上，他们先是让牧师祷告，然后宣读会刊，然后用接下来的一个半小时朗诵宾夕法尼亚州养老保障对象的葬礼哀歌。"这些养老保障对象之中的许多人还亲自前来敦促国会，总统则亲自接待了他们的一个代表团，这些人"表示非常惊慌，担心如果（法案）在众议院通过后也在参议院通过了，宾夕法尼亚州的钢铁和煤炭产业会由此一蹶不振，使州内民主党沦为少数派"。在内阁中，有传闻称，时任国务卿詹姆斯·布坎南"凭借其不为人知的影响力来阻挠"对现行税率的修改。如果上述两位参议员无视州议会的指示，那么他们就会失去连任机会。卡梅伦最初是在辉格党的支持下当选的，他最先宣布反对修改税率。他回顾两年前民主党同胞在写着"波

尔克,(副总统候选人)乔治·达拉斯(George Dallas),与 1842
年《关税法案》的横幅下竞选,向听众断言:"如果不是因为
最后一点,波尔克或者达拉斯都不会得到宾夕法尼亚州的支
持。"斯特金则缄口不言,但也一直投票反对修改税率。

康涅狄格州的参议员约翰·奈尔斯(John Niles)也加入了
倒戈队伍。一位记者向沃克抱怨:"康涅狄格州的选民被灌输
了太多谎言,搞得一位民主党议员都不敢由衷地给关税法案投
票。"奈尔斯宣称:"1842 年的法案从来不是北部州民主党人的
攻击目标。作为政府拥护者,我对新法案的提出深感遗憾,我
将会投票反对新法案通过。"失去了卡梅伦和斯特金的支持,法
案发起者只能认命,而奈尔斯的倒戈则对他们造成了二次打击。
作为政府喉舌的华盛顿《联盟报》(Union)抗议道:"几乎整个
民主党都认为这部法案会在本届国会生效,只有极少数例外,
康涅狄格州的那位民主党参议员竟突然表示自己决心反对法
案。"于是双方在参议院的法案投票中以 28 票对 28 票打成平手。

在双方僵持的情况下,最终决定权就落到了投票审裁官,
副总统乔治·达拉斯手中。他是民主党人,一名突出的亲政府
者,而且是沃克妻子的叔叔。此外,他来自宾夕法尼亚州,与
该州其他参议员承受着同样的压力。情况正如他对妻子所述:
"人们写信、发表报纸文章以及亲自来访,通过种种可笑的方式
来劝说或是威胁拥有决定权的副总统。"达拉斯对关税法案的态
度飘忽不定,他曾在 1832 年的参议院投票中支持削减关税,又
在次年投票反对折中法案;他不确定这一次该如何行事,于是

向朋友寻求了建议。达拉斯如此不安,让另一边的民主党敌手幸灾乐祸了起来。布坎南的一位密友开玩笑说:"要是达拉斯不得不去解开关税法案这个死结,那就太有意思了! 可以说是难得一见的趣事啊。"然而,波尔克总统仍然很乐观,尽管达拉斯提醒说,"如果民主党不同意,那么总统会让这些人知道,一旦决定权落到他手中,他们可能就无法维持法案原貌了",并向总统呈献了"一位举足轻重的制造商建议的"折中方案,但总统还是劝达拉斯不要推崇这项方案。波尔克向一位焦急的记者表示:"我对现状很满意。如果法案通过与否需要达拉斯来决定,那么到时,他会代表全国的民主党表决,而不是宾夕法尼亚州。"

在另一头,丹尼尔·韦伯斯特正与一群相关制造商推进自己的安排。他长期在泰勒的内阁任职,一直苦于没有机会出头。1845 年,他在波士顿商界盟友的请求下重返了参议院。为了让他回归,50 多位盟友筹集了 37000 美元的资金,其利息将为他余生提供每年 1000 美元的收入。这些捐助者之中包括内森·阿普尔顿和小弗朗西斯·卡博特·洛厄尔,后者的父亲曾在 1816 年把棉花的最低估值加入法案。亚当斯在日记中讽刺:"韦伯斯特制定出什么政治制度,取决于他能'开采出多少金矿'。"但制造商们认为这笔买卖很划算。沃克的法案通过后,韦伯斯特写信给阿普尔顿,向"我们最博学、最细心的朋友"征求意见,并建议遵循一直以来的惯例,"让一些波士顿的聪明绅士来华盛顿待上十来天"。由于韦伯斯特在 5 年前离开国会后就不太关注"关税问题",他还请阿普尔顿"为我出谋划策"。这位朋友则拿出一份请愿书作为回应，其中列举了反对削减关税的论据。

韦伯斯特希望完整地保留 1842 年《关税法案》，但他也研究过是否有可能精心策划推出一项折中方案。他询问波士顿另一位企业家詹姆斯·凯洛格·米尔斯（James Kellogg Mills），如果税率立即削减 25%，5 年后再削减 8.5%，"我们的朋友会怎么看"，还不忘表示，为了确保提案得到认可，他可能需要更多资金。米尔斯等人经过考虑后正式批准了这个计划，不过他们提出了自己的条件：一次性把目前所有超过 30% 的关税削减 25%，但最终税率不能低于 30%。根据韦伯斯特的说法，"这种形式的修正案是爱德华·柯蒂斯（Edward Curtis）先生想出来的"，此人很可能就是那位同名的华盛顿律师，曾是辉格党众议员。敦促柯蒂斯这么做的人则是投资糖业的波士顿银行家托马斯·兰姆（Thomas Lamb），以及代表新英格兰的纺织品制造商迈克尔·霍奇·辛普森（Michael Hodge Simpson）。这项提案随后得到多方认可，其中包括阿普尔顿、洛厄尔，以及韦伯斯特的其他富裕捐助者，还有造纸业、化工业、亚麻籽油业等其他一些相关利益团体派往华盛顿的代理人，马萨诸塞州的参议员韦伯斯特则受他们委托向参议院提出方案。1842 年《关税法案》提供的随附保护已经是"美国制度"所承诺的纯粹保护的稀释版，如果这些人连随附保护都无法保留，那么他们就会追随克莱，主动在绝境中搜刮尽可能多的好处。

然而对此，韦伯斯特坚称 1833 年"折中方案"的"原则不好，措施不对好，效果也不好"，可见他的立场有所倒退。但克

莱发现自己的国会同僚没有因为他人的退缩而受到影响，与 13
年前情况一样。萨金特在《伊利诺伊州公报》上鼓励大家："我
相信折中方案不会呈交。我们要么捍卫 1842 年《关税法案》，
要么捍卫目前亲英的（即沃克的）法案，别各取一半或是东拼
西凑，我们要在完全的自由贸易或者完全的保护主义之间做出
选择。"不过，甚至连那些受待决法案影响最大，但在起草替代
方案时没有机会表态的人也不赞成萨金特的提议。杜邦公司的
一位代理人预测，制造商们"上次已经认识到对关税问题妥协
并没有好下场，这次不会再轻易屈服"。他还表示："就我们而
言，哪怕承受新关税法案的冲击，也好过在不伦不类的措施下
苟延残喘。"

　　保护主义者之间的分歧已经大到足以扼杀法案。韦伯斯特
对儿子抱怨道："如果国会内外的辉格党人都反对解决关税问
题，那就太不幸了。我不称之为折中方案，因为它并不是，它
只是修正案，既保留了 1842 年法案的所有重要原则，又削减了
税率，会使所有需要保护的群体得到保障，感到满意，还能平
息这场喧嚣。"尽管如此，他也保证："得不到辉格党支持的措
施，我当然不会去提。"就这样，韦伯斯特悄悄放弃了这个修正
案，结果卡梅伦又把它呈上台面，想再拖一把法案的后腿，但
修正案随即被否决。而当韦伯斯特与合作者往来的信件被泄露
给一家全国性报刊后，修正案提倡者及其国会盟友都对此深感
厌恶，难以释怀。萨金特表示："这些绅士代表着大型、富有的
制造企业，接受委托向辉格党议员发号施令，要求他们为亲英

关税法案提出种种修正方案或替代方案，或对相关法案表示支持，这种做法显得过于傲慢了。尽管他们在信中只是批准了韦伯斯特先生的修正案，但事实上，修正案是这些先生们自己制定并敦促韦伯斯特提出的，至少大家都这么认为。"之后，制造商们还会为了推行各自期望的关税改革而打乱阵型。

6

与此同时，政府正在设法统一其他民主党人的行动。首先引起政府关注的是伊利诺伊州的参议员詹姆斯·森普尔。James Semple）。波尔克总统发现，森普尔"表达的观点可能会与他的投票结果不一致"，他认为森普尔是因为没有拿到美墨战争的指挥权，所以感到不满。他在日记中哀叹："其他几位议员也有相似烦恼，他们要么是自己没能如愿，要么是没能为心仪的候选人与朋友谋求到职位。此时此刻，这些因素正威胁着本次会议审议的关乎国家利益的关税措施。"由此可见，行政人员既能轻易护友，也能轻易树敌。1846 年 7 月 13 日，森普尔被召进白宫，问题看似已然解决。但两天后，波尔克得到消息说，森普尔"正在收拾行李，准备回伊利诺伊州"，于是他赶忙派遣财政部部长和邮政总长去寻找这位开溜的参议员；最后，该州的一名国会议员在火车站发现了他。萨金特报道称："森普尔其实已经坐上即将开走的汽车，但关税法案的支持者们把他拦下并说服他留了下来。他们认为森普尔这一票非常重要，不能失去。"他与波尔克总统的第二次会面安排得很匆忙，他告诉总统有人威胁要起诉自己，但总统还是"恳请他秉持爱国精神，为了国家利益留下来，给关税法案投票"，于是他同意了。

森普尔的问题刚解决，另一个问题就出现了。波尔克总统的大学校友，北卡罗来纳参议员威廉·海伍德（William Haywood）坚信沃克的法案削减关税的幅度过大、速度过快。他与宾夕法尼亚的同僚一样，也被自己州的议会施压，被要求改革 1842 年《关税法案》，而非保留它。波尔克总统敦促其他民主党议员向海伍德施压，这些议员则分别在 7 月 15 日和 7 月 23 日单独与他开了会；在第二场会议上，波尔克总统"恳求（海伍德）为了他自己，为了国家，也为了本届政府，再三考虑是否要投出这张反对票"。面对波尔克总统的恳求，海伍德很是感动，于是提出了自己的折中方案：只要参议院把法案生效日期推迟三个月，他就投票赞成法案通过。原则上，波尔克总统是愿意让步的，但无法接受这一修改带来的风险：法案必将返回众议院征求批准，而到时，反方可能借机拉帮结派否决掉法案。鉴于此，总统只好忍痛回绝了校友递出的橄榄枝。

现在，海伍德开始犹豫了。没有政党的支持，他就无法修改法案。他告诉波尔克总统，自己"宁死也不想投票支持"未经修改的法案，但他所在州的议会逼着他投赞成票。于是，海伍德在最后一次会见波尔克总统的两天后，选择了辞职。向选民发表讲话时，海伍德表示自己有"义务在昧着良心给一部自己无法认同的法案投赞成票前"请辞，并指出自己接到的指令

中有一项不得不服从的条款。波尔克总统听到海伍德辞职的
消息后"大惊失色"——这下子，法案通过的希望就更加渺茫
了。民主党参议员约翰·费尔菲尔德（John Fairfield）告诉妻
子，"根据我们一直以来的预测，关税法案将最终由副总统投票
通过"，但海伍德辞职后，"法案便悬在成败之间，摇摇欲坠"。
7月25日，《联盟报》发表了一篇文章，标题为"收入性法案
遇险！"，称北卡罗来纳人海伍德是"叛逃者，终其一生都难以
弥补今天犯下的政治罪过。如果法案因为他的渎职而失败，这
份深仇大恨就要由他来背负了"。法案反对者则既讶异又兴奋。
"太好了！我刚刚听说，海伍德先生几分钟前就从参议院辞职
了！"萨金特打破以往的行文风格，感叹道，"他宁愿如此，也
不甘在党派的操练和暴政下，投票支持自己认为有损国家利益
的法案。"

从眼下的情况来看，法案注定无法通过，除非有一位辉
格党参议员投出赞成票。那么，田纳西州的斯宾塞·贾纳金
（Spencer Jarnagin）就成了主要人选。该州议会由民主党掌控，
贾纳金则受他们指示，设法用从价税取代1842年《关税法案》
中的某些税率，类似沃克的法案，而且他非常渴望自己在来年
的选举中能够连任。甚至在海伍德离职前，波尔克总统就找贾
纳金沟通了投票问题，并得到保证说："他认为关税问题在我
当选总统之时就算是解决了，此外，他会按照田纳西州议会的
指示来投票。"但波尔克总统还是心存疑虑，所以才迫切希望
海伍德支持法案；结果海伍德选择了辞职，而在同日波尔克总

统就得到消息说田纳西州的贾纳金也在考虑请辞，于是更加焦头烂额了。波尔克总统随即把田纳西州的民主党参议员霍普金斯·特尼（Hopkins Turney）召进白宫，让他去挽留贾纳金。次日，特尼就带来了令人愉快的消息——贾纳金"说他不会请辞，而会给关税法案投赞成票……而特尼也完全相信他的话"。然而，其他人则不以为然。在法案投票点名的早晨，费尔菲尔德参议员记录道："贾纳金身为辉格党人，却被民主党议会命令投票支持法案，看起来犹犹豫豫，搞得所有人都开始怀疑他最终会如何取舍。"

马萨诸塞州参议员韦伯斯特后来回忆道："一切都取决于贾纳金先生的投票。"他请求同为辉格党人的贾纳金与党内其他参议员站在同一阵线。7 月 26 日的周日，也就是波尔克从特尼那里得知贾纳金会投票支持法案而松了一口气的同一天，贾纳金让两名代表带话给韦伯斯特说，"他也认为法案不应该通过"，但贾纳金希望先"让副总统拿到最终决定权"，这样法案的责任就转而落在了副总统达拉斯肩上。而韦伯斯特则"希望对法案进行一些修正，这样一来，就算法案在参议院通过了，也还有可能被众议院否决"——波尔克正是担心这种情况发生，才会拒绝海伍德提出的折中方案。为了防止造成任何误会，韦伯斯特把计划写了下来：首先，他将提出对法案进行一些修改，而贾纳金会投票让这个修正案通过；然后，他提议正式书写法案，也就是法案通过前需要走的步骤，但在这次投票中，贾纳金会放弃投票，让达拉斯拿到最终决定权。如果达拉斯表示"反对"，那么法案就出局了；如果他表示"赞成"，那么贾纳金就会提出搁置法案，并补上一张赞成票，确保提议通过。贾纳金绝不会投票反对法案，哪怕言不由衷，也要说自己会遵守指令。贾纳金从田纳西代表们手中拿到了韦伯斯特的备忘录，并向他们表示自己同意照做。

7月27日的周一上午，韦伯斯特自信地告诉儿子，关税法案今天就要完蛋。在会场上，他按照自己与贾纳金定好的计划，适时提出了修改法案。然而就在这时，发生了"一场意外"。曾在1833年对关税法案产生了重要影响的辉格党同僚约翰·克雷顿提议把法案交给赋税委员会处理，并指示他们恢复1842年《关税法案》中的某些税率，或者，至少要取消拟议法案中的原材料关税。克雷顿宣称，自己"反对整个法案，没什么兴趣讨论其中的细则以及待决的（即韦伯斯特的）修正案"。根据参议院的规定，克雷顿交付的两项提议优先级高于韦伯斯特的修改提议。贾纳金以自己收到个别州议会指示为由，给克雷顿的第一项提议投了反对票，于是该提议被否决。而在第二项提议的投票中，尽管特尼愤怒地干预，提醒贾纳金"他们已经在私下认同法案符合那些指示，也同意投票支持法案"，但贾纳金还是改变了立场，而卡梅伦、奈尔斯和斯特金都加入了辉格党的阵线，第二项提议还是以一票之差通过了。

韦伯斯特后来的评价是："每个人都清楚（克雷顿的提议）完全没意义，但辉格党肯定不会投反对票。"不过事实上，交付提议为反方创造了其他机会。从理论上讲，情况正如贾纳金为了给自己开脱而说的虚伪辩词那样："这不会影响法案的通过……因为在这个制定修正案的委员会中，法案的支持者居多。"但在修改法案时，委员会成员将受制于参议院——如果他们遵守克雷顿的指示，那么法案的保护力度就会加强；反之，法案就出不了委员会，注定要随着国会会议的结束而告终，或者，正如华盛顿的传言所说，这令北卡罗来纳州的辉格党州长有了更多时间来选任海伍德的接班人。因此，许多人都认为克雷顿的提议通过等于关税改革反对派的胜利。根据萨金特的说法，"那些数周以来被恐惧和焦虑压得喘不过气的议员，因为法案的落败而得到了解脱。"

但事情正如韦伯斯特后来所述，克雷顿的提议推迟了最终的投票，也产生了"严重的后果"。为了挽救法案，支持者们连夜寻求那必要的一票。财政委员会主席刘易斯选择支持一项提议：在煤和铁的税率上再次让步，以此拉拢宾夕法尼亚州的参议员。沃克勉强同意了这项提议。然而事实证明，只撼动卡梅伦和斯特金的立场还不够，因为其他参议员也收到了各方开出的"价码"。韦伯斯特回忆道："周一晚上，贾纳金先生的辉格党朋友到 10 点才找到他人。他一直待在总统府，不想与他们交谈。"次日早上，贾纳金告诉韦伯斯特，虽然他还是打算"拒绝对正式书写成法案的提议投票，并让达拉斯先生决定法案的命运"，但他有"义务"在身，"不能投票拖延法案的审议"。韦伯斯特断言："周一在总统府上开会时，我知道该如何解决贾纳金先生的投票问题了。"他还说，次日早上"我在国会大厦遇到了沃克先生，我发现他很清楚贾纳金有何目的"。

萨金特写道，1846 年 7 月 28 日的周二，参议院的议事过程"会令在场记者终生难以忘怀"。财政委员会主席刘易斯请求解除该委员会收到的指示，就此点燃了关税法案的辩论之火。贾纳金站起来解释，经过"周密考虑"，自己确信无法落实税率的修改，而且如果拒绝委员会的请求，那么就别想对法案进行干预。他问大家，在这种情况下，"我该怎么做？"在场的一位记者报道称，当时旁听席中有人小声嘀咕了一句"辞职"。讲台上的贾纳金并没有理会，宣称自己虽然不赞成法案，但他奉命支持法案立足的原则，而且他会服从自己收到的指示。解除委员会指示的提议以 28 票对 27 票通过，唯一改变了昨日立场的人就是田纳西州的辉格党参议员贾纳金。有人提出正式书写法案时，贾纳金如约放弃了投票权，双方以 27 票对 27 票打成平手。于是，达拉斯就拿到了最终决定权；他投出了赞成票，宣称自己作为副总统，"代表着全体（美国）人民的利益，要为全体（美国）人民表态"，而且他必须恪守 1844 年的民主党纲领。最后，在决定法案命运的投票中，贾纳金投了赞成票，使得法案以 28 票对 27 票的投票结果在参议院通过了。

韦伯斯特的评判是："如果参议院走的是我们周日晚上商定的流程，我们就有机会抢在总统与贾纳金私下会面之前进入最终投票，那样的话，法案肯定就会落败。"在一片令人心潮澎湃的气氛中，马萨诸塞参议员韦伯斯特还是成功通过了自己的修正案，把法案送回众议院审批。尽管某些成员再次设法阻挠法案通过，众议院还是在次日批准了修正案，于是法案成功抵达波尔克总统手中。有些人观察发现立法过程存在腐败；一位田纳西人称"哪怕所有人都看得到贾纳金面前摆着明码标价的条件"，他还是会"会毫不犹豫接受贿赂"。对于出卖选票这件事，韦伯斯特想必略知一二，自然也就比较理解贾纳金了。他跟儿子解释说："我不认为贾纳金先生有受贿动机。在人们眼中，某些左右立法的手段并不光彩，却能产生正面回馈。"不过韦伯斯特还说："他做出了虚假的承诺，要一辈子蒙羞了。"然而，韦伯斯特主要迁怒于克雷顿等人，他们先是阻碍他对法案进行折中的修改，然后又破坏了他与贾纳金的计划。这几位辉格党领袖未能依照计划扼杀法案的原因可以追溯到 1833 年，克莱和韦伯斯特两派人因"折中法案"而决裂，这份敌意至今还在发酵。一位国会议员感叹："辉格党就像一群没有牧羊人的羊，碍于地区斗争与个人斗争，他们的一切行动都难以协调。"

1846 年《关税法案》在美国各党派之间激发了美国内战前最严重的立法分歧。两院合计来看，民主党投出了 140 张反对票和 21 张赞成票，辉格党投出了 101 张赞成票和 2 张反对票。党派利益超越了地区利益，这点与 1842 年一样：支持法案的 61 名北部州议员都是民主党人，反对法案的 33 名南部州议员之中只有 1 名辉格党人，其余都是民主党人。海伍德向选民抱怨，法案之所以会通过是因为"党派操控，导致多数人都判断失误了"。奈尔斯表示认同。在法案即将在参议院通过的最后关头，他不甘地宣称："我真心认为，在这整个团体中，只有不到三分之一的人敢凭着良心说自己赞成法案。"这一小部分人包括托马斯·本顿，据报道，他自己的说法是，"比起把这部关税法案打造成看起来能够令人接受的样子，他宁愿去驯化一只狒狒"，但他仍然助推了法案的通过。还有一位就是得克萨斯州的参议员萨姆·休斯顿（Sam Houston），他坦言"这部法案不算好"，但拒绝去做任何"分散民主党注意力的事"。不过，做出了最大牺牲的人是来自宾夕法尼亚州的达拉斯：该州选民极度不满，把他的塑像吊起来抗议，吓得他赶紧给宅邸加购了一份保险，还催促妻子"收拾行李，把全家人带到华盛顿"。这部法案也许比所有其他法案都更能反映出，哪怕在政党影响力最强大的时期，美国内战前的政策制定也还是充满了不确定因素。最终，贾纳金背弃了自己的政党，而达拉斯以背叛宾夕法尼亚州民意为代价来效忠政党，1846 年《关税法案》才得以通过。

7

副总统达拉斯在对 1846 年《关税法案》投出决定性的一票时，提醒参议院听众："行使征税权的初衷是暂时让广大消费者自掏腰包来增加少数产业的利润。只有当国家需要用这种关税来壮大工业、增强国防时，我们才有必要这么做。"他的一席话表明，自他父亲的报告启动了保护主义试行的 30 年后，关税政策总算回归了最初的原则。从 1820 年"鲍德温法案"开始，制造商及其盟友为了对抗外国竞争对手，逐渐提高了他们对国家扶持的要求。这一趋势因 1832 年《关税法案》受阻，又因 1833 年"折中法案"严重受挫，保护主义者首次在亨利·克莱所谓的"美国制度"所应许的长久而明确的鼓励政策上让步，转而采纳更模糊的"随附保护"政策。这一理论在先前安德鲁·杰克逊的"明智的"关税法案中含糊不清，但在 1842 年《关税法案》上体现得淋漓尽致，因而制造商们认为，后者"非常好""令国家繁荣再现，神奇得像是一场魔法"。然而，1846 年《关税法案》逆转了这些成果，事实证明，这部法案是 1816 年至 1861 年间最纯粹的收入性关税法案。

1842 年和 1846 年的《关税法案》均证明，美国内战前的政策往往由较小票数差决定。即便约翰·泰勒总统屡次阻挠，辉格党还是通过了 1842 年《关税法案》，只不过，这牺牲了公共土地销售收入在各州之间的收入分摊，导致辉格党没能团结北部、南部和西部各州来支持政府提倡的国家经济发展计划。四年后，来自民主党的詹姆斯·波尔克总统提倡了另一部法案，以时任财政部部长罗伯特·沃克的名字命名，交由民主党居多的众议院和参议院审议，却因一张来自辉格党人的赞成票而"存活"下来。由于党派矛盾和地区矛盾频发，各个立法者必然受到牵制，用托马斯·库珀的话来说就是，"内部成员"受"外部"批判言论左右的可能性大大提高。保护主义者也有所行动，把废奴主义者等美国早期改革运动发起者利用的群众动员方式与全国展会等创新活动相结合。

　　但这次没有例子可以证明游说行动影响了立法过程，不像1816年，弗朗西斯·卡博特·洛厄尔倡导对棉花征收最低估值；也不像1828年，哈里斯堡大会左右了第二十届国会的议程。然而，造访华盛顿的制造商和代理人越来越多，迫使那些来自保护主义选区的国会议员再三审视，背叛制造业的利益要付出何等代价。宾夕法尼亚州代表团的行为最能说明这一现象。富裕的资本家们试图在1846年打造自己的折中法案，但从整个过程可以看出，保护主义阵线正在断裂，他们各自的利益相互冲突。早在1816年，洛厄尔削弱同行竞争力的做法就是一个鲜明示例；而后，克莱在1833年"折中法案"中放弃了他们公认的长期保护原则，保护主义阵线的裂痕就更加触目惊心了。之后的十年里，局势只会继续恶化。在1846年《关税法案》通过两个月前，美国国会宣布对墨西哥开战，而后大卫·威尔莫特呼吁禁止对在战争中征服的所有领土施行奴隶制，于是各地区对奴隶制的争议也卷入其中。所有事态都将对国会的立法产生重要影响，尤其是在关税政策方面。正如内森·萨金特在1842年的漫长夏天写道："现在，国会议员们并非作为各地代理人而独立、自由地行动，而是迫于国会外民众的巨大压力而行事，所以没有任何方法能够帮助人们准确预测事情的发展。"

第六章

"金钱至上"：
1857 年和 1861 年《关税法案》

1857 年 2 月，国会就新的关税立法展开辩论，《宾夕法尼亚州人报》称："当今政治最令人遗憾和恐慌的地方在于，人民票选出的代表与立法者之中腐败盛行。"该报刊编辑还写道："我们只能得出结论——金钱至上。它的地位高于任何欧洲君主，势力逐年累积，霸凌着本国各项立法事务。这个趋势发展至今，国家立法大厅已满是专业'卖票老手'。名义上，他们是游说团的一分子；但实际上，他们高调兜售着某些体面议员的选票，就像菜市里卖猪肉的屠夫。"他警示读者："这种恶行对于共和制而言就是莫大的危害。"

从这些言论可知，自 1812 年英美战争后艾萨克·布里格斯等人开创游说以来，这项运动已是今非昔比。对 1857 年和 1861 年《关税法案》的研究表明，在美国内战前夕，促使国家修订关税政策的各个因素相去甚远。其中，最先出现的因素是保护主义团体的再次分裂。11 年前，他们试图推翻罗伯特·沃克的收入法案，但以失败告终。此后，集中在新英格兰地区的一派制造商改变了策略，转而支持进一步削减关税——大量削减原材料关税，从而提高他们自己的利润。为此目的，他们与支持削减所有关税的自由贸易派联手通过了法案。而他们这么做，就疏远了那些坚持要求全面提高关税壁垒的老盟友。鉴于这件事，国会对某些纺织厂主操作的游说行动展开了调查，并得到了骇人听闻的证词：国会内部有人贪污受贿。

然而，甚至在这次调查结果出来前，1857 年美国国内就爆发了恐慌。在亨利·克莱的 1833 年"折中法案"牺牲掉保护原则的 25 年后，明确鼓励国内制造业的运动被再次点燃。同时，各地区的共和党势力正在不断壮大，而主要保护主义者，尤其是亨利·凯里，则设法利用这股势力来实现以利亚撒·洛德的预言：要取得成功，"让应该被团结起来的人真正团结起来就行了"。保护主义者成功助推自己首选的方案在众议院通过，然而在 1860 年夏天，近在眼前的胜利又被民主党主导的参议院拦了下来，而这似乎成了蓄奴势力对华盛顿的最后通牒。1860 年11 月，亚伯拉罕·林肯当选总统，随后 7 个蓄奴州脱离联邦，于是在 1861 年 2 月，北部州的国会议员才有机会重申：保护国内产业是政府的责任。自此，美国政治经济迈向崭新的时代。

1

1846 年《关税法案》是 19 世纪美国所有关税法案中执行时间最长的一部。期间，美国农产品疯狂涌入大西洋彼岸的欧洲市场，拉动全美经济飞速增长。正如埃勒瑟尔·伊雷尼·杜邦的侄子查尔斯·杜邦（Charles du Pont）对一位亲戚所述："所有商人都知道前路艰险，却没想到欧洲爆发了饥荒。但沃克部长真的很幸运，多亏了帕特土豆泥这道菜，他的财政大业才能如此辉煌。"19 世纪 50 年代中期，连美国制造业都在收入性关税政策下蓬勃发展，所以英国驻美国大使才会报告称："保护主义制度恢复的可能性很小，它也不可能再成为普遍原则。"他解释，"在这一整届总统任期（1849—1853）内，辉格党都占据着国会。然而，每当他们想把关税法案朝着保护主义的方向修改时，无论是直接还是间接的尝试，全都付诸东流。"无论是关税问题，还是公众日益关注的奴隶制等其他重大问题，辉格党都无法凝聚足够坚定的立场来对抗民主党，于是在不久后解体。辉格党先辈政治家亨利·克莱和丹尼尔·韦伯斯特在1852年去世也是该党解体因素之一，与两人共享"三巨头"之称的约翰·卡尔霍恩则比他们早离世两年。辉格党解体后，共和党就形成了，而他们为了拉拢前辉格党人和民主党人一同反对奴隶制，在保护主义问题上犹豫不决，立场摇摆不定。1856年，共和党首次参加总统竞选，其宣讲委员会主席是宾夕法尼亚州为数不多的自由贸易拥护者大卫·威尔莫特；当民主党人大力宣扬"逐步推进全球贸易"时，共和党人却对保护主义只字不提。

如今剩下的保护主义者全都意见不合、灰心丧气。一位波士顿商人感叹："现在新英格兰无能为力，而我们无论做什么都可能弊大于利。其实我有时候在想，要改变现状、提高保护效果，最好的办法是让新英格兰站出来倡导自由贸易。"在1856年的总统大选中，宾夕法尼亚州投票支持了詹姆斯·布坎南，把这位民主党候选人送入了白宫，引起了更多共和党人的不满。该州一名国会议员警告："我们某些老朋友表示，宾夕法尼

亚州既然决定支持自由贸易民主化，就应该把它落到实处。"虽
然 1837 年经济恐慌爆发之后，南部州鼓励制造业的趋势有所抬
头，但现在自由州的废奴情绪日益高涨，又导致该趋势有所消
退。马萨诸塞州的棉纺厂主阿莫斯·劳伦斯（Amos Lawrence）
还受到一位南卡罗来纳州同行主的责备："眼看南部州就要接受
合理的关税建议了，结果你们北部、东部和西部各州又丢出了
一根'骨头'，引发了争夺，破坏了一切，然而这只不过是你
们新英格兰人产生的错觉，一场空想。我原先还盼着他们常识
过硬，不会失去理智呢。"阿莫斯·劳伦斯的叔叔就是曾向国
会提出过几部关税法案建议的阿伯特·劳伦斯。可见，保护主
义者已分为三派——集中在新英格兰且认同废奴主义的制造商、
集中在大西洋中部地区且观念较为保守的制造商，以及势力非
常渺小的蓄奴州制造商，而他们彼此关系还在恶化，因此往后
的行动更难协调。

正是在这个动荡时期，亨利·凯里继承了父亲马修·凯里
的衣钵，扛下了保护主义事业的重担。比起像父亲那样撰写耗
时较短的小册子，这位凯里更喜欢撰写长篇著作，他的政治经
济学著作还曾享誉国际，不过，他也会在报刊上发表文章。从
未担任过公职的亨利·凯里，甚至在 1856 年共和党的副总统
党内提名选举中获得了三张选票，尽管他能获得这一殊荣可能
是由于宾夕法尼亚州代表团在象征性地抗议共和党纲领中缺少
了有关关税的内容。亨利·凯里曾是辉格党人，他称那次竞选
是自己第一次"参与政治运作"，但他对共和党的付出基于一

个前提：他相信共和党能充当恢复纯粹保护主义政策的工具。在布坎南获选总统后，亨利·凯里其实有意为这名即将上任的民主党总统提供经济发展建议，但显然没有得到回应。他还考虑过举起保护主义的旗帜来建立一个新政党，但被朋友们告诫说，现在把保护主义议题置于奴隶制议题之上，无异于"葬送政途"。尽管如此，亨利·凯里还是义无反顾地向国会的朋友施压，要求全面提高关税。他认为国家做到自给自足后，就能实现农业、商业和制造业等"各方利益和谐发展"，那么南北双方都会从中受益。亨利·凯里与父亲一样，期待国家未来能够成为一个统一协作的整体，但在地方主义不断升级的背景下，他也不确定能够说服多少美国人民认同自己的观点。

其他保护主义者则在为国内制造业寻求立竿见影的切实利益，因此反对亨利·凯里这项志存高远的大计。他们的重心是确保废除沃克的法案中为满足政府实际收入而对原材料征收的关税。这些人中纺织厂主居多，他们急于摆脱现行的税率为30%的进口羊毛从价税。采访亨利·凯里的一位记者解释，从政治方面而言，这种策略很明智，"因为老辉格党人会以贸易保护为由予以支持，而曾身为民主党人的共和党人又会把它视为保护性自由贸易措施而予以支持"。该记者称这些保护主义者的策略是"格里利法"，以在《纽约论坛报》中倡导这一策略的编辑霍勒斯·格里利（Horace Greeley）命名。格里利曾在1831年参加了纽约关税大会，当时的他还只是个无名小卒，而如今的他已成为某位政界合作者口中"自希西嘉·奈尔斯时代以来，美国保护性关税领域最有才华的作家"，他的报纸和先前的《奈尔斯周刊》一样，拥有时下最高的发行量。

但亨利·凯里反对这项策略，原因是它为了保护制造商而牺牲了羊毛供应商，不符合"各方利益和谐发展"的愿景。他可能还考虑到，要是开创这个损人利己的先例，首先遭殃的会是宾夕法尼亚州的钢铁产业——铁路巨头们需要价格低廉的进口金属，而他们又是一个不容小觑的施压群体。情况正如亨利·凯里的盟友詹姆斯·哈维（James Harvey）在费城《北美人报》上开设的华盛顿专栏中所抱怨的："东部州的人想要免税羊毛，反对他们的某些西部州的人又想要免税铁材，而任何一方要是支持糖类进口，就会遭到南部州的人的报复。各方利益相互碰撞，谁都无法全身而退，谁都没能枉尺直寻。"

2

1856年12月1日，第三十四届国会召开，而富兰克林·皮尔斯（Franklin Pierce）的总统任期只剩最后几个月了，这注定是一场"跛脚鸭会议"，保护主义团体则在其间分崩离析。由于国库充盈，皮尔斯及其财政部部长詹姆斯·格思里（James Guthrie）自上任以来就在敦促进一步削减关税，但那些仍然支持高关税的议员变本加厉地以冗长的演说拖延时间，来阻挠关税改革。国会会议召开的一周前，一位议员坦言："我认为，我们在两院都只能借助那些妨害立法进程的规则来阻止他们行动。

我们充其量只是少数派，还能如何？"然而，有传言称这次各产业代表愿意与政府支持者联手推行一部遵循"格里利法"的法案。12 月 4 日，哈维报道："据说，铁路公司要么已经签订羊毛免税的协议，要么愿意签订这种协议，但前提是，各个利益集团也要联手保证铁材免税。"3 天后，他又报道："在过去的 24 小时里，游说团体的力量大幅增强，其中成员都是贸易派政客，在他们眼中，无论是羊毛还是铁材，跟金钱一比可都差远了。"

现在，共和党、其他反奴隶制人士、信奉本土主义的美国人党（American Party）以及少数辉格党残余分子共同组成了一道反民主党阵线，占据着众议院多数席位。他们对待关税的态度不同，但一致反对政府施行奴隶制，所以才走到一起。时任议长纳撒尼尔·班克斯（Nathaniel Banks）来自马萨诸塞州，曾是一名支持自由贸易的民主党人，因批判自己州的制造商产生的不良影响而开启了政治生涯。时任赋税委员会主席刘易斯·坎贝尔（Lewis Campbell）来自俄亥俄州，是一名老辉格党人，不过他坦言自己"原则上是保护主义者"。关于委员会应该如何行事，坎贝尔和志同道合的成员已经与亨利·凯里沟通过，但他们也倾向于采用"格里利法"。宾夕法尼亚州的众议员詹姆斯·坎贝尔（James Campbell）表示："所谓的补救办法——既要增加关税税率，又要减少政府收入，也就是亨利·克莱在 1832 年面对同样的国库盈余时的主张——根本不可能成功。有时候，我们必须看看自己能做什么，而不是应该做什么。"于是他们征求了亨利·凯里的意见，了解哪些商品可以在不损害美国生产者的情况下被列入免税清单。就羊毛而言，赋税委员会主席刘易斯·坎贝尔认为可以取消对国内不生产的"极细"和"极粗"两个品种征收关税，并保留其余品种的关税。但宾夕法尼亚州的詹姆斯·坎贝尔还是提醒："为了保住铁材的税率，我们可能……不得不为新英格兰取消所有羊毛关税。"

上一届国会会议结束时，赋税委员会主席报告说委员会赞成扩充免税清单，但请求把法案审议推迟到休会之后。1857 年 1 月 13 日，众议院重启关税法案的审议，刘易斯·坎贝尔主席宣布，自上次报告之后，委员会"从各处收集到了许多有用的信息"，并提交了一份修订版来取代先前的方案。这部替代方案的细则可能与原版不同，但基本原则相同，都是把大量商品列入免税清单，拟议免税的商品大约有 200 种，同时保留 1846 年《关税法案》中的其他税率。在拟议的免税商品中，包含价值低于 15 美分或高于 50 美分的羊毛。主席解释，这么做的目的是"在原则上对自由贸易稍做让步"，"通过取消这些产业所需外国原材料的关税，来保护美国其他产业"。随后的五周，众议院都在对这个方案进行辩论。令哈维厌恶的是，多数辩论都在"针对奴隶制"。他不由得感叹："真正的讨论主题没有取得任何进展，几乎没人在认真思考它。"多数批评意见来自民主党人，他们抱怨这项方案颠覆了沃克法案所确定的政府收入标准，违背了政府的意向。不过，这项方案确实承诺降低平均税率，而且把大麻移出免税清单算是增加了政府收入，同时还保留了糖类的现行税率。于是在 1857 年 2 月 20 日，刘易斯·坎贝尔主席的方案以 110 票赞成对 84 票反对的投票结果在众议院通过。其中，将近八分之七的民主党人投出了反对票，而超过三分之二的反政府人士投出了赞成票。

同日，民主党掌控下的参议院采纳了这项方案，并把它交给了由弗吉尼亚州人罗伯特·亨特（Robert Hunter）担任主席的财政委员会。据一位议员的回忆，亨特"身材壮实，脑袋很大，举止果断"，"对议会法规和惯例熟门熟路"，而"他对财政问题发表的观点也得到了高度关注"。亨特作为南部州的民主党人，很难认同众议院赋税委员会推崇的保护主义方案。就连某些保守的北部州议员，也坚决反对在地区矛盾如此紧张的时期对废奴腹地新英格兰做出任何让步。其中一位议员写道，这部法案是"联邦政府能给予"纺织品制造商的"最大恩惠"，在他们得到法案的庇护前，"应该要让他们明白，劳伦斯与洛厄尔的所在地（二者均为马萨诸塞州的工业城）是美国——只不过他们还不愿意承认这个事实"。亨特的选民也在不断地对他施压，要求他尽快降低联邦收入标准。自由贸易派读物《商业期刊》（*Journal of Commerce*）的编辑大卫·斯通（David Stone）告诉亨特，自己希望制成品和原材料的关税都能降低，但也力劝："哪怕不能尽善尽美，也还是要改一改关税法案。"马萨诸塞州的众议员 J. 威利·埃德蒙兹（J. Wiley Edmands）也提醒："现在商界都意识到，国库里的钱币已经泛滥成灾，想要防止灾难临头，就必须有所作为。"

2 月 24 日，亨特向参议院上报了坎贝尔的方案及其委员会的修正案，但他也告知众人，自己会提出一项更好的方案。两天后，他拿出了这项方案，并在介绍时强调本届会议只剩一周时间，请参议院加紧审议。亨特的替代方案建议降低 1846 年《关税法案》中的所有税率，并稍微扩充免税清单，比众议院的方案更符合沃克当初确定的政府收入标准。当时，大麻、铁、糖和羊毛制品的税率是 30%，棉花制品的税率是 25%，而亨特认为，这些都是牵扯保护主义利益集团的主要商品，应统一征收从价税 23%。为了让制造商有所收益，他希望把所有品种的羊毛税率从 30% 下调至 8%。但在伊利诺伊州参议员斯蒂芬·道格拉斯（Stephen Douglas）的干预下，同僚们决定采纳坎贝尔方案的修正案，即价值 20 美分以下的羊毛免税，而其余品种的税率则为 23%。双方就此展开辩论，直到半夜，亨特的替代方案才终于以 33 票赞成对 12 票反对的投票结果在参议院通过，而且无人再提出异议。

众议院并不认可参议院返回的修正案，再次提出成立会议委员会来解决两院版本之间的分歧。在安排会议委员会人员时，班克斯议长选择让赋税委员会主席刘易斯·坎贝尔和另外两名成员，弗吉尼亚州的约翰·莱彻（John Letcher）和马萨诸塞州的亚历山大·德威特（Alexander De Witt）代表众议院，让亨特、道格拉斯和纽约州的威廉·苏华德（William Seward）代表参议院。经过长达 12 小时的会议，他们达成共识：亨特的替代方案更好，但保护类商品的税率要再略微降低到 24%，并采纳坎贝尔方案中那份较长免税清单里的相当大一部分内容。3 月 2 日，即第三十四届国会会议的倒数第二天，会议报告的方案以 123 票赞成对 72 票反对的投票结果在众议院通过，以 33 票赞成对 8 票反对的投票结果在参议院通过。"真正敲定关税法案的也就 6 人，"哈维编辑抱怨，"班克斯先生在组建委员会时，剥夺了宾夕法尼亚州对自己重大利益的发言权。但以往事实已经证明，法案最终给予新英格兰的某种程度的保护，实际上并不符合他们的期望。新英格兰需要表达自己的诉求。"

1857 年《关税法案》的税率创下了 19 世纪的新低，但增加的免税商品抵消了某些产业的潜在亏损。这意味着，保护主义者对这部法案的意见不会像在 1846 年那么统一。参众两院合计来看，民主党人对会议委员会的方案投出了 93 张赞成票和 6 张反对票，反政府派则投出了 63 张赞成票和 74 张反对票，这一结果与双方对坎贝尔方案的态度明显相反，不过这次坎贝尔主席自己也投了赞成票。在北部州之中，双方票数差最明显的是俄亥俄州和佛蒙特州这类羊毛产地，投了 5 张赞成票和 20 张反对票；以及康涅狄格州、缅因州和马萨诸塞州这类毛织品产地，投了 23 张赞成票和 0 张反对票。马萨诸塞州如此需要这部法案，哪怕在 9 个月前，参议员查尔斯·萨姆纳（Charles Sumner）才遭到支持奴隶制的众议员雷普斯顿·布鲁克斯（Preston Brooks）的一顿毒打，他也要暂回岗位，在本届会议的最后几天确保羊毛的免税条款安然无恙。不过事实证明，宾夕法尼亚州代表团认为铁材税率的削减幅度太大，所以投出了 17 张反对票和 4 张赞成票，反对者之中就包括赋税委员会成员詹姆斯·坎贝尔。

3

国会休会后，《宾夕法尼亚州人报》的编辑沉思道："就在几年前，国家还因为关税改革而闹得四分五裂、满城风雨，而如今的改革力度并不大，这不免令人感到匪夷所思。"确实，这部新关税法案的诞生背景，不是催生 1820 年"鲍德温法案"和 1842 年《关税法案》的那种经济危机，不是促成 1828 年《关税法案》的党派操纵，也不是造就 1832 年和 1833 年《关税法案》的地区矛盾。这一次，不存在支持或反对保护主义的协作运动，相关的会议和请愿书都很少。然而，这并不代表国会大厦之外的民众不在乎关税，《宾夕法尼亚州人报》已经提醒过读者"金钱至上正霸凌着各项立法事务"。那么，哈维所述在国会会议开始之际汇聚的游说团体，对 1857 年《关税法案》的颁布发挥了什么作用呢？为何他们的活动会引起公众前所未有的关注？

要解答这些问题，我们不妨参考接下来发生的事。次年，第三十五届国会就"1857 年《关税法案》的制定存在腐败"这项指控展开了调查。在 19 世纪 50 年代的美国，这种调查屡见不鲜，但这是国会首次围绕关税立法展开调查。事实上，在第三十四届国会的最后一次会议期间，关税法案仍在审议之时，众议院就任命了一个委员会，对报纸上一项关于明尼苏达州公共土地分摊法案的指控进行调查。《北美人报》的哈维记者在写给亨利·凯里的信中称，自己也煽动了这场"骚乱"，并表示如果委员会发现这其中存在不法行为，那么"所有其他事务都会受影响"，包括"羊毛和铁材的税率定夺"。哈维还告诫宾夕法尼亚州的铁器制造商们，别派代理人去华盛顿干预铁路行业对其产生的影响。他的解释是："如果是要派他们向国会阐述自身的处境，进行简要的沟通，那么我并不反对。但如果是要派他们充当骑兵（站在方阵最前端的那种骑兵）围堵国会，那么我彻底质疑这种做法。我们现在要确保游说之战的协调性，而不是分批来变本加厉地索求。"在国会对明尼苏达州的调查下，4名国会议员被驱逐，游说者则按兵不动。

或者，游说者至少看起来没作声。然而9个月后，有报道称，国会最近调查了一些账目，涉及劳伦斯与斯通公司（Lawrence, Stone & Co.）以及一家刚刚倒闭的代理销售马萨诸塞州几家纺织厂产品的销售代理商，结果发现有超过87000美元的费用通向一个神秘的"关税账户"。哈维在华盛顿报道称："那些消息灵通的人士并不对这一发现感到惊讶。目前的关税法案悬而未决，而毛棉织品利益集团的代理人又在华盛顿，不难理解，他们随时都会为了达成符合自己期望的关税修订案而吹响战斗的号角。"1858年1月15日，众议院任命了一个委员会，"根据劳伦斯与斯通公司支出的款项，对国会上届会议中受到指控的议员等政府官员展开调查"。煽动这次调查的人是俄亥俄州的众议员本杰明·斯坦顿（Benjamin Stanton），他称1857年《关税法案》牺牲了羊毛供应商，"本质上就是制造商的法案"；他还被选为这次调查的领队人。

委员会最先从劳伦斯与斯通公司的事务入手。该公司的3名高级合伙人之中，阿伯特·劳伦斯的哥哥塞缪尔·劳伦斯（Samuel Lawrence）因涉嫌贪污而逃到了欧洲，贾维斯·斯莱德（Jarvis Slade）在企图自尽后病危，剩下的就是国会大厦里大名鼎鼎的威廉·斯通（William Stone）了。委员会报告指出，经过若干名成员"亲自审理得知"，威廉·斯通"在国会上次会议期间，为了力推1857年《关税法案》在华盛顿待了相当久"。哈维也一样，他在1856年12月告诉过亨利·凯里："羊毛利益集团已经大动干戈。威廉·斯通在城里，但没有按照游说团体的指示提供'军饷'。"哈维的意思是纺织大亨威廉·斯通不愿掏出巨资来收买他们，这件事在此案证词中多次出现。被传唤作证的威廉·斯通确实承认，自己在几年时间里从公司划拨了大约8000美元，用来收集和发行支持羊毛免税的资料，但委员会认为"没有证据证明他个人曾向国会议员行贿"。报告称，威廉·斯通在华盛顿"似乎主要是劝那些来自羊毛产地的议员相信，降低进口羊毛的关税会拉高本土羊毛的售价"，还讽刺地补充道："自然而然，他在这项'事业'上取得的成果不尽如人意。"

然而，剩余的79000美元还没能溯源。据威廉·斯通称，其他合伙人先是"鼓励我来华盛顿工作"，但后来确信"我无法成功，除非他们多掏点钱"。于是，这些合伙人显然没有征求他的意见，就雇用了波士顿另一家公司的销售员约翰·沃尔科特（John Wolcott），把剩余的大部分钱委托给了沃尔科特。而且，尽管威廉·斯通在首都时与沃尔科特住在一起，但他表示自己不清楚这些钱的去向。他对委员会说："我宁愿什么都不知道，这样我就不会意识到自己可能发现什么。"沃尔科特则承认自己"与国会议员有所往来"，但否认自己曾"拿马萨诸塞州任何制造商的任何钱……来左右国会对关税问题的判断"。委员会继续在钱的问题上逼问沃尔科特，但他还是拒绝承认自己出于委托以外的目的而收过劳伦斯与斯托公司的钱，于是他被关进了华盛顿当地的监狱，直到他愿意招供更多信息为止。一位记者后来回忆称，沃尔科特在华盛顿住着"一间很舒适的公寓，屋里有温暖的火炉，窗外照进来的阳光也很充足。他会见过许多访客，他的饭菜是由一家餐馆送来的，他似乎没有因为'殉道'而饱受折磨"。沃尔科特被"监禁"数周后，众议院的朋友们假借他妻子生病为由把他保释了出来，他拔腿就逃到波士顿，而委员会则就此失去一名关键证人。

不过，委员会从威廉·斯通等相关人士身上所收集的证词，足以拼凑出围绕1857年《关税法案》展开的部分游说情况。劳伦斯与斯通公司是唯一参与其中的公司，其他纺织公司给他们的"小金库"捐助了大约13000美元，还有许多公司则自行往华盛顿委派了代理人。其中一些代理人与以往情况一样，是工厂主本人，他们能直接从羊毛免税中获利。威廉·斯通回忆称自己在华盛顿时，看到过来自马萨诸塞州、缅因州、纽约州、宾夕法尼亚州和罗得岛州的制造商。但调查也发现，至少在关税立法方面，新一类游说代理人已然出现。这些代理本人并无直接的相关利益，而是提供有偿服务。所以马萨诸塞州律师乔治·阿什蒙（George Ashmun）才会告诉委员会："我受到有关人士的雇用，代表他们行事，以代理人的身份就关税问题与国会议员沟通，这点我没有异议。"阿什蒙在重操个人旧业前，在国会任职了 6 年，给众人留下了"稳健、诚实、能干、灵敏且讨喜"的印象。得益于之前的工作，他与诸多立法者保持着友好关系，而且根据众议院的规定，他还有权进入会场与立法者打交道。阿什蒙认为自己收取的"服务费"并不在"委员会的调查范畴"内，但他承认自己在法案通过后从沃尔科特那里拿到了 4000 美元。

新法案通过前的这些年里，支持羊毛免税的游说团体都在为了他们的养殖大计培养公众舆论。威廉·斯通承认自己会见过几位报刊编辑，"与他们沟通，解释我们的目标，以及我认为这个目标对创造国家福祉有多么必要，并呼吁他们大力倡导"。他坚称自己"从没提出过犒赏他们，而他们也从没要求过"。尽管如此，只要报刊编辑写出适用的文章，制造商们就会买下大量报纸来免费分发，对象包括国会议员；文章作者们经常因此获得"奖金"。据悉，其中一位得奖作者就是大卫·斯通，他曾在关税法案悬而未决之际，恳求财政委员会主席亨特削减税率。另一位是纽约报业老板瑟罗·韦德（Thurlow Weed），他是颇有名气的政治情报员，称自己因为"提出我视为有价值的数据来宣扬我的观点"，而"助推了1857年《关税法案》的颁布"，所以收到了5000美元的奖金。其他几位代理人则在向目标选民发表的讲话和分发的小册子中传播了羊毛免税的消息，也因此收到过奖金，不过数额较小。这些代理人中包括本土主义政客 J.N. 雷诺兹（J.N.Reynolds），他从美国人党的纽约市分部那里收到了一笔法案支持款。所以委员会才说："制造商们设法讨好和驯服全国所有党派中的领军人物来支持自己的大计。"大卫·斯通的报刊支持皮尔斯政府，而关于韦德，调查人员表示："也许国内任何其他人对共和党的影响力和控制力都不及他。"委员会的报告还称："《商业期刊》的大卫·斯通先生和韦德先生接受雇用来'收集数据'和撰写文章时，大家都清楚，雇主们衡量的并不是他们付出的劳动，而是他们的名气和影响力。"

众议院的调查重点，就是这种"影响力"以何种形式、在多大程度上制约了国会议员。阿什蒙作证称自己"与来自家乡州和其他州的议员沟通时，经常大力提倡羊毛免税，还向他们呈献了各种资料，主张各种做法，好让各位绅士做出适宜的判断"。接受调查的第三名合伙人威廉·斯通则说得更具体，他指出"嫌疑"立法者有10人，他与这些人"讨论过关税法案"，其中包括大卫·斯通编辑引见的亨特，以及现在领导调查的斯坦顿。他还称，那些坚决拥护法案且与他沟通过的议员不在这10人里。据证词所述，披着"国会议员"外皮来支持羊毛免税的游说者之中，包括来自马萨诸塞州的 J. 威利·埃德蒙兹，他曾代表"商界"向财政委员会主席致信，在第三十四届国会的第一次会议期间肩负着"管理"羊毛利益的责任，向赋税委员会提供过免税清单的建议，这份清单最终成为 1857 年《关税法案》的一部分。另外一位是缅因州工厂主约翰·朗（John Lang），他的信件证明，他与亨特和莱彻都"会谈"过，而最终敲定法案的会议委员会 6 名成员中，就包括莱彻。调查人员没有要求报业老板韦德提供他在关税法案审议期间与议员之间的谈话内容，但亨利·凯里的线人汇报称，韦德确实在华盛顿待过一段时间，有可能是在密谋如何对抗宾夕法尼亚州的铁材利益集团。

然而，每当委员会的提问从单纯的游说转向具体的贿赂时，所有证人立马把自己撇得一干二净。阿什蒙的回答就很典型："其他钱花哪去了，我可一分都不知道。我这个人向来只做好本分，不去插手别人的事。"不过在委员会的诱导下，威廉·斯通透露自己曾向众议院索赔委员会的书记员亚伯·科尔宾（Abel Corbin）支付过 1000 美元。调查报告指出，威廉·斯通的托词是："那仅仅是一笔微不足道的赏金，或者说谢礼，是为了感谢科尔宾先生在我逗留华盛顿期间为我提供的种种好意和建议。"但这笔款项的金额之大就足以戳破威廉·斯通的伪装，更别说 1857 年 3 月，他还给科尔宾写了封信："'一分耕耘，一分收获'。支票我已附上……按照我们之间的约定，你理所应当得到这 1000 美元。"委员会推断，威廉·斯通把这笔钱给科尔宾，是"因为他能以官职之便接触到众议院的人"。然而很讽刺的是，威廉·斯通并不知道科尔宾其实是通过这种便利来游说反对 1857 年《关税法案》。科尔宾称自己提倡羊毛和铁材的免税已经有些时日，并夸耀自己是最先提出结合两者利益的人，但他认为在坎贝尔的法案下贸易自由度不够高，不符合他的期望。委员会的报告平淡地总结道："虽然科尔宾称过去 10 年里，自己在国会把控了关乎政府收入和国家财政的重大立法，但委员会不认为他享有这份功勋。"他们相信的是，科尔宾愿意把自己的所有影响力卖给开价最高的人。

威廉·斯通的证词还牵涉一位现任国会议员：纽约州的共和党人奥萨姆斯·马特森（Orsamus Matteson）。据称，马特森告诉他，"众议院有 25 张选票能被他们的朋友左右"，但"必须支付一笔数额相当大的钱"来实现。马特森甚至没有投票支持过关税法案，在第三十四届国会结束的几日前他就辞职了，不让国会有机会以明尼苏达州土地欺诈罪对他下达驱逐令，然后还再度获选了国会议员。哈维也被传唤到委员会面前，得知马特森也卷入这桩丑闻后，他评论道："马特森还是没忍住把手指插进馅饼里。"哈维承认自己与威廉·斯通会谈过，但称"收钱的不是国会议员，而是影响国会议员的绅士"。马特森则解释说："我想，在如此重要的立法上，我需要他人的协助，包括那些专门向国会提出诉求的人，以及所谓的代理人或是游说者。"委员会问他期望这些人有何作为时，他说："我认为，每个代理人都会被自己的朋友影响。朋友们找到他，向他展示数据以及采取某种做法的理由；但这个代理人不会照做，除非他有钱收。"根据威廉·斯通的说法，马特森指示他把所需钱款"交给格里利先生"，但他没有答应。《纽约论坛报》的格里利编辑也否认自己参与其中，宣称自己最早是在自家报纸上了解到相关新闻。就这样，赃款的线索再次中断。

最终，只有两笔款项可以从劳伦斯与斯托公司追踪到立法者身上。第一笔是 1856 年夏天，威廉·斯通向马萨诸塞州的众议员蒂莫西·戴维斯（Timothy Davis）提供的"贷款"106 美元。令委员会起疑的是，这笔交易记在"关税账户"下，但该公司会计员称这是笔误，而且这笔贷款后来也已还清。第二笔是发放给班克斯议长的"贷款"700 美元，其中很可能另有隐情——这笔交易没有记入"关税账户"，而且公司代表称这笔钱与立法者无关。正因如此，委员会又对班克斯在上届会议上的行为展开了调查。哈维提醒读者："当时，议长利用职权来对抗宾夕法尼亚州，足以证明他为了打击宾夕法尼亚州而无所不用其极。他和马萨诸塞州的几位议员如此上心，可见他们的选民利益就牵扯其中。这本身就足够引人注目了，更别说，他们还不惜采取自己从前强烈唾弃的做法——与南部州联手。"委员会问威廉·斯通是否试图左右议长履行其职责时，他承认"我确实向班克斯先生表示，我希望他能安排一个对我们有利的委员会"，但否认自己做过除此之外的任何事。调查委员会没能发现的是，班克斯 1857 年 2 月的信件中，还有一封来自波士顿代理人沃尔科特的暗示信，其中写道："我的朋友们很满意目前华盛顿国会会议的关税进程。大家也越来越明白，你是真心支持制造商所期望的变革，如此取得的成果无论多少，都离不开你的付出和你优秀的管理。"沃尔科特暗示班克斯，如果他努力推行羊毛免税，就有可能晋升到参议院。沃尔科特还断定："是时候打出你手里那张王牌了。"

然而 1858 年 5 月 27 日，委员会根据手上的证词向众议院报告："我们没有任何证据证明任何国会议员收到过劳伦斯与斯托公司为助推 1857 年《关税法案》而支出的任何钱款。"他们无法证明班克斯、戴维斯或者马特森有过任何不当行为，沃尔科特也会不透露自己拿委托款做过何事。不过，通过仔细审查沃尔科特的业务交易记录，调查人员得出了惊人的结论："沃尔科特把 4000 美元给了阿什蒙先生后，将剩余 7 万美元的绝大部分挪为己用。而现在，这些钱已经成为加德纳与沃尔科特公司（Gardiner, Walcott & Co.）的资本，被掌握在波士顿银行家手中。"虽然整件事就是个骗局，但羊毛销售员沃尔科特是否欺骗了自己的雇主或是国会同伙？仲裁法庭并没有贸然定夺。在他们管辖范围内，唯一被证实的不端行为出自索赔委员会书记员科尔宾，而他已在难辞其咎之际辞职。20 年后，科尔宾还会卷入另一桩政治丑闻：他在与尤利西斯·格兰特（Ulysses Grant）总统的姐姐结婚后，与投机者勾结垄断黄金市场。但如今科尔宾已经淡出公众视线，委员会报告称"似乎犯不着因为本次调查的发现惊动众议院"，然后就终止审理，不再对这件事做进一步调查。

4

  国会对"1857 年《关税法案》的制定存在腐败"这项指控展开的调查，并没有立即引起法案的修订，但羊毛免税倡议者的行为受到了严厉谴责，同时也表明，自伯里尔与戴维斯公司的时代以来，游说行动已经发生巨大变化。委员会报告称："这些证据使委员会确信，沃尔科特先生被派来这里，有权承诺提供任何数额的资金，也有权将钱款用于任何目的，无论有多么败坏风气，他都要确保法案通过。"这番豪言壮语，比起 1815 年威尔明顿工厂主众筹 200 美元委托艾萨克·布里格斯"就本地区制造商公正合理的期望与国会成员进行沟通"的任务，已然相去千里。当年，游说的新颖性就足以让其在众议院受到约翰·伦道夫的谩骂，但在 40 年过去后的如今来看，这项运动算不上恶意行为。斯坦顿后来形容斯通及其同伙是"八面玲珑、油嘴滑舌、伶牙俐齿、看似最诚实无害的人"，设法利用自己手中"微妙无形的力量"，"诱使"各州代表"割舍对选民的忠诚"。调查委员会的另一位成员是新晋众议员，他在调查期间给一位亲戚写信说："刚来的时候，我对政界一无所知。国家领导人的堕落之甚，人民根本无法想象。"

  哈维也在《北美人报》的调查报道中严厉谴责："（这些羊毛免税派）说是要配合我们的关税利益集团，推进整个集体诉求，实际上却是与华盛顿的游说团勾兑，贿赂勾结任何政党、派别或利益集团，不惜牺牲宾夕法尼亚州的繁荣来推进有利于自身的计划。"不过在法案悬而未决之际，他与亨利·凯里的私人信件表明，他愿意为了实现共同目标而容忍这种可疑行径。国会会议召开时，哈维建议："我们的朋友应该提高警惕，甚至应该以火攻敌。据说，现在（实现羊毛和铁材双双免税）需要更多弹药，我们应该做好充足准备来满足'军营'的伙计们。"四周后，他痛斥亨利·凯里"浪费了时间和金钱去苦口相劝那些对关税不屑一顾的人，在他们眼中，钱才是最大问题，比国家的政治经济重要得多"，并隐晦补充道："我希望你能过来一趟，方便我们私下详谈。"

究竟怎样的游说才算"腐败"，国会对 1857 年《关税法案》的调查以及当时的权威机构都没有赋予定义。今天，众议院规定，禁止议员接受登记说客及其他人以任何形式赠予的价值超过 50 美元的礼物。然而在美国内战前的时期，国会并不登记来访的游说者，也没有禁止议员接受礼物。例如，亨利·克莱的现存信件就表明，他在漫长的从政生涯中收到过许多包裹，其中有玻璃与银制器皿、一把铲子、铁锹、斧头、锄头、刻刀、叉子、"两双印第安橡胶鞋"、十几双儿童手套、一堆帽子（在他发现自己忘了戴帽子的少数情况下），他甚至收到过四把梳子；还有"一个巨大的旅行箱"，应该能放得下所有必需品；此外，便是"半打美国古龙水"、墙纸、一把小刀、一把犁、十几把镰刀，以及 23 桶盐。一位捐赠者解释说，这些都是为了"证明对于保护国内制造业的伟大倡导者，我们满怀敬重"，而且没人严肃指责过克莱企图以公谋私。不过他在 1833 年"折中法案"中明确放弃"美国制度"后，一家报刊记者确实"建议"他"举办一次拍卖会"，处理所有从前的拥护者送来的"奇珍异宝"。

其他立法者的行为则相对谨慎。亚当斯在日记中写道，自己从 1846 年全国展会的一名参展商那里收到过"几件肥皂产品"，但他表示"作为公职人员拒绝接受赠礼，这是原则问题"。他最初决定把这些肥皂的钱付给对方，但"妻子让我别犯傻"，于是他不情愿地接受了这些肥皂，理由是"如果物品价值很低廉，那么小题大做就很可笑了"。不过亚当斯也表示："划清界限这件事对我而言，有时也没那么容易。"他那一代的许多政客也必然有过举棋不定的时候。

那么国会议员与游说者之间的社交关系呢？正如本书所述，游说者的历史可以追溯到 1820 年的约翰·哈里森和托马斯·弗雷斯特，当时的游说者往往是这些利益相关者的朋友。现今，众议院规定中对"礼物"的定义很广，涵盖任何"酬金""帮助""款待"或"消遣"。其中当然也包括阿伯特·劳伦斯在1828 年提出的先例：让"10 名积极主动的制造商"来华盛顿，"每周招待 20 名国会议员共进一次晚餐，务必用上好的陈酿马德拉酒和足量的顶级香槟来讨好、迎合他们，这样一来，我敢肯定，他们会顺应我们的每个请求"。不难猜测，查尔斯·英格索尔的情况也相似。一位见证者后来回忆说，英格索尔在 1831 年纽约关税大会上主动提出前往华盛顿执行任务时，宣称："我必须用到当地公寓，必须招待宾客，展示……"很可惜这条记录就此中断，因为日志的下一页被撕掉了。从英格索尔的例子来看，要在当时寻找不端行为的证据并不容易，而"嫌犯"之所以会掩盖其行径，是由于一个决定性的事件——当时，在代理们离开首都后，马修·凯里给纽约关税大会常设委员会一名成员写信说："我的同事和我本人都不想知道任何具体开销，如果存在任何相关记录，请谨慎保密，防止外泄。"

尽管如此，在调查委员会收集到的证词中，以及围绕调查讨论的报纸文章中，都有些许迹象表明，在 19 世纪 50 年代，招待立法者已经成为惯例。一位涉及羊毛免税"计划"的人宣称："请人出来喝酒或是派人代为操办这种常见伎俩，我从来没用过。"另一位牵涉其中的人也否认自己曾"请国会议员享用过鸡尾酒或牡蛎"。花在招待议员方面的部分开销倒是"无可厚非"，根据调查委员会得知，国会议员经常缺席关键的投票点名，因此"不得不雇用人力、租借马车去把他们找回来，而这些都会产生费用"。哈维谴责过雇用"女性掮客"来"拉拢态度不明确的议员以及制服反对派"这类行为，如果他的话属实，那么某些开销就难以开脱了。

当时的众议院还禁止所有人向议员提供戴维斯和班克斯拿到的那类"贷款"。如果是在明显有利于接受者的条件下发放贷款，或是甚至在无须偿还的条件下发放贷款，那么放款行为就可能构成行贿。当然，马萨诸塞州的丹尼尔·韦伯斯特在从政生涯的多数时候都是靠他的"施主们"过活的，这些人之中包括威廉·斯通。在韦伯斯特看来，自己放弃了从私人业务中能够获得的潜在收益，转而为国家服务，理所应当得到这些补偿。不过即便是在当时的标准下，他的行为还是引发了争议。一位"韦伯斯特基金"的捐赠者后来猜测，这些钱"使他的形象变成了富人推举的候选人"，"很大程度上阻碍了"他的总统竞选大业。

事实证明，其他立法者更为谨慎。1846 年，沃克的法案仍在审议之际，田纳西州的参议员霍普金斯·特尼告诉时任总统詹姆斯·波尔克，自己与一位制造商交谈过，对方"描述了待决法案被否决后国家会有多么繁荣，并对他说，只要法案通不过，不管想借多少钱，他都会答应"。波尔克则记录："特尼对此感到愤愤不平，认为这是在间接诱使他投票反对法案；换句话说，这是在向他行贿……我听完之后十分震惊，一时间哑口无言。"

如果这次交流发生在 10 年之后，那么波尔克可能就没那么惊讶了，因为到 19 世纪 50 年代，目睹了国会接二连三的调查和国家媒体更为深入的相关报道，人们就算不认可在华盛顿进行的游说活动，也已经是见怪不怪。这种游说对 1857 年《关税法案》的颁布起到多大作用，目前尚不清楚，毕竟除了亨利·凯里一伙人以外，人们普遍认为关税应该适当降低，而最终形成的法案，则算是致力于推行收入性关税的自由贸易者和支持扩充免税清单的保护主义者之间达成的折中方案。随后的调查则显示，美国国内出现了新的游说形式，以及新的游说者身份；其中，向开价最高者出卖"自身技能"的阿什蒙就是一个典型案例。这个现象预示着美国内战后的游说将迈向职业化，而为游说正名的辩词，也将不再是过去"志愿业余人士"的惯用托词："每位公民拥有捍卫自身利益的权利。"正如一家报刊对 1858 年调查结果的报道："如果一位颇具影响力的有才之士在华盛顿花了数月时间为国会议员收集资料和论据，那么各方雇主没有理由不向他支付报酬。"

5

1856 年 12 月，格里利《纽约论坛报》的总编辑查尔斯·达纳（Charles Dana）向亨利·凯里预测道："我确信，在这个国家崩溃之前我们都不会在这个政府中看到经济上的真知灼见。"三个月后，国会从亨利·凯里无所畏惧的保护主义理论迈离，朝着自由贸易派难以捉摸的"灵丹妙药"走去。此后不到六个月，美国又遭遇了 1819 年和 1837 年那样的金融危机，更多人民坠入了破产和失业的痛苦深渊。

民主党政府因恐慌而陷入瘫痪后，布坎南总统提出加强随附保护力度，以此作为一项增加政府收入的措施，而来自佐治亚州的时任财政部部长豪尔·科布（Howell Cobb）却认为没必要修订关税。有人问科布为何与布坎南观点相左，他回答："总统是在反对政府。"此时共和党已经发展成为实力雄厚的反对党，但面对他们全然不接受保护主义这件事，亨利·凯里仍然感到挫败。1857 年末，他告诉一位朋友："国内可能会出现另一个政党，他们的纲领更接近我的观点。"次年春天，亨利·凯里协助创办了费城国内保护联盟，并出任主席。该组织宣称："我们的目的是让所有政党认同，保护国内产业是必要且合理的。"在这一点上，该组织表明保护主义战略已经随着全国性政党体系的形成和巩固而演变。虽然马修·凯里那一代改革者曾骄傲地宣称自己不与政党一同行事，但他儿子这一代改革者则认可政党独有的权力杠杆，打算通过政党来撬动计划。

尽管费城国内保护联盟承诺团结所有政党中的保护主义者，但在 1857 年 6 月举行的一次大型集会上，主要成员都是共和党人和老辉格党人。民主党媒体《宾夕法尼亚州人报》则嗤之以鼻："劳伦斯与斯通公司在保护国内产业和激励美国劳工上另辟蹊径，不惜挥霍 87000 美元来左右立法，而来自东部各州的共和党代表又视该公司为榜样。我们真的要让这些人对保护性关税发表虚伪的论调，来侮辱我国劳动者的智慧与真诚吗？"然而亨利·凯里很乐观，他告诉一位记者："我们在此举行大会的目的，是将保护主义再次纳入政治纲领。极端的共和党人并不乐意，但他们也不得不予以支持。我认为，宾夕法尼亚州、新泽西州、特拉华州和马里兰州已经全部下定决心，与尚未在自由贸易和保护措施之间做出选择的任何党派划清界限。"

民主党政府未能令国家摆脱经济萧条，导致他们在 1858 年中的总统大选中落败，那么在 1859 年 12 月 5 日的第三十六届国会召开时，共和党将占据众议院多数席位。俄亥俄州的众议员约翰·谢尔曼（John Sherman）是共和党心仪的议长候选人，不仅经验丰富，还坚决支持保护主义，但是在国会召开两个月以来的投票中，共和党都未能争取到多数选票把他捧上议长之位。他的支持者包括亨利·凯里及其盟友，而议长之位被威廉·潘宁顿（William Pennington）拿下，令他们十分惋惜；他们认为潘宁顿"年事已高、头脑迟钝，对议会法律或规定稀里糊涂，而且毫无经验"。在议长之位竞争最激烈的时候，一些宾夕法尼亚州的共和党人甚至提出：只要保证"议长所任命的赋税委员会会保护宾夕法尼亚州的利益"，那么他们就愿意放弃推举党内分子，让民主党人上位。但没人照做。不过谢尔曼至少担任了赋税委员会主席，算是得到了补偿。潘宁顿还任命新晋议员查尔斯·弗朗西斯·亚当斯（Charles Francis Adams）出任制造业委员会主席，以此致敬他的父亲：前主席约翰·昆西·亚当斯。不过，委员会这次的任命充其量就是个仪式，因为在所有成员的印象中，这个委员会就没有召集过。

谢尔曼将新关税法案的制定委托给了佛蒙特州的贾斯汀·莫里尔（Justin Morrill），认为他"特别适合"这项任务。莫里尔是上届国会的赋税委员会成员，他随即开始制定法案，不过当时占多数派的民主党认为这部法案通过的可能性很小。面对制造商们的诉求，莫里尔的态度很亲切，他认为进口关税"不仅是一个税种，还是对美国现有产业的保护，目的在于鼓励和发展国内生产力"。但他也认同亨利·凯里眼中"各方利益和谐发展"的愿景。对于 1857 年《关税法案》，莫里尔与佛蒙特州的其他众议员都投了反对票，原因是这部法案对他们州的羊毛供应商不利。费城国内保护联盟在 1858 年 6 月进行了游行示威，莫里尔没有参加，但佛蒙特州参议员雅各布·科拉莫（Jacob Collamer）借机谴责："近来，人们莫名形成了一种错误观念：我们只能负责保护制造商，不能做任何保护原材料供应商的事。连那些希望施行保护性关税的群体都这么认为。"同僚莫里尔认可他的说法，还将其作为制定法案的指导思想，这部法案就是所谓的"莫里尔法案"。马里兰州的众议员亨利·温特·戴维斯（Henry Winter Davis）也是赋税委员会成员，他认为"莫里尔法案"这个命名当之无愧；他对莫里尔说过："赋税委员会之中，除了你，没人能制定出法案。"

虽然法案的基本原则已经提前确立，但在细则上，国会外的民众仍有很大的影响余地。莫里尔后来称："没人要求进行这些修改，那些向来忧心忡忡的制造商只是漠然地选择了接受。"于是部分学者误以为，就这次的关税立法而言，不存在游说干预的情况。然而，正如历史学家菲利普·麦格尼斯（Philip Magness）所述，莫里尔的信件内容表明情况远非如此。当时，各方人士都在源源不断地向莫里尔及其同僚提供建议，提出帮忙，恳请他们保护某些商品，包括化学品、铜、玻璃、大麻、铅、油、螺丝、糖、羊毛和毛织品。据一家报社的报道，光是铁材的关税表，就"让宾夕法尼亚州几位领头的绅士在国会门外连续坐了好几天"。完成法案时，莫里尔称自己"在赋税委员会夜以继日地工作，已经疲惫不堪"。麦格尼斯仔细比较过原始草案中的税率和国会收到的请求，表示："法案所采纳的保护性税率、免税类别，甚至征税程序，都受到了产业游说者的直接影响。"

1858年3月19日，莫里尔向众议院上报了法案。支持者表示，这部法案"只是把1846年《关税法案》中的从价税具体化了而已"，并没有把税率拉高到当时罗伯特·沃克一伙人眼中能增加政府收入的水平。将从价税改为具体税率，表面上是为了遏制现行法案下猖獗的价值低估行为，实际上也令委员会得以提高对许多商品的保护力度。免税清单也大幅缩减，甚至比沃克法案的免税商品更少，不过此举的目的并非最大化政府收入，而是尽可能惠及更多的利益群体。在这一点上，莫里尔遵循了保护主义者在1824年采纳的成功策略。最终得出的法案涵盖范围很全面，但运作起来很复杂。一位保护主义编辑指出，"支持自由贸易的关税法案大概率很简易"，因为"这么做会牺牲不计其数的切实利益"，而拟议法案旨在"保护每项利益，而且允许税率之间存在差异"。不过他坦言，如果委员会能"写出更好理解的条款来说明他们的成果，我们会感激不尽"。

6

虽然法案已经离开赋税委员会之手，但游说并未就此停下。美国螺丝公司（American Screw Company）就是个鲜明示例。该公司通过采取不正当手段来维护自己在国内市场上近乎垄断的地位，已跃居美国木螺丝产业之首。有传言称，该公司总裁威廉·安格尔（William Angell）为了拒绝来自大西洋彼岸的英国订单，曾向业务领先的英国竞争对手行贿过 5000 英镑。美国螺丝公司的总部设在罗得岛州，与该州参议员詹姆斯·西蒙斯（James Simmons）关系密切，西蒙斯同时又是制造商，因此在法案起草阶段就代表该公司进行了干预。然而莫里尔起初并不认同他的意见，并写信给安格尔称，"我询问过委员会成员，大家都认为我的朋友西蒙斯参议员现在提议的螺丝税率太高"，并问安格尔对另一个"只能让你们与外国对手公平竞争"的税率有何看法。安格尔回答说自己愿意亲自来华盛顿论述这个问题，还另外写信敦促西蒙斯"在我们一同见到莫里尔先生前，确保他别轻举妄动"。在此期间，法案已经上报给众议院，规定对木螺丝征收每磅 4 美分的关税，但安格尔在与莫里尔会面后，汇报称莫里尔会亲自在会场上提出修正案，把木螺丝税费提高到 5 美分。

　　另一项明显受到游说影响的商品是羊毛。法案上报不久后，詹姆斯·哈维预测："众议院的反对派不可能对新的关税法案构成威胁，除非马萨诸塞州代表团也投票反对。"他解释，"该州的制造业已经尽可能适应了现行法案（即 1857 年《关税法案》），所以他们不会特别向往修订法案"，然后还提醒所有阻挠法案通过的工厂主们："支持修订的一派力量无须与他们合作，就足以使法案通过。"羊毛利益团体的预测相同，因为他们只是反对减少免税羊毛的品种。在众议院审议法案期间，一位缅因州的众议员告诉莫里尔："有些需求羊毛的马萨诸塞人拼命请求我们改掉 20 美分的限额。"考虑到羊毛供应商的利益，赋税委员会起初提议将这个限额降低到 16 美分，但纺织品制造商敦促莫里尔再三考虑，这些制造商之中包括曾卷入 1858 年腐败调查的马萨诸塞州众议员 J. 威利·埃德蒙兹。于是莫里尔提出一项修正案，将限额定为 18 美分，再次证明自己愿意让步。对此，他解释："我认为这个税率能让农民和制造商都得到充分保护。"

亨利·凯里表示赞同，还大力推崇了法案。他对共和党人的影响力是全民公认的。据报道，一位议员称："亨利·凯里认同的，就是适合我们的。"但亨利·凯里优先考虑的是保护主义而非反对奴隶制，可见他愿意跨越党派和地区的界限来行事。他提醒一位弗吉尼亚州的国会议员说："南部州的（削减关税）政策不仅损害了那些希望支持他们的人，还把利益往他们眼中的敌人（即新英格兰制造商）口袋里送"，并暗示，"对于那些敢说自己的利益与宾夕法尼亚州一致的弗吉尼亚州民主党人"来说，最好的回报就是民主党人当选了总统。众议院审议关税法案期间，亨利·凯里在华盛顿待了几周，与各党各派的人士交流。哈维也为法案展开了游说，却"吃力不讨好"，没能拿到报酬。他向亨利·凯里抱怨："那些铁石心肠的绅士们安坐在家，让我们这些为了生计秉烛达旦的人来操心他们的利益。他们定期过来考察和议事，却希望我们能出于爱国精神为他们进行辩解，俘获议员的青睐，争取到更多选票。"要使一部触及众多利益的立法安然无恙地通过，可是相当艰巨的任务。亨利·凯里再次就某些商品的关税与他人产生分歧后，对莫里尔说："要制定出真正有用的关税法案，少不了专横的态度。要是你我之中有人能维持这一点，就谢天谢地了。"

最终拯救保护主义者于水火之中的人，是熟悉众议院规则的俄亥俄州代表谢尔曼。他在回忆录中写道："支持者和反对者争先恐后提出修正案，把法案改得面目全非，以至于莫里尔先生过于气馁，强烈抵触修改后的法案，打算放弃争辩。"赋税委员会主席谢尔曼则相反，他鼓励朋友提出了一个替代方案，大体上恢复了法案的原始版本，并加入了一些经过批准的修改，包括前面详述的羊毛和木螺丝税率。谢尔曼还随即提出了自己的替代方案，除了一个不重要的条款外，其余内容都相同。那么现在的问题就变成，是否采纳谢尔曼的方案来取代莫里尔的方案，如果委员会同意采纳，那么他们就不能再继续修改了。正如一位成员徒劳地抗议道："现在的提议，是通过赋税委员会采纳替代机制，把修改法案的机会从本团体多数人手中夺走。"谢尔曼已经算准多数同僚赞成一定程度的税率上调，比起承担失去取得的所有成果的风险，这些同僚会选择接受将谢尔曼与莫里尔的方案相结合得出的版本。5 月 10 日，谢尔曼的计策成功了：法案以 105 票对 64 票在众议院通过，其中只有 3 名共和党人投出反对票。《北美人报》宣称："多亏了谢尔曼的妙计，法案没有遭遇重大改动，总体上令人满意。众议院的反对派已经尽到了本分，现在，就看作为参议院多数派的民主党有何作为了。"

　　《北美人报》的措辞是在极力铺垫，即将在 11 月到来的总统大选会改变风向，毕竟连法案发起者们也推测法案会在参议院落败。不过，亨利·凯里仍在继续设法助推法案通过，他还告诫宾夕法尼亚州的民主党参议员威廉·比格勒（William Bigler），试图阻挠法案通过等于"葬送他自己和同伴们的仕途"。来自宾夕法尼亚州的访客已经令比格勒的许多同伴应接不暇，他们自然会认同亨利·凯里的说法。哈维报道称："民主党以协助制定关税法案为借口，从宾夕法尼亚州的钢铁和煤炭产地把各个委员会派来了华盛顿。"不过他预测："就算宾夕法尼亚州的所有民主党人都来城里严阵以待，他们也改变不了任何一票决定。"法案到达参议院之后，来自弗吉尼亚州的财政委员会主席亨特在 5 月 11 日提出接手，而他也收到提醒说，法案值得"宾夕法尼亚州投 2 万票赞成"。然而这样的请求丝毫影响不了亨特，他认为自己没能被民主党提名为总统候选人的原因，是北部州的民主党人反对"我对关税的看法"。6 月 13 日，他通知众人说，委员会同意他的提议——把法案推迟到下一届会议审议。6 月 15 日，在保护主义选区民主党人的"空话演讲"结束后，亨特落实了上述威胁——提出推迟审议法案，并以 25 票对 23 票得到批准，只有 2 位民主党人投了反对票，其中包括比格勒。

　　即便如此，亨利·凯里还是怀着希望：如果众议院拒绝批准额外的公债，而参议院不打算另议，那么法案就有机会"复活"。然而，他的朋友认为拉上政府来迫使国会摊牌不切实际。哈维写道："对你们这些绅士而言，安坐着倒卖上乘的霍克酒还不容易吗？坐在松树底下操心生计的我们不仅喝不上霍克酒，还要面对其他残酷的现实。虽然我们能在众议院为法案争取到 20 来票赞成，但这些帮助我们的议员只不过是在以公谋私，他们根本不在乎保护政策本身。"莫里尔表示认同，他向亨利·凯里解释道："我们所有人都不是正规军，而是未受过训练的新兵。要是突然把他们推入无边的火海，恐怕他们难以应付这场考验。如果我们能提早（在 12 月前）保留全体'关税军'，我们就有可能取胜。虽然我希望现在就能赢下这场仗，但无论如何，我们都别放弃希望。"

7

1860 年，国会再次召开前，总统大选将先一步到来。民主党因奴隶制问题而出现了无法挽回的分裂，但党内两派阵营都重申他们会遵循该党在 1856 年提出的自由贸易政策。比起 4 年前的民主党纲领和共和党优柔寡断的态度，如今的共和党纲领更明确地支持保护主义，宣称："既要为保障政府财政收入而征收关税，也要为鼓励全国工业发展而修订出健全的关税政策。"关税法案的起草人之一是古斯塔夫·科纳（Gustave Koerner），他后来回忆，是霍勒斯·格里利"强调我们坚持强有力的保护政策"，不过科纳的法案措辞"只能说明这是一部提供随附保护的收入性关税"，因此像他一样的前民主党人会认可这部法案。而据亨利·凯里所述，共和党会发表如此宣言是因为他的那位代表新泽西州的朋友托马斯·达德利（Thomas H. Dudley），"在违背（共和党执行）委员会多数成员的意愿下竭力坚持自己的观点"。无论幕后功臣是谁，共和党的宣言都赢得了在场所有保护主义者的欢呼。一位见证者的描述是，宾夕法尼亚州的全体代表团都"站了起来，挥舞着帽子和手杖"。同样令保护主义者愉快的是，自称为"亨利·克莱派关税支持者"的亚伯拉罕·林肯被提名为总统候选人。亨利·凯里兴奋地推测道："共和党也好，'反奴党'也好，最近都把保护主义列为其政治纲领的重要组成部分，还提名了一位保护主义者作为总统候选人，令人甚是欣慰。他会当选的，届时，我们会彻底改变国家政策。"虽然总统大选的焦点问题肯定是奴隶制，但莫里尔和谢尔曼在各地演讲中宣扬共和党的保护主义立场后，林肯揽下了来自宾夕法尼亚州和新泽西州的 31 张赞成票，在整个总统选举团占到了优势。

然而，1860 年 12 月 3 日召开的第三十六届国会是一场"跛脚鸭会议"，参议院的多数派还是民主党。12 月 20 日，财政委员会主席亨特再次汇报称，委员会建议推迟审议莫里尔的法案，显然是打算在新一届会议上扼杀法案。但就在同一天，南卡罗来纳州颁布了退出联邦的法令，其他六个蓄奴州跟随其后。这些因素削弱了民主党在参议院的势力，直到 1861 年 1 月 23 日，法案支持者才得以恢复审议，把法案交给了一个由五人组成的特别委员会，成员分别是西蒙斯、科拉莫、比格勒、亨特，以及来自加利福尼亚州的威廉·格温（William Gwin）。其中的共和党人只有西蒙斯和科拉莫，但加上比格勒，保护主义者就占到了多数，所以亨特和格温都懒得出席会议。2 月 1 日，特别委员会上报了各项修正案，据哈维所述，其中"大部分修正案是莫里尔先生和赋税委员会提议的"。宾夕法尼亚州的众议员詹姆斯·坎贝尔向亨利·凯里保证："法案没有重大改动，而且我们的朋友上报的是最优方案。"

参议院重启法案审议意味着游说行动也会随之展开，许多议员都为了取悦选民而提出了具体修改意见。威廉·安格尔担心某些进口商会密谋降低木螺丝的拟议税率，于是再次请求西蒙斯代为干预。西蒙斯在随后被任命为特别委员会主席，事情也就方便多了。然而，毛织品制造商就没那么幸运了，来自羊毛产地的民主党人与少数共和党人都要面对的是，法案对价值低于 18 美分的羊毛征收 5% 的关税，不过西蒙斯提醒这会"在众议院激起很大敌意"。哈维报道称，铁材的关税争议太激烈了，"为了公平对待这个问题，并得到双方的充分支持，西蒙斯先生让支持进口商的一派与支持制造商的一派面对面讨论，避免发生误会。经过详尽地讨论，支持进口商的一派对法案所征税率分歧只剩 0.5%，而且他们次日就妥协了。"

亨利·凯里与其在上届会议期间一样，利用自己掌握的所有资源来推动法案。他经常与莫里尔、谢尔曼和参议院的重要共和党人通信，甚至直接与西蒙斯交涉，敦促保留拟议法案中关乎他个人利益的图书税率。亨利·凯里还安排老朋友威廉·埃尔德（William Elder）与哈维一同监控国会大厦的举动。参议院开始审议修正案的一周后，埃尔德汇报说"我一直忙于工作"，还刚起草完比格勒的一份演讲稿。如果说埃尔德的角色与50年前第一批游说者大同小异，那么他向亨利·凯里抱怨的情况也跟之前没多大区别："这里的人只会坐而论道。他们都在鼓吹罗伯特·沃克和自由贸易经济学家约翰·拉姆塞·麦卡洛克（John Ramsay McCulloch）的主张，各方人士还都相信他们。"

1861年2月20日，由于许多南部议员缺席，增加了156条修正项的关税法案毫无悬念地以25票对14票在参议院通过。法案返回众议院等待批准时，谢尔曼坦言自己不赞成其中某些修正，但力劝同僚们全数接受，否则整部法案都难保。他的建议被大部分人接纳，但即便保护主义者，对于法案对茶叶和咖啡这两种商品首次征税，也踌躇不决。于是参众两院成立了一个会议委员会来进行探讨，在谢尔曼的领导下，这一条款被删除，两院对此都很满意。随后法案被送入白宫，只待来自宾夕法尼亚州的民主党总统布坎南签字生效。《北美人报》略显焦急地预测："这部法案提供了他自己州所需要的保护，他没有理由视而不见；他也不可能希望自己给人们留下否决法案的坏印象吧。"3月2日，布坎南正式批准了法案，这是他被林肯取代前以总统身份批准的最后几部法案之一。

国会对莫里尔法案的投票结果表明，目前各党派与各地区团结紧密。将 1860 年众议院的投票和 1861 年参议院的投票合并计算可见，共和党人全都来自自由州，投出了 114 张赞成票和 3 张反对票。来自蓄奴州的民主党人则投出了 55 张反对票和 1 张赞成票，唯一投赞成票的是特拉华州的众议员威廉·怀特利（William Whiteley）。其余的少数民主党人来自北部州，但双方票数差不大，分别为 16 张反对票和 8 张赞成票，还有 20 票弃权。美国党和其他来自蓄奴州的反政府派之中也存在相似分歧，他们投出了 7 张赞成票和 4 张反对票，还有 15 票弃权。唯一打破党派界限的参议员是比格勒，不过他这么做似乎没能在家乡赢得多少好感。一位选民直接告诉他："我不会因为一点关税甜头就改变原则，也不会看到法案通过就信任你。因为我记得，你的政党破坏了 1842 年《关税法案》，又在 1846 年推行了可恶的欺骗性法案，而 1857 年的法案就更甚了。"于是，比格勒没能再次当选州议员。

8

1861 年 2 月 21 日，莫里尔的法案回到众议院等待批准时，亨利·凯里再次跟谢尔曼强调了法案通过的重要性，称"联邦的存亡就掌握在你带领的委员会手里"。在一张随函附上的纸上，亨利·凯里简述了两种可能：第一种始于"莫里尔的法案被拒"，终于"无政府状态""边境各州与南部各州联合"以及

"奴隶制获胜";另一种始于"莫里尔的法案通过",终于"边境各州与北部各州联合"以及"自由贸易派战胜南卡罗来纳州的亲英蓄奴派"。1861年《关税法案》也许不像亨利·凯里预测的那样,能对联邦的胜利起到关键作用,但在增加政府收入方面,效果比贾斯汀·莫里尔监督修订的法案更好。林肯政府也确实不像南部州的反对派那样受经济条件所困,而是具备了充足的应战资金。联邦的胜利意味着中央政府管理职能的壮大,权力牢牢地掌握在鼓励商贸的北部州共和党手中,而政府自然会扶持令他们称心的选民,这必定很大程度上影响着美国内战后的保护主义政策。

也许是鉴于关税冲突对美国的政治经济产生了如此巨大的影响,部分人评价称美国内战的主要成因是关税,而非奴隶制。莫里尔后来饶有趣味地回忆道,以他名字命名的法案颁布不久后,"弗吉尼亚州一家反叛派报社刊登了一则广告,放上了我的照片,把我当成逃跑的奴隶来悬赏缉拿(25美元),活要见人,死要见尸"。诚然,在整个美国内战前的时期,多数南部州的人都反对保护主义政策,不过也不乏更加看重自身经济利益而非南北之争者,这些人包括肯塔基州的大麻供应商、路易斯安那州的糖类供应商,以及马里兰州和特拉华州的工厂主。然而,推动1861年《关税法案》通过的因素,并不是联邦的团结,而是它的分裂。南北双方的关税冲突早在1816年亚历山大·达拉斯发起保护主义试验时就开始了,又在1832—1833年随着"废除关税危机"达到顶峰。此后,政党之间的竞争对南北冲突的势头形成了抗衡力，各方对争议较小的随附保护达成一致政见，而 1846—1861 年的关税又维持在较低水平，由此可见，地区矛盾的一大成因就是关税。莫里尔的法案很可能加速了南北关系的恶化，但在南卡罗来纳州脱离联邦三个月后，法案就颁布了。

此后，亨利·凯里致信莫里尔："我特地来信祝贺你的关税工作圆满结束。我认为事实一定会证明，这是国会有史以来最重要的法案，而你功不可没。"不过，亨利·凯里也做出了很大贡献，他不看好通过降低原材料关税来鼓励制造业的"格里利法"，因此与少数派一同反对了 1857 年《关税法案》。但在 1857 年的经济恐慌爆发后，他认为只有全面提高税率才能雨露均沾，使国家恢复繁荣，因此向立法者和公众大力宣扬"各方利益和谐发展"的愿景。在这种情况下，正是多数制造业利益相关者与反对奴隶制的共和党人的联合，使这一代保护主义分子明显有别于前辈，设法在党派矛盾和地区矛盾之间找到平衡点，至少表面上要一视同仁。《北美人报》判断："要是没有亨利·凯里的奋笔疾书以及他非凡的号召力，很难说这场胜利是否还要等上几年。"詹姆斯·哈维"结合了个人与公共媒体的作用"，为了"保护主义政策"而"孜孜不倦地付出，并且卓有成效"，因而与 40 年前的以利亚撒·洛德一样赢得了"多项褒奖"。林肯政府则更加慷慨，听从亨利·凯里的建议将哈维任命为美国驻葡萄牙大使。亨利·凯里还设法让威廉·埃尔德进入了财政部，使他拿到充分的权力来确保新的关税政策顺利实施。不过，亨利·凯里本人却不想成为政客，他追随了父亲的脚步，宣称自己"不会接受任何公职"，但此后数十年里美国关税政策的制定都离不开他的影响。

结语

美国第三十六届国会开幕一个月前，美国人民一直在奋力呼吁政府对 1857 年经济恐慌采取保护主义行动。当时《纽约晚报》的编辑威廉·卡伦·布莱恩特（William Cullen Bryant）是一名坚定的自由贸易拥护者，他提笔解答了一位英国朋友就美国政治性质提出的疑问。面对"多数派打压少数派的暴政"有何例证这个问题，布莱恩特只能举出那些早已被废除的法律。"但美国存在少数派实施暴政的例子，"他继续写道，"制造商在美国属于少数派，甚至在马萨诸塞州也属于少数派。算上所有从业者，他们仍然是所有州的少数派。但他们富裕、活跃，而且强大，强大的地方在于他们行动协调，甚至足以影响联邦政务。各级国会议员和政治家都去迎合制造商，连那些与制造业利益毫不相干的群体，在行为上也受到了制造商的影响。身为少数派的制造商凭借保护性关税骑到了多数派头上。"

布莱恩特的信表明，对于内战前的美国社会而言，关税政策的地位举足轻重，而它的制定又在很大程度上受到游说的制约。关税政策的影响被许多人低估，游说的作用更不必说；詹姆斯·哈维与亨利·凯里推动"莫里尔法案"时，哈维抱怨："承担了最多工作的人，可以说连最廉价的称赞都没有得到。"与费城媒体人的昔日盟友相比，这句话用在历史学家身上更合适。在不少人的常规认识中，美国内战前的党派关系和地区划分不足以阐明美国政治经济的形成，而本书就是为了拨开这重重迷雾而作。

1852 年，霍勒斯·格里利在报纸上告诉读者："如何定义我们所指的保护？简单来说，保护就是限制外国产品的进口，从而让成长之初较弱小的美国竞争者立足市场、发展壮大。"英国曾想方设法扼杀 1812 年英美战争催生的美国新生工业，见证过这段历史的前辈自然也能理解格里利所定义的保护。当年，财政部部长亚历山大·达拉斯为美国首次严格意义上的保护主义试验提供了蓝本：关税水平要能够确保国内生产者与国外同行公平竞争，一旦国内产业不再依赖政府扶持，关税就停征。国会内外的观点都有可能纳入法案，而游说活动则仅源于与关税有着直接利害关系的地方工厂主。被这些工厂主派到华盛顿代为捍卫其利益的"有才之士"，虽然人数寥若晨星，但对政策制定的贡献不容小觑。与艾萨克·布里格斯合作的人，除了同行的其他制造商代理人，还包括众议院商业与制造业委员会主席托马斯·牛顿；他们里应外合，共同组成了华盛顿的第一个游说团体，为保护主义者指明了今后的组织方向。在 1816 年《关税法案》的制定过程中，更为直观的游说影响来自弗朗西斯·卡博特·洛厄尔；在他的建议下，对棉纺织品征收最低估值关税这一创新算法被纳入法案，在此后数十年里，这种算法仍是国会争论的焦点。

1819 年的经济恐慌爆发后，马修·凯里等积极分子以及亨利·克莱等政治家都提出，关税"不仅仅是制造业的问题"，于是关税政策的制定开始转型。同一年，主张上调关税的群体在纽约市开创了一种组织各地行动的新模式——全美工业之友大会。他们在 1820 年"鲍德温法案"中提出了一个全新的保护主义理念，确保美国生产者永久占有国内市场的一席之地；这个理念将被克莱采纳，作为核心原则来构建家喻户晓的"美国制度"。在制造业委员会主席亨利·鲍德温制定法案的数月里，美国鼓励国内制造业协会的游说者以利亚撒·洛德都在一旁并肩作战，发挥了至关重要的作用，因此这部法案引起了关注。尽管保护主义者努力推动的"鲍德温法案"没能颁布，但四年后他们再接再厉，通过了覆盖更全面、税率更优厚的 1824 年《关税法案》，一切努力总算换来了丰收。

同样在 1824 年，亚当斯入主白宫，在全美上下引发了争议，于是野心勃勃的政客便打算把关税政策作为"党派宗旨的推动力"，其中一名政客就是马丁·范布伦。而关税之所以被推到国会议程的前沿，是因为华盛顿以外的各地都在持续开展保护主义运动，受其刺激的舆情便开始支持进一步关税改革。纺织品制造商则派了一群代理人造访盛顿，敦促制造业委员会将最低估值应用到进口毛织品上，于是便有了后来的 1827 年"毛织品法案"。当委员会提出这部法案时，同为保护主义者的议员抱怨这部法案是在以公谋私，而最抵制法案的议员已经归入亚当斯总统的对手安德鲁·杰克逊麾下，可见法案能给政府拥护者带来收益这件事绝非巧合。目睹法案遇挫，保护主义先锋们不得不重新部署策略，于 1827 年在哈里斯堡召开了一场大会，其规模与目标都远超八年前的纽约关税大会。民众开始呼吁政府全面修订关税，身为国会多数派的杰克逊党为了逃避立法责任而机关算尽，却还是被铺天盖地的请愿书、公共会议以及雄辩的游说者这三重巨浪吞没。就在这时，范布伦联同安德鲁·史蒂文森议长和制造业委员会成员西拉斯·赖特出手干预，事实证明，若非他们从中作梗，最终得出的法案就不会只令少数人称心如意，却令多数人瞠目结舌。这部一面倒的"恶性关税"讨好了大西洋的中部和西部各州，惩罚了效忠亚当斯的新英格兰地区，使得那些义无反顾拥护杰克逊的蓄奴州发起了徒劳的抗议。

"小滑头"范布伦成功在1828年总统大选中把心仪候选人杰克逊送入白宫后，又促使托马斯·库珀和约翰·卡尔霍恩去"计算联邦的价值"，他这种表里不一的做派将使关税政策成为新总统任期内的一大难题。随着地区矛盾不断升级，保护主义者与自由贸易者相继在1831年召开了全国大会，争夺民众支持。国会则拿出1832年《关税法案》作为回应，大幅削减税率并重申保护主义原则，暂且让民众看到了达成折中方案的希望。这部法案，是亚当斯与财政部部长路易斯·麦克莱恩广泛综合国会外利益集团的意见后，共同得出的成果。卡尔霍恩所代表的南部州选民并不满意，打算把这部法案与1828年《关税法案》双双废除。而郁郁不得志的克莱当然也不满意，为了再次竞选总统，他铤而走险，在1832年《关税法案》生效前，就提出了一项替代方案来化解"废法危机"。克莱的方案源于一个费城制造商委员会的会议，而在最后时刻，是埃勒瑟尔·伊雷尼·杜邦与特拉华州参议员约翰·克雷顿出手干预才保住了"国内估值"这项修正案，但最终的 1833 年"折中法案"在许多保护主义者看来，更接近自由贸易大会的期望。这部法案能在短期内持续鼓励美国国内制造业的发展，但代价是献祭了保护主义原则，回归了 1816 年适度临时保护的概念，无异于舍弃"美国制度"。各地区在关税问题上产生的分歧先后被"明智关税"与"随附保护"两大口号粉饰，而范布伦和克莱则分别在造势中给人们留下了阳奉阴违的印象。自 1816 年以来，保护主义阵线一直游刃有余，如今却被一朝出其不意的"折中"撞得七零八落，像一面再难重圆的破镜。

1833 年"折中法案"延续了九年，但在九年后该法案推行的关税政策又引起了激烈的骂声与争议，而接下来的两部关税法案都"悬在成败之间摇摇欲坠"。1842 年，只要法案不以暂停各州公共土地销售分摊为前提来提高关税，它最终都会被辉格党总统约翰·泰勒否决，哪怕辉格党占据着国会两院多数席位，他们也无法左右这位"名义总统"的决定。由此可见，辉格党内部已经因为地区矛盾而分裂，尽管 1842 年《关税法案》最终通过，但分摊规定一旦被剥离，许多南部州和西部州的辉格党人就会投票反对保护。1846 年，来自民主党的詹姆斯·波尔克总统的政府奋力推动符合自己期望的法案通过由民主党主导的国会，也就是财政部部长罗伯特·沃克制定的"收入"法案。在反对法案的议员之中，有来自康涅狄格州、新泽西州、纽约州和宾夕法尼亚州的民主党人，可见民主党内部也出现了裂痕。最终，在来自田纳西州的辉格党参议员斯宾塞·贾纳金，以及来自宾夕法尼亚州的副总统乔治·达拉斯的戏剧性周旋后，法案总算通过。在家乡选民与所在政党之间，这两人做出的决定截然相反，这尤其能反映美国内战前的政策制定存在巨大变数。支持与反对法案的票数差很小，为游说者提供了日后拼搏的动力。对于保护主义政策，不同的制造业从业者不再像原来那样拥有共同的诉求、追求同样的目标，因而造访华盛顿的制造商越来越多，尝试以新的模式对立法者施压——举办全国展会来博取广大人民的眼球。

内战前夕，关税法案的命运与美国自身的命运相互交织，游说运动的影响力与金钱至上的价值观便构成了人们的一大担忧。1857 年《关税法案》的制定中最值得注意的地方是，保护主义团体分裂成了两派，一派反对进一步削减关税，另一派倡导"格里利法"，即通过废除原材料关税来鼓励制造业发展。按照第二种模式起草的法案也赢得了许多自由贸易者的支持，在参众两院顺利通过。但 1858 年出现了一桩丑闻。国会调查发现，某些新英格兰纺织品制造商为了推动法案通过，不惜采取不正当手段，相继曝光的手段包括雇用职业说客、收买报刊编辑煽动舆情，以及向众议员划拨可疑的款项。由此可见，自 1816 年布里格斯代表威尔明顿制造商前往华盛顿游说之后，这项行动已是今非昔比，整个美国也已经改头换面。1857 年爆发了经济恐慌，因而自"美国制度"时代起就饱受诟病的保护主

义理论再度得到公众支持；而 1860 年林肯当选了总统，随后七
个蓄奴州脱离了联邦，恰巧让共和党有机会把保护主义理论纳
入 1861 年《关税法案》。对亨利·凯里而言，这部法案的颁布
代表着其父亲四十年前发起的保护项目"竣工"。他认为，法
案将至少能确保在未来一段时间内，联邦政府压制着南部州的
势力，自由贸易压制着奴隶制，而保护主义压制着自由贸易。

　　林肯担任总统十一个月后，一家自由州报社愉快地写道，
事实证明，内战永久地颠覆了美国的政治经济格局，"南部的
棉花产业就像挥之不去的魔咒，禁锢着所有政商行为，使我们
做出荒谬的决策；南部州脱离联邦，等于为我们解除了这道枷
锁。"工业化的北部州的经济实力在美国内战期间就充分展现出
来了。时至 1869 年，全美的工厂数量已达到内战开始时的两倍；
而到 1873 年，制造业吸纳的投资额已达到内战结束时的四倍。
内战结束后，在获胜方北部州提出的条件下，南北双方重归一
体，基本没有影响美国政体。有人评论称，"战后的临时措施"，
例如收入性关税的增加，已经超过内战前的最高保护标准，"让
那些依赖这种关税的产业得以创下巨大收益"，复现了 1812 年
英美战争期间的经济模式。就连成立了半个世纪之久的自由贸
易派据点——纽约商会（New York Chamber of Commerce）也在
1865 年承认："内战前，我国制造业需要并且寻求了（贸易）保
护与鼓励，却枉费了心机。是战争让（贸易）保护与鼓励成为
必要。从今往后，高关税就是公认的国策。"

　　高关税得到普遍认可，并不代表相关的游说活动就此停

下，但在美国内战后的国会法案审议期间，各地区选民争论的重点不再是保护原则，而是利益分配。情况正如当代历史学家马克－威廉·帕伦（Marc–William Palen）所述，在 19 世纪 70 年代民主党和自由派共和党主导的运动中，自由贸易者能够发挥一些作用，但在多数共和党人里，经济民族主义仍然是主导，而共和党又主导着国会。到格罗弗·克利夫兰弗第二任总统任期，白宫和参众两院的控制权才交到民主党手中。正是共和党对保护政策的坚持，以及美国内战中北方的胜利使美国的新型政治经济格局得以形成。美国全国羊毛制造商协会（National Association of Wool Manufacturers）的约翰·海恩斯（John Hayes）是当时著名的游说者，他在 1871 年写信给亨利·凯里，暗指 1860 年共和党纲领是在后者的影响下写成的：“所有的保护派思想家都读过（你的书），都承认你的领导地位，而且在大会上决议提名林肯的是你，为过去十年的保护主义政策打下基础的也是你，在我们这个时代，又有谁提出过比这些更有力的论点？”

海斯的说法很对。而正是由于亨利·凯里这类保护主义活跃分子以及自由贸易派如此自成一格、持之以恒，因此我们在研究任何美国内战前的关税政策的制定时，不仅要留意国会的辩论与投票，更要关注经济学家兼政治哲学家托马斯·库珀笔下，“在华盛顿游说立法者、从外而内操控国会的杂牌军”。要理解他们的贡献，我们不能局限于立法结果，还应该着眼于形成这些结果的过程，重视该过程在何种程度上受制于监管法规、个别人物、行动时机和各区选民。

在 1819 年、1827 年和 1831 年，各方人士为了把关税问题推到国会议程的前沿，并配合游说者在华盛顿展开的行动，他们精心策划了国会召开前的全国大会，操纵着"国会外"的舆情。国会会议开始时，当选的众议院议长站在什么立场，也可能对立法起到决定性作用，而且在他们看来，如果审议主题涉及立法者的某些利益，议长的选择往往比党派关系与地区划分更重要。在第二十届国会中，史蒂文森向北部州的杰克逊派承诺，将制造业委员会的多数席位安排给保护主义者，因而当选议长。甚至到了美国内战前夕，一些宾夕法尼亚州的共和党人都曾表示，如果民主党人愿意做出同样承诺，他们就放弃推举本党候选人。正是在这一时期，手腕娴熟的政客们首次利用议长的任命权来推动自己的计划：克莱在 1820 年和 1824 年担任议长，使保护主义法案得到了友好的"接待"；而范布伦则在 1828 年依靠史蒂文森议长的帮助推行了"恶性关税"。

地位仅次于议长的，就是负责起草关税法案的委员会主席，尽管其立场可能与整个委员会相左。任何主席都不可能我行我素；鲍德温、洛林·马拉里和亚当斯在担任主席时，都受制于与其立场相左的所有其他委员。但在制定法案时，主席与自己信任的同僚能够自主定夺，这就是为何游说者热衷于和委员会打交道，从 1816 年的布里格斯和托马斯·牛顿，到 1861 年的亨利·凯里、约翰·谢尔曼和贾斯汀·莫里尔，均无例外。一名强大的主席能够跨越党派与地区的界限，掌握主动权，例如

亚当斯与麦克莱恩合作制定 1832 年《关税法案》时，就撇开了
领导反杰克逊派的克莱。如果没有议长打头阵，那么法案即使
会产生政治效益，也可能受困于没完没了的修正提议和辩论，
正如 1833 年陷入困境的"弗普朗克法案"。事实也证明，甚至
连委员会上报法案的时间都至关重要。1820 年"鲍德温法案"
失败的部分原因就是拖延；而在 1846 年，从赋税委员会收到财
政部的指示，到众议院开始审议法案，已经过去四个月，其间
民主党领袖们都在静候英国废除《谷物法》的消息。

一旦关税法案被提交到参众两院会场，其命运就不是单靠
统计党派人数或地区代表人数便能准确预测的了。这也许算是
政治演讲的黄金时代，但更常出现的情形是，国会议员对着近
乎全空的听众席"说空话"，真正的招兵买马则发生在幕后。例
如，在 1833 年，克莱与卡尔霍恩召开过秘密会议；而在 1842
年，辉格党为了协定保护和分摊问题也召开过内部会议。事实
证明，熟悉议会程序也是一项实力。例如，在 1828 年《关税法
案》的辩论中，马拉里通过最低估值揭露了詹姆斯·布坎南的
虚张声势；而在 1860 年，当莫里尔的方案被"围困"在具有破
坏性的修正案中时，是谢尔曼施以妙计将其解救。同时，游说
者也没有置身事外。有人评论说，很多时候，要不是因为"国
会外部的民众大力施压"，把法案一路推到最终投票，立法者
提出的法案没有一部能在国会通过。事实证明，当支持与反对
法案的人数差非常小的时候，任何背叛政党利益或地区利益的
行为都可能决定着最终结果。在 1820 年、1827 年、1842 年和

1846 年，关税法案的命运都是由一票之差敲定；1824 年的杰克逊和 1828 年的范布伦都在最终时刻站到保护主义者的队列中，在很大程度上助推了两部法案的通过。

虽然美国宪法规定收入性法案必须由众议院制定，但往往被人忽视的是，在这一时期，参议院对关税政策的影响也很大。在 1820 年、1827 年和 1860 年通过众议院的三部关税法案都遭到了参议院的否决；在 1833 年和 1857 年，无论众议院以何种方式行使了制定法案的特权，最终颁布的都还是参议院拿出的方案。参众两院之间在 1824 年、1828 年、1832 年、1857 年和 1861 年成立过会议委员会，一共五次，其中 1832 年和 1857 年的这两次令众人抱怨称：少数利益相关者以公谋私，牺牲了国家的最大利益。理论上，国会独享宪法赋予的立法权，但行政部门经常也能分一杯羹。1816 年、1832 年和 1846 年的《关税法案》都源于财政部；杰克逊给 1833 年"折中法案"埋下了漫长的伏笔，法案细则却出自克莱之手；而在 1842 年，由于泰勒对法案一再否决，国会才把行政事务纳入立法考虑。政党能否制胜取决于他们是否坚持己见，地区能否得利取决于它们是否团结一致，然而这一时期的政策制定充斥着困惑、冲突与动荡。正是在这样的背景下，约翰·昆西·亚当斯、约翰·卡尔霍恩、亨利·克莱、马丁·范布伦和丹尼尔·韦伯斯特成为世人眼中的政界英豪；其次便是同样在美国内战前为关税政策贡献了己力的亨利·鲍德温、亚历山大·达拉斯、罗伯特·亨特、威廉·劳德斯、路易斯·麦克莱恩、詹姆斯·麦凯、洛林·马拉里、贾斯汀·莫里尔、约翰·谢尔曼、约翰·托德、罗伯特·沃克和西拉斯·赖特。

其他的"有才之士",即美国第一批游说者,"连最廉价的称赞都没有得到",但同样功不可没。要讲述这段关税历史,就必须谈及内森·阿普尔顿、乔纳斯·布朗、马修·凯里、亨利·凯里、托马斯·库珀、埃勒瑟尔·伊雷尼·杜邦、维克托·玛丽·杜邦、阿尔伯特·加勒廷、约翰·哈里森、詹姆斯·哈维、查尔斯·英格索尔、阿伯特·劳伦斯、希西嘉·奈尔斯、康迪·拉盖特、威廉·斯通、约翰·沃尔科特,当然,还有艾萨克·布里格斯。1815 年 12 月,布里格斯出发前往华盛顿,"就本地区制造商公正合理的期望与国会成员进行沟通"。在此后的半个世纪里,像布里格斯这样的业余游说者为关税立法提供了恰逢其时的专业知识,促进了当选代表与广大选民之间的信息交换。在布里格斯多次造访首都期间,劳伦斯表示:"要是没有外援,这些人(即国会议员)就会像没带指南针的水手一样找不着北。国会太缺实干者了。"当时人们也十分认可游说活动的潜在价值。当"莫里尔法案"即将通过参议院时,一家报社表示,今后"商界要注重发表意见,为关税法案的制定者提供信息。同时,起草法案的委员会要注重收集相关信息,尽责完善法案后再由委员会上呈到国会"。

然而到了美国内战前夕,在每届国会会议期间造访华盛顿的游说者越来越多,公众不免注意到,游说活动已经趋于职业化,可能还涉嫌行贿。对于已经颁布的 1857 年《关税法案》,

国会成立的调查委员会得出结论称，这件事表明："虽然资本家人数居少，但他们为了追逐共同利益，牺牲广大人民也在所不惜，可能花费重金干预了国家立法事务。"这个结论也就是威廉·布莱恩特向英国记者透露的担忧："少数派暴政"。委员会的结论还表明，五年前亚伯拉罕·林肯的拥护者已经开始质疑游说的政治性质，因此他才会向美国民众承诺，自己所带领的政府会确保"民有、民治、民享"。然而时至今日，这些质疑声仍然不绝于耳。

附录

1816—1861 年国会对关税立法的关键投票

1816 年《关税法案》

Annals of Congress, Fourteenth Congress, First Session, 1352.

1816 年 4 月 8 日，众议院投票通过法案。

88 人赞成，54 人反对，37 人弃权，3 人缺席。

表 A.1

地区	赞成	反对	弃权	缺席	总计
北部州	63	15	23	2	103
南部州	25	39	14	1	79
总计	88	54	37	3	

表 A.2

党派	赞成	反对	弃权	总计
联邦党	24	22	17	63
民主共和党	64	32	20	116
总计	88	54	37	

Annals of Congress, Fourteenth Congress, First Session, 331.

1816 年 4 月 19 日，参议院投票同意正式书写修正案并三读法案。

25 人赞成，7 人反对，4 人弃权，0 人缺席。

表 A.3

地区	赞成	反对	弃权	缺席	总计
北部州	14	2	2	0	18
南部州	11	5	2	0	18
总计	25	7	4	0	

表 A.4

党派	赞成	反对	弃权	总计
联邦党	8	4	1	13
民主共和党	17	3	3	23
总计	25	7	4	

1820 年"鲍德温法案"

Annals of Congress, Sixteenth Congress, First Session, 2155–2156.

1820 年 4 月 29 日，众议院投票通过法案。

91 人赞成，78 人反对，15 人弃权，2 人缺席。

表 A.5

地区	赞成	反对	弃权	缺席	总计
北部州	80	18	7	0	105
南部州	11	60	8	2	81
总计	91	78	15	2	

表 A.6

党派	赞成	反对	弃权	总计
联邦党	13	10	3	26
民主共和党	78	68	12	158
总计	91	78	15	

Annals of Congress, Sixteenth Congress, First Session, 672.

1820 年 5 月 4 日，参议院投票推迟法案审议。

22 人赞成，21 人反对，1 人弃权，0 人缺席。

表 A.7

地区	赞成	反对	弃权	缺席	总计
北部州	6	16	0	0	22
南部州	16	5	1	0	22
总计	22	21	1	0	

表 A.8

党派	赞成	反对	弃权	总计
联邦党	2	8	0	10
民主共和党	20	13	1	34
总计	22	21	1	

1824 年《关税法案》

Annals of Congress, Eighteenth Congress, First Session, 2429–2430.

1824 年 4 月 16 日，众议院投票通过法案。

107 人赞成，102 人反对，3 人弃权，1 人缺席。

表 A.9

地区	赞成	反对	弃权	缺席	总计
北部州	88	32	2	1	123
南部州	19	70	1	0	90
总计	107	102	3	1	

表 A.10

党派	赞成	反对	弃权	总计
亚当斯－克莱派	52	32	1	85
克劳福德派	10	45	0	55
杰克逊派	41	25	2	68
其他	4	0	0	4
总计	107	102	3	

Annals of Congress, Eighteenth Congress, First Session, 743–744.

1820 年 5 月 13 日，参议院投票通过法案。

25 人赞成，21 人反对，1 人弃权，1 人缺席。

表 A.11

地区	赞成	反对	弃权	缺席	总计
北部州	19	4	0	1	24
南部州	6	17	1	0	24
总计	25	21	1	1	

表 A.12

党派	赞成	反对	弃权	总计
亚当斯 - 克莱派	8	8	0	16
克劳福德派	11	8	1	20
杰克逊派	6	5	0	11
总计	25	21	1	

1827 年"毛织品法案"

Register of Debates, Nineteenth Congress, Second Session, 1099.

1827 年 2 月 10 日，众议院投票通过法案。

106 人赞成，95 人反对，12 人弃权，0 人缺席。

表 A.13

地区	赞成	反对	弃权	缺席	总计
北部州	98	21	4	0	123
南部州	8	74	8	0	90
总计	106	95	12	0	

表 A.14

党派	赞成	反对	弃权	总计
亚当斯派	83	18	9	110
杰克逊派	23	77	3	103
总计	106	65	12	

Register of Debates，Nineteenth Congress，Second Session，496.

1827 年 2 月 28 日，参议院投票推迟法案审议。

20 人赞成，20 人反对，8 人弃权，0 人缺席。

表 A.15

地区	赞成	反对	弃权	缺席	总计
北部州	1	19	4	0	24
南部州	19	1	4	0	24
总计	20	20	8	0	

表 A.16

党派	赞成	反对	弃权	总计
亚当斯派	3	15	4	22
杰克逊派	17	5	4	26
总计	20	20	8	

1828 年《关税法案》

Register of Debates，Twentieth Congress，First Session，2471–2472.

1828 年 4 月 22 日，众议院投票通过法案。

105 人赞成，94 人反对，13 人弃权，1 人缺席。

表 A.17

地区	赞成	反对	弃权	缺席	总计
北部州	88	29	5	1	123
南部州	17	65	8	0	90
总计	105	94	13	1	

表 A.18

党派	赞成	反对	弃权	总计
亚当斯派	62	34	4	100
杰克逊派	43	60	9	112
总计	105	94	13	

Register of Debates, Twentieth Congress, First Session, 786.

1828 年 5 月 13 日，参议院投票推迟法案审议。

26 人赞成，21 人反对，1 人弃权，0 人缺席。

表 A.19

地区	赞成	反对	弃权	缺席	总计
北部州	18	5	1	0	24
南部州	8	16	0	0	24
总计	26	21	1	0	

表 A.20

党派	赞成	反对	弃权	总计
亚当斯派	16	4	1	21
杰克逊派	10	17	0	27
总计	26	21	1	

1832 年《关税法案》

Register of Debates, Twenty-Second Congress, First Session, 3830.

1832 年 6 月 28 日，众议院投票通过法案。

132 人赞成，65 人反对，13 人弃权，3 人缺席。

表 A.21

地区	赞成	反对	弃权	缺席	总计
北部州	78	34	10	1	123
南部州	54	31	3	2	90
总计	132	65	13	3	

表 A.22

党派	赞成	反对	弃权	总计
反杰克逊派	37	24	4	65
反共济会派	8	7	2	17
杰克逊派	87	30	7	124
废关税派	0	4	0	4
总计	132	65	13	

Register of Debates, Twenty-Second Congress, First Session, 1219.

1832 年 7 月 9 日，参议院投票通过法案。

32 人赞成，16 人反对，0 人弃权，0 人缺席。

表 A.23

地区	赞成	反对	弃权	缺席	总计
北部州	23	1	0	0	24
南部州	9	15	0	0	24
总计	32	16	0	0	

表 A.24

党派	赞成	反对	弃权	总计
反杰克逊派	21	1	0	22
杰克逊派	11	13	0	24
废关税派	0	2	0	2
总计	32	16	0	

1833年《关税法案》

Register of Debates，Twenty-Second Congress，Second Session，1810-1811.

1833年2月26日，众议院投票通过法案。

119人赞成，85人反对，8人弃权，1人缺席。

表 A.25

地区	赞成	反对	弃权	缺席	总计
北部州	35	81	6	1	123
南部州	84	4	2	0	90
总计	119	85	8	1	

表 A.26

党派	赞成	反对	弃权	总计
反杰克逊派	20	43	1	64
反共济会派	0	15	2	17
杰克逊派	95	27	5	127
废关税派	4	0	0	4
总计	119	85	8	

Register of Debates, Twenty-Second Congress, Second Session, 808-809.

1833 年 3 月 1 日，参议院投票通过法案。

29 人赞成，16 人反对，3 人弃权，0 人缺席。

表 A.27

地区	赞成	反对	弃权	缺席	总计
北部州	10	13	1	0	24
南部州	19	3	2	0	24
总计	29	16	3	0	

表 A.28

党派	赞成	反对	弃权	总计
反杰克逊派	14	8	0	22
杰克逊派	13	8	3	24
废关税派	2	0	0	2
总计	29	16	3	

1842 年《关税法案》

House Journal, Twenty-Seventh Congress, Second Session, 1385–1387.

1842 年 8 月 22 日，众议院投票通过法案。

104 人赞成，103 人反对，34 人弃权，1 人缺席。

表 A.29

地区	赞成	反对	弃权	缺席	总计
北部州	89	28	24	1	142
南部州	15	75	10	0	100
总计	104	103	34	1	

表 A.30

党派	赞成	反对	弃权	总计
民主党	20	65	17	102
辉格党	84	37	17	138
其他	0	1	0	0
总计	104	103	34	

Congressional Globe, Twenty-Seventh Congress, Second Session, 960.

1842 年 8 月 27 日，参议院投票同意正式书写修正案并三读法案。

24 人赞成，23 人反对，4 人弃权，1 人缺席。

表 A.31

地区	赞成	反对	弃权	缺席	总计
北部州	19	5	2	0	26
南部州	5	18	2	1	26
总计	24	23	4	1	

表 A.32

党派	赞成	反对	弃权	总计
民主党	4	14	3	21
辉格党	20	9	1	30
总计	24	23	4	

1846 年《关税法案》

Congressional Globe, Twenty–Ninth Congress, First Session, 1053.

1846 年 7 月 3 日，众议院投票通过法案。

114 人赞成，95 人反对，15 人弃权，2 人缺席。

表 A.33

地区	赞成	反对	弃权	缺席	总计
北部州	51	73	9	2	135
南部州	63	22	6	0	91
总计	114	95	15	2	

表 A.34

党派	赞成	反对	弃权	总计
美国人党	0	6	0	6
民主党	113	18	11	142
辉格党	1	71	4	76
总计	114	95	15	

Congressional Globe, Twenty-Ninth Congress, First Session, 1158.

1846 年 7 月 28 日，参议院投票通过法案。

28 人赞成，27 人反对，0 人弃权，1 人缺席。

表 A.35

地区	赞成	反对	弃权	缺席	总计
北部州	10	16	0	0	26
南部州	18	11	0	1	30
总计	28	27	0	1	

表 A.36

党派	赞成	反对	弃权	总计
民主党	27	3	0	30
自由党	0	1	0	1
辉格党	1	23	0	24
总计	28	27	0	

1857 年《关税法案》

Congressional Globe, Thirty-Fourth Congress, Third Session, 971.

1857 年 3 月 2 日，众议院投票通过会议委员会报告的法案。

123 人赞成，72 人反对，38 人弃权，1 人缺席。

表 A.37

地区	赞成	反对	弃权	缺席	总计
北部州	60	65	19	0	144
南部州	63	7	19	1	90
总计	123	72	38	1	

表 A.38

党派	赞成	反对	弃权	总计
民主党	68	2	12	82
反政府派	55	70	26	151
总计	123	72	38	

Congressional Globe, Thirty-Fourth Congress, Third Session, 1062.

1857 年 3 月 2 日，参议院投票通过会议委员会报告的法案。

33 人赞成，8 人反对，21 人弃权，0 人缺席。

表 A.39

地区	赞成	反对	弃权	缺席	总计
北部州	14	7	11	0	32
南部州	19	1	10	0	30
总计	33	8	21	0	

表 A.40

党派	赞成	反对	弃权	总计
民主党	25	4	10	39
反政府派	8	4	11	23
总计	33	8	21	

1861 年《关税法案》

Congressional Globe, Thirty–Fourth Congress, First Session, 2056.

1860 年 5 月 10 日，众议院投票通过法案。

105 人赞成，64 人反对，67 人弃权，1 人缺席。

表 A.41

地区	赞成	反对	弃权	缺席	总计
北部州	97	15	35	0	147
南部州	8	49	32	1	90
总计	105	64	67	1	

表 A.42

党派	赞成	反对	弃权	总计
民主党	8	59	34	99
共和党	90	3	20	113
其他反政府派	7	4	13	24
总计	105	64	67	

Congressional Globe, Thirty-Fourth Congress, First Session, 3027.

1860 年 6 月 15 日，参议院投票推迟审议法案。

25 人赞成，23 人反对，17 人弃权，1 人缺席。

表 A.43

地区	赞成	反对	弃权	缺席	总计
北部州	4	23	8	1	36
南部州	21	0	9	0	30
总计	25	23	17	1	

表 A.44

党派	赞成	反对	弃权	总计
民主党	25	2	11	38
共和党	0	21	4	25
其他反政府派	0	0	2	2
总计	25	23	17	

Congressional Globe, Thirty-Fourth Congress, Second Session, 1065.

1861 年 2 月 20 日，参议院投票通过法案。

25 人赞成，14 人反对，13 人弃权，16 人缺席。

表 A.45

地区	赞成	反对	弃权	缺席	总计
北部州	25	4	7	2	38
南部州	0	10	6	14	30
总计	25	14	13	16	

表 A.46

党派	赞成	反对	弃权	总计
民主党	1	14	9	24
共和党	24	0	2	26
其他反政府派	0	0	2	2
总计	25	14	13	

文献来源

一手文献

对于研究美国早期游说活动的历史学家而言，手稿收藏集的信息价值无可取代，因为许多游说活动没有被已出版的文献所记载。多亏有美国早期经济与社会项目（Program in Early American Economy and Society）的学术资助计划，我才能充分利用费城地区档案馆的资料，尤其是宾夕法尼亚州历史学会（Historical Society of Pennsylvania）的爱德华·凯里·加德纳收藏（Edward Carey Gardiner Collection）系列，马修·凯里和亨利·凯里的相关信息，还有马修·凯里在 1820 年与以利亚撒·洛德的信件都来自其中。我还从该学会的史密斯－沃伦家族系列书信（Smith–Waln Family Papers）中了解了 1832 年费城组织的游说活动。杜邦一家的相关信息则来自得克萨斯州威尔明顿的海格利博物馆和图书馆（Hagley Museum and Library）收藏的 Longwood Manuscripts、Winterthur Manuscripts 和 Records of E. I. du Pont de Nemours and Company。有关最初的关税法案游说者——艾萨克·布里格斯的大量文献来自国会图书馆和马里兰州历史学会，阿普尔顿一家和劳伦斯一家的相关信息来自马萨诸塞州历史学会。康涅狄格州历史学会收藏了一部未出版的以利亚撒·洛德自传，但其中几乎没有提到他的游说细节。宾夕法尼亚州历史学会收藏了未出版的塞缪尔·布雷克的日记，目前由费城图书馆公司保存；布雷克在担任众议员期间参与审议了 1824 年《关税法案》，又在后来参加了 1833 年的纽约关税大会，这些相关信息均来自他的日记。

要追溯游说者在关税法案的制定上有何作为，我们还可以从法案制定者寄收的信件入手。有关约翰·托德的重要信件（1824 年）在哈里斯堡的宾夕法尼亚州档案馆，西拉斯·赖特的信件（1828 年）在纽约公立图书馆的阿扎赖亚·C. 弗拉格书信（Azariah C. Flagg Papers）中，约翰·昆西·亚当斯的信件（1832 年）在马萨诸塞州历史学会，里安·弗普朗克的信件（关于 1833 年未能取代克莱法案的替代方案）在纽约州历史学会，罗伯特·亨特的信件（1857 年）在弗吉尼亚州历史学会，贾斯汀·莫里尔的信件和约翰·谢尔曼的信件（均为 1861 年）在国会图书馆。威廉·劳德斯的信件（1816 年）和罗伯特·沃克的信件（1846 年）也在国会图书馆，虽然存量较少，但帮助很大；亨利·鲍德温（Henry Baldwin）的信件（1820 年）在宾夕法尼亚州米德维尔的阿勒格尼学院（Allegheny College）的劳伦斯·李·佩尔蒂埃图书馆（Lawrence Lee Pelletier Library），刘易斯·坎贝尔的信件（1857 年）在哥伦布市的俄亥俄州历史关系学会（Ohio History Connection）。对于招致"恶性关税"的幕后操控，当时的纽约州代表亨利·斯托尔斯在日志中详述了一种完全淡漠的态度，该日志收藏于纽约布法罗历史博物馆（Buffalo History Museum）。

我参考的一手文献还有许多（并非游说者的）政治家被

公开的往来信件。一些大人物的职业生涯跨越本书探讨的多部关税法案，参见：*The Papers of John C. Calhoun*, ed. Robert L. Meriweather, W. Edwin Hemphill, Shirley A. Book, Clyde N. Wilson, et al., 28 vols.（Columbia: University of South Carolina Press, 1959–2003）; *The Papers of Henry Clay*, ed. James F. Hopkins, Robert Seagar II, Melba Porter Hay, et al., 11 vols.（Lexington: University Press of Kentucky, 1959–1992）; *The Papers of Andrew Jackson*, ed. Harold D. Moser, Daniel Feller, et al., 10 vols. to date（Knoxville: University of Tennessee Press, 1980–）; *Correspondence of James K. Polk*, ed. Wayne Cutler, 13 vols. to date（Nashville, TN: Vanderbilt University Press, 1969–）; and *The Papers of Daniel Webster: Correspondence*, ed. Charles Wiltse, 7 vols.（Hanover, NH: University Press of New England, 1974–1986）。相较之下部分人物略逊一筹，但他们的书信在本书对于其中一部或多部法案的探讨上仍然颇具参考价值，相关作品包括：*Life and Correspondence of Rufus King*, ed. Charles R. King, 6 vols.（New York: G. P. Putnam's Sons, 1894–1900）; *The Papers of Willie Person Mangum*, ed. Henry Thomas Shanks, 5 vols.（Raleigh, NC: State Department of Archives and History, 1950–1956）; *The Papers of Leverett Saltonstall*, 1816–1845, ed. Robert E. Moody, 5 vols.（Boston: Massachusetts Historical Society, 1978–1992）; 以及 *The Letters of John Fairfield*, ed. Arthur G. Staples（Lewi-ston, ME: Lewiston Journal Company, 1922）。

　　后见之明的参考价值是很大的，但如果我们持怀疑态度来阅读回忆录，那么我们可能会对当时的政治举动和参与者动机产生丰富的见解。对于本书研究最有帮助的要数马修·凯里的作品 *Auto Biographical Sketches: In a Series of Letters Addressed to a Friend*（Philadelphia, 1829），和 *Autobiography of Mathew Carey*（Philadelphia, 1835）。这两部作品的内容广泛重叠却不尽相同，凯里还在其中直言不讳地表达了自己对同他一起从事保护主义事业的昔日盟友的蔑视。"Memoirs of a Senator from Pennsylvania: Jonathan Roberts, 1771–1854", ed. Philip S. Klein, *Pennsylvania Magazine of History and Biography* 62（October 1938）: 502–551 中，比起乔纳森·罗伯茨的从政生涯，更多记载的是关于他参加 1827 年和 1831 年保护主义大会的行动。关于国会，参见 Thomas Hart Benton, *Thirty Years' View; or, a History of the Working of the American Government for Thirty Years, from 1820 to 1850*, 2 vols.（New York, 1883）; John Sherman, *Recollections of Forty Years in the House, Senate and Cabinet*, 2 vols.（Chicago, 1895）; 以及 Martin Van Buren, "The Autobiography of Martin Van Buren," ed. John C. Fitzpatrick, *Annual Report of the American Historical Association*（Washington, 1918）, 2:5–808。更具参考价值的，是深入参与该时期关税政策制定的两人所写的日记: *Memoirs of John Quincy Adams, Comprising Portions of His Diary from 1795 to 1848*, ed. Charles Francis Adams, 12 vols.（Philadelphia, 1874–1877）, 以 及 *The Diary of James K. Polk during His Presidency, 1845 to 1849*, ed. Milo Milton Quaife, 4 vols.（Chicago: A. C.

McClurg, 1910）。

我还发现，当时的报刊有助于确认参与过保护主义运动的人有哪些，我主要是通过他们所参加的会议来追踪当时的手稿收藏。在这方面，保护主义和自由贸易的专业期刊，如 *Banner of the Constitution*（New York City / Philadelphia）、*Patron of Industry*（New York），以及 *The Free Trade Advocate, and Journal of Political Economy*（Philadelphia），帮助最大。United States Gazette（Philadelphia）的华盛顿记者"老派奥利弗"、内森·萨金特，以及之后《北美公报》[*North American and United States Gazette*（Philadelphia）] 的华盛顿记者"独立"詹姆斯·哈维——他还是亨利·克莱的游说伙伴，都在国会现场旁观过政策制定，对于我们了解 1832—1861 年间的相关事件帮助很大。关于更早期的情况，我参阅了 *Aurora General Advertiser*（Philadelphia）和 *Niles' Weekly Register*（Baltimore），这些媒体对国家立法机构的报道更全面。

报刊对华盛顿以外的主要保护主义大会和自由贸易大会做了大范围报道，不过相关信息还可以在以下内容中找到：*The Proceedings of a Convention of the Friends of National Industry, Assembled in the City of New-York, November 29, 1819 ...*（New York, 1819），可在纽约州历史学会查阅；*General Convention, of Agriculturalists and Manufacturers, and Others Friendly to the Encouragement and Support of the Domestic Industry of the United States*（1827），可在 Internet Archive 查阅；*The Journal of the Free Trade Convention, Held in Philadelphia, from September 30 to October 7, 1831 ...*（Philadelphia, 1831）；以及 Hezekiah Niles, *Journal of the Proceedings of the Friends of Domestic Industry, in General Convention Met at the City of New York, October 26, 1831*（Baltimore, 1831），均保存于费城图书公司。

出于引言中解释的原因，我在写作本书时对国会辩论报告的依赖，远不及先前的历史学家对关税政策制定所做的研究。尽管如此，*Annals of Congress*、*Register of Debates* 和 *Congressional Globe* 的记录以及参众两院的公报，还是帮助我了解了关税法案往往在参众两院历经的曲折过程，以及当选的议员对国会外影响立法议程的行动做何反馈。一些政府报告也具有特殊的参考价值，例如："Alleged Corruption in the Tariff of 1857," House of Representatives Report No. 414, Thirty-Fifth Congress, First Session; "Documents Relative to Manufactures in the United States," 2 vols., House Executive Document No. 308, Twenty-Second Congress, First Session; 以 及 "On the Subject of the Tariff, or Regulating Duties on Imports," House of Representatives Report No. 843, Twentieth Congress, First Session。

二手文献

关于美国内战前游说活动的研究很罕见。Jeffrey L. Pasley, "Private Access and Public Power: Gentility and Lobbying in the Early

Congress," 收录于 *The House 310 Essay on Sources and Senate in the 1790s: Petitioning, Lobbying, and Institutional Development,* ed. Kenneth R. Bowling 和 Donald R. Kennon（Athens: Ohio University Press, 2002），涵盖了美国第一宪政时期的最初 10 年，Mark Summers, *The Plundering Generation: Corruption and the Crisis of the Union, 1849–1861*（Oxford: Oxford University Press, 1987），涵盖了最后 10 年。Douglas E. Bowers, "From Logrolling to Corruption: The Development of Lobbying in Pennsylvania, 1815–1861," *Journal of the Early Republic* 3（Winter 1983）: 439–474, 以及 Rodney O. Davis, "Lobbying and the Third House in the Early Illinois General Assembly," *Old Northwest* 14（1988）: 267–284，这两部作品跨越的时期更长，但专注探讨的是各州情况。关于具体问题的游说，参见 Corey M. Brooks, "Stoking the 'Abolition Fire in the Capitol': Liberty Party Lobbying and Antislavery in Congress," *Journal of the Early Republic* 33（Fall 2013）: 523–547; Stephen W. Campbell, "Funding the Bank War: Nicholas Biddle and the Public Relations Campaign to Recharter the Second Bank of the US, 1828–1832," *American Nineteenth Century History* 17（September 2016）: 273–299; 以及 Phillip W. Magness, "Morrill and the Missing Industries: Strategic Lobbying Behavior and the Tariff, 1858–1861," *Journal of the Early Republic* 29（Summer 2009）: 287–329。关于一名身处美国内战前的时期但未涉及关税问题的游说者，参见其传记: Henry Cohen, *Business and Politics in America from the Age of Jackson to* the Civil War: The Career Biography of W. W. Corcoran（Westport, CT: Greenwood Publishing, 1971）。

关于美国关税政策制定的两部标准参考作品还是 Edward Stanwood, *American Tariff Controversies in the Nineteenth Century*, 2 vols.（Boston, 1903），以及 F. W. Taussig, *The Tariff History of the United States*（New York, 1888）。William K. Bolt, *Tariff Wars and the Politics of Jacksonian America*（Nashville, TN: Vanderbilt University Press, 2017）一改传统的叙述方式，但仍然专注探讨了国会的辩论。John Moore, "Interests and Ideas: Industrialization and the Making of Early American Trade Policy, 1789–1860"（PhD diss., Wayne State University, 2013）从一个不同的角度探讨了经济发展与各地区应对关税问题而转变的阵线之间有何关联，采用同样叙述方式的文章还有 Douglas A. Irwin, "Antebellum Tariff Politics: Regional Coalitions and Shifting Economic Interests," *Journal of Law and Economics* 51（November 2008）: 715–741。Judith Goldstein, *Ideas, Interests, and American Trade Policy*（Ithaca, NY: Cornell University Press, 1993），以及 Sidney Ratner, *The Tariff in American History*（New York: D. Van Nostrand, 1972）则没有什么相关的实质性内容，至少对于美国内战前的时期来说没有。关于具体的关税法案，亦见 Norris Watson Preyer, "Southern Support of the Tariff of 1816—A Reappraisal," *Journal of Southern History* 25（August 1959）: 306–322; Jonathan J. Pincus, *Pressure Groups and Politics in Antebellum Tariffs*（New York: Columbia

University Press, 1977）（1824）; Robert V. Remini, "Martin Van Buren and the Tariff of Abominations," *American Historical Review* 63（July 1958）: 903–917（1828）; John D. Macoll, "Representative John Quincy Adams's Compromise Tariff of 1832," *Capitol Studies* 1（Fall 1972）: 41–58; Merrill D. Peterson, *Olive Branch and Sword: The Compromise of 1833*（Baton Rouge: Louisiana State University Press, 1982）; 以及上一段提到的 Magness 的文章（1861）。

Lawrence A. Peskin, *Manufacturing Revolution: The Intellectual Origins of Early American Industry*（Baltimore: Johns Hopkins University Press, 2003）全面分析了截至 1812 年英美战争前的民间保护主义行动组织。要了解美国内战前的保护主义行动，以下作品很有帮助: Malcolm Rogers Eiselen, *The Rise of Pennsylvania Protectionism*（Philadelphia: Porcupine Press, 1974, reprint of 1932 edition）; Grant D. Forsyth, "Special Interest Protectionism and the Antebellum Woolen Textile Industry: A Contemporary Issue in a Historical Context," *American Journal of Economics and Sociology* 65（November 2006）: 1025–1058; W. Kesler Jackson, "Robbers and Incendiaries: Protectionism Organizes at the Harrisburg Convention of 1827," *Libertarian Papers* 2（2010）: 1–22; 以及 Carl E. Prince 和 Seth Taylor, "Daniel Webster, the Boston Associates, and the US Government's Role in the Industrializing Process, 1815–1830," *Journal of the Early Republic* 2（Autumn 1982）: 283–299。在著名的保护主义者之中，只有马修·凯里、亨利·凯里和希西

嘉·奈尔斯得到了学者的高度关注。关于马修·凯里，参见 Cathy Matson, "Mathew Carey's Learning Experience: Commerce, Manufacturing, and the Panic of 1819," *Early American Studies* 11 (Fall 2013): 455–485; Kenneth Wyer Rowe, *Mathew Carey: A Study in American Economic Development* (Baltimore: Johns Hopkins University Press, 1933); 以及 Andrew Shankman, "Neither Infinite Wretchedness nor Positive Good: Mathew Carey and Henry Clay on Political Economy and Slavery during the Long 1820s"，收录于 *Contesting Slavery: The Politics of Bondage and Freedom in the New American Nation*, ed. John Craig Hammond 和 Matthew Mason (Charlottesville: University of Virginia Press, 2011)。关于亨利·凯里，参见 George Winston Smith, Henry C. Carey and American Sectional Conflict (Albuquerque: University of New Mexico Press, 1951)。关于希西嘉·奈尔斯，参见 Norval Neil Luxon, *Niles' Weekly Register: News Magazine of the Nineteenth Century* (Baton Rouge: Louisiana State University Press, 1947)，以及 Richard Gabriel Stone, *Hezekiah Niles as an Economist* (Baltimore: Johns Hopkins University Press, 1933)。

目前尚未有作品全面研究过美国内战前的自由贸易行动。William S. Belko, The Triumph of the Antebellum Free Trade Movement (Gainesville: University Press of Florida, 2012) 标题看似全面，但内容只涵盖了 1831 年的自由贸易大会。Stephen Meardon, "Negotiating Free Trade in Fact and Theory: The Diplomacy and Doctrine of Condy Raguet," *Journal of the History of Economic Thought* 21（2014）: 41–77, 以及 Brian Schoen, *The Fragile Fabric of Union: Cotton, Federal Politics, and the Global Origins of the Civil War*（Baltimore: Johns Hopkins University Press, 2009）这两部作品都对了解当时的自由贸易行动很有帮助。关于美国内战前的后半段时间，还可参阅 Marc–William Palen, *The "Conspiracy" of Free Trade: The Anglo-American Struggle over Empire and Economic Globalisation, 1846–1896*（Cambridge: Cambridge University Press, 2016）。Daniel Peart, *Era of Experimenta-tion: American Political Practices in the Early Republic*（Charlottesville: University of Virginia Press, 2014），简述了 1820 年第一场全国自由贸易大会。

许多政治家也对关税政策的制定发挥了重要作用。其中影响最大的部分政治家的传记包括：John M. Belohlavek, *George Mifflin Dallas: Jacksonian Patrician*（University Park: Pennsylvania State University Press, 1977）; John Arthur Garraty, *Silas Wright*（New York: Columbia University Press, 1949）; Robert W. July, *The Essential New Yorker: Gulian Crommelin Verplanck*（Durham, NC: Duke University Press, 1951）; John A. Munroe, *Louis McLane: Federalist and Jacksonian*（New Brunswick, NJ: Rutgers University Press, 1973）; John Niven, *Martin Van Buren: The Romantic Age of American Politics*（Oxford: Oxford University Press, 1983）; William Belmont Parker, *The Life and Public Services of Justin Smith Morrill*

（Boston: Houghton Mifflin, 1924）; Merrill D. Peterson, *The Great Triumvirate: Webster, Clay, and Calhoun*（Oxford: Oxford University Press, 1987）; Robert V. Remini, *Andrew Jackson and the Course of American Freedom, 1822–1832*（New York: Harper and Row, 1981）; Robert V. Remini, *Daniel Webster: The Man and His Time*（New York: W. W. Norton, 1997）; Robert V. Remini, *Henry Clay: Statesman for the Union*（New York: W. W. Norton, 1991）; Leonard L. Richards, *The Life and Times of Congressman John Quincy Adams*（Oxford: Oxford University Press, 1986）; James P. Shenton, *Robert John Walker: A Politician from Jackson to Lincoln*（New York: Columbia University Press, 1961）; Henry Harrison Simms, *Life of Robert M. T. Hunter: A Study in Sectionalism and Secession*（Richmond, VA: William Byrd Press, 1935）; Carl J. Vipperman, *William Lowndes and the Transition of Southern Politics, 1782–1822*（Chapel Hill: University of North Carolina Press, 1989）; 以及 Raymond Walters Jr., *Alexander James Dallas: Lawyer–Politician–Financier, 1759–1817*（Philadelphia: University of Pennsylvania Press, 1943）。

要了解关税政策制定的国际影响，我们还需要进行更多研究，不过这一领域也有三部非常出色的学术专著：Sam W. Haynes, *Unfinished Revolution: The Early American Republic in a British World*（Charlottesville: University of Virginia Press, 2010）; Scott C. James 和 David A. Lake, "The Second Face of Hegemony:

文献来源 **315**

Britain's Repeal of the Corn Laws and the American Walker Tariff of 1846," *International Organization* 43（Winter 1989）: 1–29；以及前面提到的 Palen 的著作。我还发现，对比美英两国民众对关税政策的反应对于研究这一领域也很有帮助，为此我参阅了 Norman McCord, *The Anti-Corn Law League, 1838—1846*（London: Unwin University Press, 2nd edition, 1975）；Cheryl Schonhardt-Bailey, *From the Corn Laws to Free Trade: Interests, Ideas, and Institutions in Historical Perspective*（Cambridge, MA: MIT Press, 2006）；以 及 Frank Trentmann, *Free Trade Nation: Commerce, Consumption, and Civil Society in Modern Britain*（Oxford: Oxford University Press, 2008）。

近年来，人们对美国对资本主义历史的兴趣重燃，开始探讨美国关税政策的制定，那么，在美国内战前关税政策制定中游说者产生的影响，就成了眼下最值得关注的对象。关于这类以编史为架构的新式探讨，参见 Sven Beckert 等人, "Interchange: The History of Capitalism," *Journal of American History* 101（September 2014）: 503–536; Rosanne Currarino, "Toward a History of Cultural Economy," *Journal of the Civil War Era* 2（December 2012）: 564–585; Stephen Meardon 等 人 , Symposium on "American Political Economy from the Age of Jackson to the Civil War," *Journal of the History of Economic Thought* 37（June 2015）: 161–320; Seth Rockman, "Review Essay: What Makes the History of Capitalism Newsworthy?" *Journal of the Early Republic* 34（Fall 2014）: 439–

466; 以及 Jeffrey Sklansky, "The Elusive Sovereign: New Intellectual and Social Histories of Capitalism," *Modern Intellectual History* 9（April 2012）: 233–248。关于这些探讨中的具体关税，参见 Daniel S. Dupre, "The Panic of 1819 and the Political Economy of Sectionalism," 收录于 *The Economy of Early America: Historical Perspectives and New Directions*, ed. Cathy Matson（University Park: Pennsylvania State University Press, 2006）; 以及 Peter S. Onuf, "The Political Economy of Sectionalism: Tariff Controversies and Conflicting Conceptions of World Order," 收录于 *Congress and the Emergence of Sectionalism: From the Missouri Compromise to the Age of Jackson*, ed. Paul Finkelman and Donald R. Kennon（Athens: Ohio University Press, 2008）。前面提到的 Matson、Schoen 和 Shankman 的作品也包含相关信息。